Deus e a Nova Metafísica

"Este livro constitui uma argumentação vigorosa em favor de uma nova metafísica capaz de revelar o 'ser' e o 'tornar-se' da textura do mundo e da natureza de Deus."

Maurice Boutin, Ph. D.
Professor de Filosofia da Religião do Programa
J. W. McConnell Foundation/McGill University.

"*Deus e a Nova Metafísica* é um guia adequado ('um mapa') para qualquer um que se aventure em excursões filosóficas às grandes questões que cercam as origens do próprio Universo e da vida que se desenvolveu dentro dele. Resume de forma sucinta os avanços científicos e suas implicações para a maneira segundo a qual encaramos o mundo, uma vez que (como escreve o próprio Herb Gruning) 'toda atividade epistemológica [...] funciona à maneira de uma visão do mundo'. Além de descrever o desenvolvimento da filosofia da ciência dentro do contexto dos confrontos entre a ciência e a religião, o autor sugere interessantes linhas de indagação ao longo das quais ajuda a resolver as questões que permanecerão na mente do leitor ao final do livro, do mesmo modo que fizeram, tanto na filosofia como na ciência, até o dia presente."

Francine McCarthy, Ph. D.
Professora dos Programas de Ciências da Terra e de
Grandes Livros/Estudos Liberais, Brock University.

"O que pode ser conservado e o que deve ser mudado em nossa compreensão de Deus e da natureza? Percorrendo os limites em constante mutação entre a religião e as ciências contemporâneas e explorando os ricos recursos de ambas, Gruning escreveu um livro bem informado, altamente perceptivo, que se dirige exatamente a essa pergunta. Ao mesmo tempo em que se recusa a 'supersimplificar', ele consegue escrever de maneira lúcida sobre assuntos profundos e complexos."

John C. Robertson, Ph. D.
Professor Emérito do Departamento de
Estudos Religiosos, McMaster University.

"Por meio de uma prosa lúcida, Herb Gruning transmite ao leigo inquisitivo um sólido sumário da história e do estado presente das ciências naturais, juntamente com um resumo das reflexões metacientíficas mais significativas sobre o significado e o valor dessas ciências para os propósitos mais elevados da vida humana. *Deus e a Nova Metafísica* oferece mais do que um mapa das estradas e dos atalhos da ciência, da filosofia e da teologia. É um guia para os viajantes pelos territórios já explorados por outros viajantes, com comentários vívidos sobre a utilidade dos livros mais antigos de orientação. Acima de tudo, identifica os limites das explorações anteriores e, assim, revela a abertura dos horizontes do conhecimento, instilando no leitor uma percepção das aventuras ulteriores que ainda podem ser experimentadas nas fímbrias do mundo conhecido."

James Lawler, Ph. D.
Departamento de Filosofia,
SUNY University, Buffalo

"O autor apresenta um excelente relato sobre a controvérsia em torno da ciência e da religião como caminhos alternativos para a verdade e argumenta persuasivamente sobre como a ciência em geral fracassou em decifrar alguns dos mistérios mais profundos do Universo, tais como sua própria origem e a da vida, entre outros. O livro é de leitura interessante, com a perspectiva crítica do autor sobre a teologia tradicional, com respeito a seu posicionamento sobre a natureza de Deus e o propósito da criação, e as suas sugestões para uma nova direção a este respeito, ao longo das linhas desenvolvidas por Alfred North Whitehead e outros, que consideram o Universo em toda a sua diversidade como um Processo Divino – uma visão consistente com a da física moderna, em que a realidade cósmica é encarada como um desenvolvimento natural da energia cósmica. Além de ser um valioso acréscimo à sua coleção, o livro apresenta materiais úteis para um curso sobre ciência e religião."

Gowdar Veeranna
Economista, Winnipeg, Canadá.

DEUS E A NOVA METAFÍSICA
Um diálogo aberto entre ciência e religião

HERB GRUNING

TRADUÇÃO

WILLIAM LAGOS

Copyright © Herb Gruning, 2005

Copyright © Editora Aleph, 2007

(edição em língua portuguesa para o Brasil)

Trechos de *Mind at ease: self-liberation through Mahamudra meditation,* de Traleg Kyabgon © 2003, reproduzidos com a permissão de *Shambhala Publications, Inc.*

TÍTULO ORIGINAL	God and the new metaphysics
CAPA	Thiago Ventura e Luiza Franco
PREPARAÇÃO DE TEXTO	Berenice Baeder
REVISÃO TÉCNICA	Adilson da Silva
REVISÃO	Hebe Ester Lucas
PROJETO GRÁFICO	Neide Siqueira
EDITORAÇÃO E FOTOLITOS	Join Bureau
COORDENAÇÃO EDITORIAL	Débora Dutra Vieira
EDITOR RESPONSÁVEL	Adriano Fromer Piazzi

Todos os direitos reservados. Proibida a reprodução, no todo ou em parte, através de quaisquer meios. Publicado mediante acordo com *Blue Dolphin Publishing, Inc. P.O. Box 8, Nevada City, CA, 95949, USA.*

EDITORA ALEPH

Rua Dr. Luiz Migliano, 1110 – Cj. 301

05711-900 – São Paulo – SP – Brasil

Tel: [55 11] 3743-3202

Fax: [55 11] 3743-3263

www.editoraaleph.com.br

Dados Internacionais de Catalogação na Publicação (CIP)

(Câmara Brasileira do Livro, SP, Brasil)

Gruning, Herb

Deus e a nova metafísica : um diálogo aberto entre ciência e religião / Herb Gruning ; tradução William Lagos. – São Paulo : Aleph, 2007.

Título original: God and the new metaphysics

ISBN 978-85-7657-037-0

1. Cosmologia 2. Deus 3. Metafísica 4. Religião e ciência I. Título.

07-5837   CDD-211

Índice para catálogo sistemático:

1. Deus : Folosofia da religião 211

Agradecimentos

Agradeço a todos os que leram as provas do manuscrito: dr. Maurice Boutin, sr. Prasad Gowdar, dr. Norman King, dr. Stanley Krippner, dr. James Lawler, dra. Francine McCarthy, dr. John Robertson e sr. Gowdar Veeranna. Agradeço também a Candida Hadley e a todos os funcionários da Editora Blue Dolphin, por seu esforço editorial.

Este livro é dedicado à minha esposa, Alice,
por seu encorajamento e companhia constante.

Sumário

Introdução   9

Especulações sobre como as coisas poderiam ser 12
Podemos chegar lá a partir daqui? 14

CAPÍTULO 1. RELIGIÃO E CIÊNCIA   **17**

A natureza da religião em termos científicos 21
A natureza da ciência em termos religiosos 24
A chegada da filosofia da ciência 27
A situação recente 28
Um diagnóstico do problema permanente 33
O mundo de acordo com Gilkey 37
A natureza da Natureza 40

CAPÍTULO 2. **A NOVA FÍSICA APLICADA À VELHA NATUREZA**   **43**

O mundo quântico 43
O mundo relativista 45
Einstein *versus* Bohr 48

DEUS E A NOVA METAFÍSICA

O princípio antrópico 54
Como tudo começou: os primeiros anos............................. 57
Como a história se desenvolveu até aqui............................ 60

CAPÍTULO 3. **O REENCANTAMENTO DA NATUREZA** **67**
Processo como realidade 71
Uma chance justa.. 81

CAPÍTULO 4. **COMO TUDO SE DESENVOLVEU:** **89**
OS ANOS SEGUINTES
Deus como projetista? 99
Qual é o propósito? 107

CAPÍTULO 5. **FIZEMOS ALGUM PROGRESSO?** **115**
Stephen Jay Gould.. 116
James Lovelock.. 125
Rupert Sheldrake 135
Vivendo em ressonância 142
Robert O. Becker.. 152
Pierre Teilhard de Chardin 154

CAPÍTULO 6. **NOVOS PANORAMAS** **161**
O passado como entidade causal 162
Whitehead e minha zona de desconforto 169
David Bohm.. 174
A abordagem combinada: sincrética ou sinergética? 181
As forças da Natureza 185

CAPÍTULO 7. **QUE CAMINHO TOMAREMOS?** **189**
Em caso de dúvida, aventure-se mais além 195
Nota pessoal.. 198
Uma palavra final inicial 201

APÊNDICE 1. **Deus com qualquer outro nome** **203**

APÊNDICE 2. **Está na hora de mudar** **209**

BIBLIOGRAFIA **217**

Introdução

Somente os céus sabem se nosso ingresso no ano 2000 será lembrado por estes dois fatos: o *bug* do milênio, também chamado Y2K, e o preço do petróleo. Com relação ao primeiro, muita ansiedade e até pânico foram gerados pelas previsões acerca do Y2K, com projeções de catástrofes, tanto no solo como no ar. Os resultados, todavia, foram muito inferiores às primeiras expectativas, tão temidas inicialmente, e mal produziram um pequeno abalo nos serviços técnicos em geral. A calma foi restaurada e as atividades normais retomadas, quase como anteriormente. Entretanto, houve alguns sistemas de computação que se mostraram insuficientemente compatíveis com o Y2K, passando por uma dificuldade ou duas. Um dos que não ficaram incólumes foi meu próprio *laptop*, que gerenciou a entrada do ano por meio de uma curiosa forma de adaptação: inverteu um dos algarismos do ano de 1999. Despreparado para enfrentar uma coisa chamada "ano 2000", ele decidiu lidar com o ano novo transformando-o em 1969. Algumas pessoas para quem enviei *e-mails*, logo depois disso, não perceberam o erro e pensaram que era uma correspondência antiga e nem se deram ao trabalho de abrir e ler o conteúdo; como se os computadores

DEUS E A NOVA METAFÍSICA

pessoais e a correspondência eletrônica via Internet já estivessem em pleno funcionamento naquele ano em que, pela primeira vez, humanos pisavam no solo lunar.

Com referência ao segundo item, a alta no preço do petróleo levou às alturas o da gasolina nas bombas dos postos no ano 2000. Essa supervalorização, à época, foi avaliada como um reflexo da má vontade das nações produtoras de petróleo, fossem quais fossem suas razões, de aumentar a produção, e não como causa da insuficiência do recurso na natureza. Entretanto, já nos anos 1970, o aumento nos preços fora atribuído à potencial escassez do produto.

O petróleo é considerado um recurso não renovável, cujas reservas, segundo se acredita, estão constantemente diminuindo. Na década de 1970, a consciência de que a quantidade de petróleo existente no planeta é finita nos alertou para o fato de que nós também dispúnhamos de um tempo limitado para descobrir uma fonte alternativa de energia.

Contudo, o problema é sentido de maneira mais aguda quando atinge os nossos bolsos. Só assim nos dispomos a lidar com a situação, antes que ela tome proporções de uma crise. Quando cresce nossa insatisfação na hora de pagar o preço nas bombas de gasolina é que nos mexemos em busca de meios alternativos que substituam o motor de combustão interna convencional. Assim, projetos de veículos movidos a propano e também os a bateria solar encontram-se em desenvolvimento, embora ainda em estágio embrionário. Motores híbridos, acionados pela mistura de gasolina com álcool, apareceram em cena, o que, pelo menos, facilita a transição do uso de petróleo comum para algum outro tipo de combustível. Enfim, com o preço da gasolina em permanente alta é possível que haja incentivo suficiente ao investimento em pesquisas sobre outras fontes de energia.

Se usarmos um pouco de imaginação, podemos diagnosticar uma situação semelhante a essa no aspecto teológico da vida. Ao longo dos séculos, as concepções de Deus foram se modificando, de modo a se adequar às mudanças do clima filosófico. As revoluções científica e industrial, por exemplo, inspiraram uma metáfora mecanicista do divino. O legado de Charles Darwin criou uma imagem da deidade segundo a qual o Ser divino não produzia novas espécies como se fosse um operário em linha de montagem, mas que, em determinados respeitos, deixava a natureza seguir o seu curso.

10

INTRODUÇÃO

A visão de Deus foi modificada ainda um pouco mais, a fim de que explicasse a aceitação passiva da divindade em relação às duas guerras mundiais, ao holocausto e a uma série de suicídios em massa. No transcurso do século XX, os retratos divinos tiveram de ser alterados depois de se perceber que os seres humanos não podiam ser aperfeiçoados tanto quanto previamente se supunha. Neste século, o Projeto Genoma, suas aplicações e implicações, aponta um possível caminho em direção ao aperfeiçoamento humano. Na nova ambientação, os pontos de vista sobre a divindade também exigem adaptação.

Outras tentativas de se apresentar novas imagens de Deus foram feitas quando as anteriores ficaram fora de moda. De uma maneira muito semelhante àquela pela qual Thomas Kuhn descreveu as revoluções científicas, pode-se dizer, se a análise de Kuhn é correta, que o período de prevalência de uma teologia estabilizada vai até o ponto em que as anomalias e os exemplos em contrário se acumulam em demasia, induzindo à derrubada do paradigma teológico vigente e ao estabelecimento de um novo. O velho retrato de Deus evidentemente não se poderia enquadrar nos termos dos desenvolvimentos mais recentes, requer uma renovação.

Entretanto, lembremos o ponto de vista de Alfred North Whitehead sobre Deus que, além de explicar os males surgidos durante o século XX, propõe uma resistência ao tempo. Já se passaram mais de três quartos de século desde que seu primeiro trabalho importante sobre metafísica foi publicado e, desde essa época, o mundo passou por muitas mudanças. Os adeptos do "pensamento processivo", como vem sendo chamado, afirmam que esse período de tempo e as mudanças que nele se processaram ainda podem ser incorporados ao programa whiteheadiano. Isso pode ser verdadeiro ou não. A fim de examinarmos mais detalhadamente, precisamos nos perguntar sobre as possíveis fragilidades das proposições desse programa.

O próprio Whitehead teria sido o primeiro a admitir que um sistema realmente processivo deverá ele próprio se submeter à experiência de um processo. Isso tanto para idéias, como para entidades materiais.

Portanto, só um esquema teórico que fosse além das formulações originais de Whitehead seria aplaudido por ele, porque, segundo o que o autor mesmo nos ensina, um sistema metafísico aceito deverá tornar-se, ele próprio, um objeto de desconfiança. Desse modo, nos conservaríamos na tradição whiteheadiana. Estaremos, então, ingressando em uma dessas fases?

Pensadores processivos e de muitas outras linhas desiludem-se progressivamente com as concepções clássicas de Deus. O próprio Whitehead passou pela experiência de perder o filho na Primeira Guerra Mundial, e o grau de incorporação da divindade na sua proposição, segundo ele, foi a medida de seu esforço para aceitar essa tragédia. Outros reformularam sua perspectiva sobre Deus, mas por sendas diferentes da trilhada por Whitehead. Qualquer que seja a direção seguida, há que se tomar um dos caminhos dessa encruzilhada, que não vai simplesmente desaparecer diante deles. A velha imagem de Deus sobreviveu à própria utilidade, para muitas pessoas, e uma nova representação vai ser forjada. Para esses viandantes, pelo menos, chegou a época de investir em uma nova visão de Deus.

Especulações sobre como as coisas poderiam ser

Longe de mim anunciar que finalmente temos as respostas para as questões fundamentais do Universo, de tal modo que a natureza das coisas esteja total e completamente estabelecida. Eu repito: longe de mim. Por isso é que falo, antes, de especulações, sobre como as coisas "poderiam" ser.

Na melhor das hipóteses, as reflexões a respeito dos perenes problemas da filosofia e da religião são impulsionadas pela esperança. Uma escola de pensamento pode apresentar algo considerado definitivo, mas não absolutamente conclusivo. Os ventos inconstantes da moda eventualmente perturbarão e derrubarão aquilo que foi previamente imaginado como estabelecido, permanente. O livro que se encontra diante de você não é diferente. Sequer tem a pretensão de ser definitivo. É constituído apenas de reflexões sobre aquilo que marcou o pensamento do autor em determinados momentos. Nem mais, nem menos.

À medida que se apresentavam estilos de pensamento e de vida diante de meus olhos, fui fazendo adesões durante um determinado período de tempo. Todavia, passado esse tempo, a maré virava, e essa maneira de pensar

INTRODUÇÃO

e de agir deixava de ter a mesma importância para mim. A acumulação de objeções mais profundas finalmente atingia uma massa crítica e eu descobria não ser mais um membro de carteirinha de uma fraternidade filosófica ou religiosa. Isso não significa que elas foram aceitas ou descartadas inteiramente em qualquer ponto. Alguns aspectos de cada abordagem, de fato, continuam a ter importância em minhas estimativas.

Alguns traços de uma visão do mundo e da vida também permanecem constantes para mim. Eles podem ser verdadeiros ou falsos, segundo a experiência de cada um. Quanto a mim, continuo a possuir uma consciência de Deus, isto é, eu reconheço que habito em um Universo que exibe as impressões digitais de Deus. Eu não posso recordar sequer de um período de minha vida em que tenha pensado que a realidade não possuía divindade. Minha convicção foi – e ainda é – de que existe alguém no comando do cosmo, que participou de sua criação e que pode exigir alguma coisa de minha vida.

Outra pessoa, entretanto, pode estar no mesmo Universo, talvez até mesmo com questões semelhantes, mas negar, nele, a existência de traços de uma administração divina. Isso significa que nós dois, de fato, habitamos mundos com pensamentos diferentes. Existirá um certo conjunto de opiniões comuns entre nós – uma região de intersecção –, mas haverá também muita divergência entre nós. Isso é o esperado; não existem duas pessoas iguais, mas nenhuma é totalmente diferente de todas as outras.

Cada pessoa é única no que se refere à visão de mundo que ele ou ela adota. Os compromissos, todavia, podem mudar de tempos em tempos. Os fundamentos de minhas próprias convicções parecem perdurar e permanecer intactos, e eu me sinto grato por isso. Contudo, a estrutura do edifício é erguida sobre esses alicerces, e a construção desse edifício ainda se acha em andamento. No momento, estou remodelando os andares superiores.

Para aqueles indivíduos que ainda hesitam, isto é, que se acham em meio a uma jornada reflexiva teológica ou filosófica, em oposição aos que já chegaram a uma resolução de seus problemas em escala cósmica, a minha investigação pode ser útil. Este livro se destina a examinar propostas metafísicas e cosmológicas para uma visão alternativa da realidade. Também pode ser considerado como um relatório do progresso pessoal do autor.

O título deste trabalho é uma referência deliberada ao livro do físico Paul Davies, *Deus e a nova física*. A diferença é a de que sua abordagem é

13

científica e o meu estudo se aproxima mais das questões em torno de Deus e da cosmologia a partir de um ângulo filosófico e teológico, ao mesmo tempo em que permanece sensível às preocupações científicas. O presente volume também é uma espécie de diário de viagem, que pretende ser um mapa para aquele que quiser se aventurar filosoficamente no cosmo. Uma parte do território, ou deveria dizer do espaço, já foi mapeada, enquanto outros trechos ainda são desconhecidos, e outros, ainda, requerem uma revisão cartográfica. O meu objetivo é o de fazer uma varredura dessa topografia.

Podemos chegar lá a partir daqui?

O falecido Douglas Adams, no primeiro volume de sua agora famosa "trilogia em cinco partes", intitulada *O guia do mochileiro das galáxias*, deu algumas dicas àqueles que pretendiam aventurar-se como viajantes galácticos. Ele aconselhou essas almas corajosas e aventureiras a levarem com elas, no meio de seu equipamento, uma toalha. Juntamente com os outros objetos de uso pessoal, as toalhas seriam necessárias, segundo ele, por uma grande quantidade de razões que o leitor descobrirá no terceiro capítulo do primeiro volume da obra. Segundo minha própria maneira de pensar, o intrépido viajante galáctico estaria mais bem equipado com um mapa. Para Adams, o próprio *Guia*, que é uma espécie de versão de bolso da *Encyclopedia Galactica*, já servia a tal propósito. Todavia, como ainda não dispomos de um artefato desse tipo, o que nos sobra é a abordagem padronizada.

Os mapas descrevem o terreno e os diários recontam a história da viagem e recomendam certas estratégias, do mesmo modo que previnem acerca de outras. O presente trabalho não pode ser classificado em nenhum dos tipos, porque grande parte do terreno não foi mapeado e há regiões ainda não percorridas, pelo menos pelo *Homo sapiens sapiens*. O que se segue, então, corresponde simplesmente ao ponto a que o presente autor e aqueles que ele investigou chegaram, por meio de suas respectivas reflexões.

INTRODUÇÃO

Os temas tratados nas páginas subseqüentes derivam, em grande parte, do esquema descrito a seguir. De acordo com a sabedoria científica convencional, nosso Universo começou com o Big Bang, uma grande explosão que permitiu o surgimento, em ordem de aparecimento, das eras da física, da química e da biologia. A origem desse Universo permanece um mistério científico; todavia, a partir do ponto em que surgiu, outros mistérios vieram à superfície. Há uma falha em nosso conhecimento, pelo menos no presente, entre o mundo da química e o início da biologia. O problema de como a vida surgiu da não-vida até hoje não foi resolvido. Depois, há um segundo abismo entre a biologia e a psicologia, ou seja, como foi que a multiplicidade das categorias metafísicas surgiu ou, pelo menos, como surgiram as alegadas realidades para as quais essas categorias apontam. Elas incluem a mente, a alma, o espírito, a consciência, a autoconsciência, a percepção e a autopercepção. A maneira como o mundo começou é misteriosa, assim como o modo pelo qual ele terminará.

Uma última questão é a de quantas classes de coisas existem no Universo – uma ou duas? No primeiro caso, há três tipos principais de abordagens monistas: a materialística, segundo a qual existe apenas a matéria; a idealística, que defende a existência apenas da mente; e a abordagem panexperiencialista de certos pensadores processivos, segundo a qual a única coisa que existe é a experiência. No terceiro caso, existe uma visão dualística, em que tanto a matéria como a mente são admitidas, apesar de haver incerteza quanto à maneira de elas interagirem.

Ainda que esta análise não possa desvendar esses mistérios de uma vez por todas, ela apresenta o pensamento de alguns daqueles que começaram a desenrolar as pontas dos embaraços metafísicos nos quais nós mesmos nos encasulamos. Em ordem seqüencial, consultaremos os trabalhos de Whitehead, James Lovelock, Rupert Sheldrake, Pierre Teilhard de Chardin e David Bohm, dentre outros, dos quais pinçaremos as reflexões. Ainda que nenhuma das propostas desses autores possa oferecer promessas em longo prazo, talvez uma combinação delas possa. É por isso que me refiro à natureza não cartografada do terreno.

Assim, vamos começar a jornada percorrendo um território já um tanto familiar.

CAPÍTULO 1

Religião e Ciência

*[Fala Galileu] Mas, cavalheiros, os humanos podem interpretar mal não somente
o movimento das estrelas, mas a própria Bíblia também.*
(Brecht, 1960: 7l)

*As coisas vêm tomando um estranho aspecto nos anos mais recentes; é quase como
se um círculo completo houvesse se completado desde a famosa disputa de Galileu
com os defensores da teologia estabelecida. Agora é o estabelecimento científico
que proíbe as heresias.* (Lovelock, 1979: VII)

Galileu encontrou um adversário na Igreja, mas não pelas razões normalmente afirmadas. Os relatos populares sobre as controvérsias entre religião e ciência descrevem as autoridades religiosas do tempo de Galileu como se temessem as teorias que demonstrassem oposição àquilo que interpretavam como os ensinamentos das Escrituras – as linhas da batalha delimitadas por aquilo que diz a *Bíblia* e pelo que é revelado pela ciência. De fato, a Igreja não se portou de forma alarmista com relação aos pontos de vista copernicanos que Galileu havia advogado por tanto tempo, desde que aqueles fossem difundidos apenas como hipóteses. O que estava em questão era a lealdade à regra e à autoridade: qual das duas – a ciência ou a Igreja – conservava o direito de governar? A autoridade final não poderia ser exercida por ambas. Conforme declarou Virginia Stem Owens, "o que a Igreja negava era que uma hipótese, *qualquer* hipótese (que é, afinal de contas, apenas um modelo intelectualmente concebido), pudesse ser idêntica à verdade absoluta" (Owens, 1983: 27). A tensão que surgiu entre Galileu e a Igreja era resultado da tomada errônea de modelos como sendo a realidade, aquilo a que Whitehead se referiu como "a falácia da concreção deslocada". Isso é o mesmo que "confundir o abstrato com o concreto", que é o que acontece quando, por exemplo, o mapa cósmico mencionado acima fosse considerado como sendo o próprio terreno que pretendia significar (Whitehead, 1967b: 51).

Desse modo, a teorização apresenta suas dificuldades potenciais: "Porque a representação da realidade é muito mais fácil de se entender, mais que a própria realidade, tendemos a confundir as duas e aceitar nossos conceitos e símbolos como se fossem a realidade" (Capra, 1983: 35). As dificuldades surgem a cada vez que "uma técnica de investigação se acha a caminho de se transformar em uma descrição total do mundo", isto é, quando um método passa a ser traduzido como metafísica (Barbour, 1966: 36-7). Do mesmo modo, Owens prosseguiu: "o que se achava em questão não era uma nova teoria da Natureza, mas uma nova natureza da Teoria. Quando os cientistas começaram a considerar seus modelos como se fossem realidade, a Igreja lançou o peso de sua autoridade contra tal presunção intelectual" (Owens, 1983: 27).[1]

A história das controvérsias entre religião e ciência já foi suficientemente abordada em outras obras. Todavia, existe mais de uma forma de se escrever a mesma história. Cada relato do desenvolvimento das civilizações – e dos movimentos que dentro delas ocorrem – traz em si mesmo um determinado sabor. Aquele que tenta transmitir "o que aconteceu", em consideração a um período específico, vai fazê-lo mediante um enquadramento de um certo motivo. O próprio ato de enquadrar já é um ato criativo em si mesmo, pois permite ao leitor ser guiado por um fio ou fios diretores que correm ao longo do relato. São esses fios que ajudam a encontrar um sentido na história que está sendo apresentada.

Em tal empreendimento criativo, no entanto, os materiais escolhidos pelo historiador não surgem prontos, trazendo já em si mesmos esses motivos ou fios condutores. Um autor vê o desenrolar da história de uma certa maneira, enquanto outro a encara de um jeito diferente. Cada um deles aborda fontes similares, e questões históricas semelhantes podem até ser apresentadas, mas os temas tratados não apontam imediatamente para uma explanação definitiva. Historiadores diferentes descreverão o mesmo evento

---

1. Owens, conforme sua própria admissão, tomou estas palavras de Owen Barfield.

de maneiras variadas, dependendo daquilo que eles considerem aspectos e temas mais importantes.

Acontece que os temas são menos descobertos do que inventados. As histórias não são exatamente relatos, mas o resultado de desenhos ou de artesanatos. Os fios da narrativa ou os modelos a serem seguidos não aparecem simplesmente, nós os utilizamos imaginativamente como ferramentas cuja finalidade é o descrever. Isso é um processo criativo. Um pouco mais adiante retornaremos a esse assunto.

Uma história da interação (presumindo-se que exista alguma) entre a religião institucionalmente organizada e o surgimento da ciência moderna permite o emprego de telas diferentes, ainda que relacionadas entre si, sobre as quais os relatos podem ser pintados. John William Draper (1811-1882) e Andrew Dickson White (1832-1918) foram autores que fizeram um relato tempestuoso do relacionamento entre a religião e a ciência, embora tenham seguido linhas divergentes. A partir da época desses autores, foi possível reconhecer como relativamente nova a idéia de que a religião e a ciência manifestamente se achavam em conflito – era uma curta história (até o momento), desde que foi popularizada em torno dos últimos 25 anos do século XIX.

Draper, um cientista e historiador norte-americano, escreveu *A history of the conflict between religion and science*, tendo sua primeira publicação em 1874. De acordo com o falecido Stephen Jay Gould, ele próprio citando obra recente do historiador J. B. Russell:

> Foi a primeira vez que uma figura influente explicitamente declarou que a ciência e a religião se achavam em guerra e alcançou um sucesso que poucos livros teriam conseguido. Fixou nas mentes educadas a idéia de que a "ciência" representava a liberdade e o progresso em conflito com a repressão e as superstições da religião. Seu ponto de vista se transformou em um conhecimento convencional (Gould, 1999: 121).

Também foi Draper que fez observações a respeito da publicação da Teoria da Evolução, de Charles Darwin; observações que despertaram respostas imediatas de Thomas H. Huxley e do bispo Samuel Wilberforce, provocando um grande debate (Gould, 1995: 48).

White, um educador também norte-americano e o primeiro presidente da Universidade Cornell, escreveu *The warfare of science*, obra publicada pela primeira vez em 1876, ampliada em 1896. Em 1905, reapareceu em dois volumes, sob o título de *A history of the warfare of science with theology in christendom* – cujos termos foram-se tornando progressivamente mais inflamados. Ambos os historiadores descreveram a religião e a ciência como sendo mutuamente antagonistas, mas deram às suas respectivas descrições um ímpeto alternativo e uma diferente visão do futuro. White era um teísta devoto que esperava conseguir salvar a religião de sua tendência dogmática, de modo a recuperar a verdadeira fé. O que ele estava tentando fazer era construir pontes entre religião e ciência, embora seus escritos tivessem sido encarados antagonistas da religião (Gould, 1999: 101-102). Draper, por sua vez, era um físico interessado em história e, definitivamente, estava afiando o seu machado para combater a religião. Ele acreditava, todavia, que a ciência poderia ser fortalecida pela religião, desde que essa ordem de importância fosse colocada firmemente em seu devido lugar (Gould, 1999: 103).

Não se trata, portanto, de posturas contra a religião, mas sim de um antagonismo em relação a determinadas "demonstrações particulares" dela, ou, mais precisamente, àquelas que as caracterizam como "teologia dogmática", nas quais a religião se torna um impedimento ao progresso da ciência. No caso específico de Galileu, ele e a Igreja muito certamente discordavam, mas o ponto a ser definido aqui é o de que a noção de a natureza da ciência e o caráter da Igreja entrarem inevitavelmente em conflito e se tornarem inimigas uma da outra é um ponto de vista recente – que pode ser investigado até encontrar Draper e White como os popularizadores dessa idéia.

A intenção da presente análise não é diagnosticar como a religião e a ciência ou Deus e o mundo interagem, se é que o fazem, mas destacar etapas potenciais em direção à sua unidade. Whitehead considera as duas como tendo sido, possivelmente, tecidas a partir dos mesmos fios. Em seus termos, "a ciência sugere uma cosmologia; e qualquer coisa que sugira uma cosmologia sugere uma religião" (Whitehead, 1974: 136). (No momento em que ele escrevia, uma cosmologia era considerada como equivalente a uma visão do mundo.) Os caminhos para o conhecimento e a compreensão de Deus, segundo Whitehead, incluíam a ciência.

RELIGIÃO E CIÊNCIA

O foco da próxima seção começará por uma ponderação, segundo a qual a teologia pode ser considerada como uma disciplina científica, seguida por um exame de elementos religiosos presentes na metodologia científica. A questão a ser resolvida é se religião e ciência estão numa condição filosófica similar ou análoga, precisamente porque a disciplina se encaixa em ambas. A seguir, determinaremos como as abordagens científicas atuais demonstram uma abertura à transcendência ou, pelo menos, se sentem à vontade numa metafísica roupagem descritiva da natureza. Adiantando o restante deste estudo, investigaremos a contribuição que Whitehead e outros para a discussão e, então, consideraremos as tentativas de propostas que vêm sendo feitas para encontrar direções que o campo conjunto da religião e da ciência pode tomar.

A natureza da religião em termos científicos

Princípios bíblicos podem desempenhar um papel legítimo como princípios orientadores, mas... não são fatos, nem tampouco teorias, no sentido científico do termo.
(Wright, 1989: 65)

A religião, assim como a ciência, obtém dados a partir da experiência. As idéias podem ser cultivadas em grande escala ou em escala cósmica, a partir da reflexão sobre a experiência passada. Cada caminho parece oferecer uma proposta de reunião das peças do quebra-cabeças humano (e divino). Ambas, ciência e religião, têm em comum bem mais do que fomos levados a esperar a partir dos relatos sobre seus conflitos.

Em nossa tentativa de situar a introdução à noção de Deus em sistemas filosóficos e teológicos, fomos assistidos pelo filósofo espanhol Xavier Zubiri. Ele localizou no antigo pensador grego Aristóteles a idéia de que, "pela primeira vez, no Ocidente, foi percebida a inclusão do tema Deus num sistema de especulação" (Zubiri, 1981: 304). Depois de Aristóteles, o segundo exemplo, conforme Zubiri, foi o das religiões helenísticas dos Mistérios, em que o conhecimento especulativo deu lugar ao extático como "a forma

21

suprema de intelecção". Esse desenvolvimento, "do racionalismo para o misticismo, alcançou seu auge no neoplatonismo". Após as concepções gregas e orientais do divino, surgiu o movimento cristão. Nesse ponto, "um terceiro tipo de problema a respeito de Deus foi introduzido na Grécia": os aspectos da deidade judaico-cristã. Isso, por sua vez, inspirou "a criação da teologia grega, a teologia dos primeiros padres da Igreja e, acima de tudo, a criação da primeira teologia especulativa e sistemática por Orígenes" (Zubiri, 1981: 304-305). Zubiri, então, revelou uma outra ruptura que ocorreu um milênio e meio mais tarde. Uma vez que o sistema de razão especulativa descrito acima era, em última análise, "incapaz de se elevar do mundo até Deus," seus sucessores escolheram absorver "o mundo em Deus", o que é o resultado da "obra do idealismo germânico". Em seguida, o idealismo rendeu-se ao materialismo, que adotou "uma atitude agnóstica perante o problema de Deus." Com o estabelecimento da ciência positivista, Deus se tornou incognoscível (Zubiri, 1981: 306).

Esse exame superficial da história dos sistemas da razão especulativa exibe tanto a inclusão como o descarte de Deus pelos que aderiram a esses sistemas de pensamento. O que tentaremos demonstrar, durante o curso desta discussão, é que isso foi o resultado de metafísicas.

Para nossos propósitos atuais, basta dizer que há autores que descobriram uma similaridade entre a erudição em humanidades, limitada pela tradição, e o trabalho profissional na área das ciências. Esse é um tópico que será desenvolvido mais amplamente ao discutirmos Thomas Kuhn. Por enquanto, daremos atenção à maneira como paradigmas divergentes ou competidores são encontrados e organizados pela disciplina da teologia. Wentzel Van Huyssteen comentou sobre como esse processo poderia ser descrito em termos kuhnianos:

> O que Kuhn chamava de incompatibilidade e mesmo de incomensurabilidade dos paradigmas é [...] particularmente perceptível na teologia sistemática. Ao desenvolver a teologia dentro de diferentes paradigmas ou modelos conceptuais [...] os teólogos [...] podem identificar problemas diferentes e dar início a diferentes soluções, ao mesmo tempo em que, aparentemente, estão trabalhando a partir dos mesmos compromissos ou premissas básicos (Van Huyssteen, 1989: 65).

RELIGIÃO E CIÊNCIA

Ao se fazer uma opção entre alternativas teóricas ou modelos competitivos, a decisão atingida "nunca é colocada [...] inteiramente em bases racionais ou irracionais" (Van Huyssteen, 1989: 66). Antes, a seleção descreve "uma conversão, uma súbita troca de visão de conjunto que não pode ser forçada, nem racionalmente, nem de outro modo". Na medida em que Kuhn julgou que isso ocorria na área das ciências, assim Van Huyssteen afirmou que também era verdadeiro com relação à atividade racional em um sentido mais amplo, "que inclui a teologia" (Van Huyssteen, 1989: 67).

A seguir, Van Huyssteen discutiu as similaridades metodológicas reais entre as duas disciplinas e citou Sallie McFague, que endossa essa mesma idéia.

Os positivistas científicos encontram colegas na teologia, uma vez que, quando aqueles presumem que é possível ir diretamente da observação à teoria, sem o emprego crítico de modelos, descobrem suas contrapartes naqueles que garantem ser possível partir da história de Jesus para desenvolver a doutrina, sem a ajuda crítica de metáforas e de modelos (Van Huyssteen, 1989: 3).

Em oposição a esse ponto de vista, alguns responderam que, diferentemente das ciências, "as declarações teológicas não podem ser testadas diretamente, com relação a seu objeto" (Van Huyssteen, 1989: 94). Todavia, o mesmo pode ser igualmente alegado com relação a certas teorias científicas que se apóiam em dados que não são derivados da observação direta, tais como cenários para o início do Universo. Van Huyssteen, contudo, defendeu a empresa teológica, argumentando que:

As declarações a respeito de Deus [...] podem, não obstante, ser avaliadas indiretamente, em termos de nossas experiências conosco mesmos e com o mundo. Não somente essa testagem indireta se torna o ponto-chave para a compreensão da racionalidade científica da teologia [...], como também deixa claro que a fé e a experiência religiosa [nos] forneçem uma [...] base empírica para a ciência teológica (Van Huyssteen, 1989: 94).

Não é nosso propósito, aqui, argumentar contra ou a favor da condição de ciência da teologia. O que nos interessa é aquilo que há de comum, operacionalmente, entre religião e ciência no que se refere à maneira como os fatos, as teorias, os modelos e as tradições são tratados. Podemos concluir, provisoriamente, que parece existir uma significativa superposição funcional com respeito a isso. Iremos retornar a essa temática assim que tivermos estabelecido sua contraparte.

A natureza da ciência em termos religiosos

As induções científicas não podem ser provadas por meio dos textos da Bíblia, do mesmo modo que as doutrinas do Cristianismo não podem ser estabelecidas por meio da investigação científica. (Hooykaas, 1969: 2002, n. 1)[2]

O objetivo desta seção é delinear os desenvolvimentos que concederam à ciência a sua forma atual. Será observado que os contornos da ciência receberam seu formato por meio de decisões que, em si mesmas, eram mais religioso-filosóficas do que científicas. Para comprovar essa conclusão, partiremos dos trabalhos de Thomas F. Torrance (nascido em 1913).

Torrance localizou a fonte inicial da maneira moderna de pensar justamente no primeiro pensador moderno, René Descartes (1596-1650), o qual argumentou que a realidade era dualística e, desse modo, separou o "reino da extensão material, de caráter essencialmente geométrico e mecânico, do reino da substância do pensamento, que não possui extensão" (Torrance, 1984: 11). Essa regra de pensamento efetivamente divorciou a mente do corpo; porém, o que é mais importante, "a aplicação da matemática ao espaço e à matéria", feita por Descartes e que abriu as portas ao "ponto de vista mecanicista do universo", uma vez que, para ele, o corpo era uma máquina. Sir Isaac Newton (1642-1727) seguiu a liderança mecanicista de Descartes, mas não conseguia identificar adequadamente qual seria "o papel de Deus na regulação dessa cadeia de causas mecânicas e no enfrentamento das

---

2. Hooykaas, nessa passagem, refere-se a Adam Sedgwick.

RELIGIÃO E CIÊNCIA

emergências decorrentes das irregularidades que existem dentro do Universo" (Torrance, 1984: 28). Essa dificuldade deu origem à noção de que a relação Deus/mundo era observada somente nos intervalos do conhecimento científico. Esse entendimento levava a crer que quanto maior fosse o grau com que essas lacunas fossem transpostas, tanto mais Deus seria alijado do sistema. Se Deus ocupava somente os espaços intermediários, então o espaço de que a divindade dispunha para operar iria diminuir progressivamente, na medida em que o Universo continuasse a aceitar "uma explanação mecanicista de acordo com as leis de Newton" (Torrance, 1984: 29). Atingindo um ponto extremo, Laplace, já na época de Napoleão, "desenvolveu o sistema newtoniano do mundo até sua forma mais completa, aparentemente demonstrando a estabilidade interna do sistema solar, de acordo com leis eternas e completamente auto-reguláveis", o que o levou a afirmar que não tinha nenhuma necessidade da "hipótese de Deus".

Contrário ao esquema newtoniano, John Locke (1632-1704) estabeleceu a ponta de lança para um afastamento do racionalismo cartesiano em direção a uma epistemologia aristotélica, que anteriormente já fora adotada pelo teólogo Tomás de Aquino, segundo a qual "não existe nada na mente que não tenha estado primeiro nos sentidos" (Torrance, 1984: 32) – ainda que Descartes também endossasse a mesma noção. A abordagem empírica enfatizava não "a orientação objetiva das aparências", como fez Newton, mas "sua orientação subjetiva: a maneira segundo a qual os objetos aparecem para o observado". Ao introduzir o elemento subjetivo "do conhecimento humano na ciência [Locke] lançou os alicerces da observação indutiva e do empirismo de períodos posteriores" (Torrance, 1984: 34).

Um tal modo de pensar, entretanto, tampouco se achava isento de dificuldades. Por exemplo, era impossível explicar "a matemática apenas com base nas aparências". Ao ser estendido a suas conclusões lógicas, o emprego desse método conduziu ao de idealismo de Berkeley (1685-1753), no qual a existência das substâncias materiais não poderia ser presumida "somente em bases observacionais ou empíricas". A única coisa que se poderia relatar eram as impressões surgidas na mente dos observadores. Lastimavelmente, "na teoria das idéias de Locke, conforme Berkeley nos demonstrou, a noção de substâncias materiais independentes de nossas próprias percepções é desprovida de sentido" (Torrance, 1984: 34).

DEUS E A NOVA METAFÍSICA

David Hume (1711-1776) acrescentou, ainda, novos elementos à discussão, demonstrando que "não somente não dispomos de evidências empíricas, passíveis de serem comunicadas a outras mentes, como tampouco delas dispomos para a existência de uma realidade independente de nossa própria" (Torrance, 1984: 35). Uma epistemologia empiricista era problemática não somente para a ciência, como também para a teologia, uma vez que:

> conclusões negativas do positivismo empírico de Hume, a falha da razão natural ao estabelecer uma conexão inteligível entre o Universo e Deus, também revelavam o fracasso da abordagem inteira em explicar a inteligibilidade inerente do Universo, que o torna acessível a uma inquirição racional e científica (Torrance, 1984: 35).

Immanuel Kant (1724-1804) foi uma prova monumental, fornecendo uma solução para a dificuldade referida acima. Como explanou Torrance:

> A importância de Kant para o desenvolvimento do pensamento europeu se localiza em sua tentativa de construir uma epistemologia dentro da qual as contribuições empíricas de Locke, Berkeley e Hume estivessem combinadas com a abordagem mais racionalista do conhecimento adotada por Descartes e Leibniz, de modo tal a demonstrar que elementos *a priori* puramente teóricos e elementos *a posteriori* empíricos operam juntos em todos os nossos conhecimentos, tanto na vida quotidiana como nas construções científicas. O resultado disso foi a sua famosa *síntese apriorística* (Torrance, 1984: 36).

Desse modo, ocorreu uma guinada distinta dentro do pensamento do Iluminismo, porque a razão autônoma transferiu o centro "da inteligibilidade para o pólo humano da relação de conhecimento" (Torrance, 1984: 38). Infelizmente, isto conduziu a um paradoxo, em que "a ordem natural das coisas, acessível ao questionamento e à formulação racionais", do mesmo modo que os fundamentos "sobre os quais dependem as leis da natureza se alojam na mente, e não nas próprias coisas" (Torrance, 1984: 38).

A partir daqui, Kant efetivamente solapou "a 'objetividade' do objeto fenomenal", em sua afirmação de que a observação "não é dada 'objetivamente', porém 'subjetivamente elaborada'" (Torrance, 1984: 39). A implicação profundamente importante, como já mencionamos previamente com relação aos relatos históricos, "era a de que as atividades científicas exploram menos do que dão forma à natureza; que menos descobrem do que criam a realidade" (Torrance, 1984: 40). O legado de Kant é a atitude de que "podemos entender somente aquilo que construímos para nós mesmos" e a herança que dele recebemos é a visão de que "um objeto *é* aquilo em que se torna por meio de nossa cognição dele". Toda a ciência pós-kantiana deve, portanto, contender com a percepção de que, "em todo o nosso conhecimento, existe um inter-relacionamento real entre aquilo que conhecemos e nosso processo de conhecê-lo" (Torrance, 1984: 42).

A chegada da filosofia da ciência

A palavra "teoria" tem a mesma raiz grega que "teatro". Ambas se preocupam com a apresentação de um espetáculo. Em ciência, uma teoria não é mais do que aquilo que parece ao seu autor ser uma maneira plausível de enfeitar os fatos, a fim de apresentá-los à sua audiência.[3]

Após termos esboçado a história das tendências na filosofia moderna, de Descartes a Kant, embarcamos agora no que pode ser referido amplamente como a "filosofia da ciência". Quer tenha sido sua intenção, quer não, pode ser encontrada no primeiro plano do pensamento dos sucessores de Newton a declaração de que subscrever uma moldura empírica significava a expulsão da metafísica, uma vez que, para eles, "as idéias fundamentais de caráter filosófico ou epistemológico não podem achar lugar dentro das ciências Naturais" (Torrance, 1984: XI). O problema com um ponto de vista desse tipo é que ele recobre um racionalismo dogmático sob o véu fino de um disfarce, que pressupõe que os fatos da observação são fatos brutos, "sem qualquer componente inteligível e que as idéias são abstraídas deles

---

3. Lovelock (1988: 42). Todas as ênfases apresentadas no decorrer deste estudo foram colocadas pelos próprios autores citados, a não ser que seja de outro modo especificado.

exclusivamente por meio de processos lógicos". Desde o tempo de Auguste Comte (1798-1857), esse método de relacionamento com o mundo passou a ser conhecido como *positivismo*. Albert Einstein (1879-1955), todavia, foi um cientista que insistiu "que não existe uma ponte lógica entre as idéias e as realidades empíricas". Em vez disso, "os fatores empíricos e teóricos são inerentes um ao outro" e, desse modo, nossa epistemologia deveria conceder-lhes uma certa liberdade.

O empirismo racionalista permitiu o surgimento de "um lapso no conceito da inteligibilidade inerente à natureza", o que, por sua vez, alimentou a ciência instrumentalista da era moderna (Torrance, 1984: 6), em que se presumia que os modelos científicos não seriam descrições da realidade, mas apenas instrumentos úteis para a compreensão do mundo. A mentalidade que esses pontos de vista geraram pode assim ser expressa: "somos nós que, por meio de nossas operações racionais e científicas, revestimos de forma e estrutura o Universo que se encontra ao nosso redor e, desse modo, lhe emprestamos um significado para nós mesmos". Mas os problemas do positivismo se multiplicaram, uma vez que o tão propalado distanciamento se tornava um alvo inatingível, posto que o próprio "positivismo, de fato, defendia pressupostos inquestionáveis" (Torrance, 1984: 200). Essa é precisamente a posição que foi tão radicalmente solapada pela filosofia da ciência contemporânea. Todo o conhecimento e, desse modo, "toda a ciência operam dentro de crenças básicas", que não se acham sujeitas à lógica positivista. Toda atividade epistemológica, poder-se-ia argumentar, funciona de acordo com uma *visão do mundo* e os principais pensadores que trouxeram à luz essa compreensão ao longo do século XX passarão a ser agora apresentados.

A situação recente

[Ainda que as leis naturais descrevam aquilo que acontece], tudo que elas podem prescrever são as nossas expectativas. (MacKay, 1974: 31)

Comecemos por Sir Karl R. Popper (1902-1994), que afirmou que a idéia "de um conhecimento absolutamente certo e demonstrável foi provado como sendo uma miragem" e que todas as proposições científicas têm caráter provisório (Flew, 1984: 44). Para Popper, o elemento característico da ciência não é a sua posse da verdade, mas a sua busca, confidenciando que não é a verificabilidade, mas a falsificabilidade que traz a marca real da verdadeira ciência. Essa substituição realizada por Popper parece ser algo mais modesto sobre os poderes e as limitações do empreendimento científico. Ele admitiu a natureza interpretativa da informação derivada da observação. Os fatos brutos, portanto, se tornam pré-interpretados "à luz de teorias claramente formuladas ou subconscientemente adotadas" (Van Huyssteen, 1989: 27). A formação de teorias envolve a agenda do formador de teorias, ou seja, a perspectiva adotada pelo observador ou o seu "ângulo de observação", juntamente com seus "interesses teóricos". O que existe entre a observação e a teoria, e o que determina o ponto de vista de um cientista, é a inteira constelação de investigações que ele ou ela escolheu; do mesmo modo, uma diversidade de "conjecturas e antecipações" os influencia na formulação dos pontos de vista. Esse "espectro total de expectativas" se opõe à idéia da objetividade pura que, em vez de ser uma "observação desnuda", é substituída por uma "carga teórica".

Depois, Thomas Kuhn (1922-1996) deu passos significativos na paisagem da filosofia da ciência. Ele sugeriu que "algo como um paradigma é um pré-requisito para a própria percepção" (Kuhn, 1970: 113). Portanto, a observação dependeria de fatores filosóficos, tais como aqueles que "a experiência visual e conceptual prévia" de um(a) cientista "ensinaram-no ou ensinaram-na a ver". Até mesmo as escolhas referentes ao tipo de equipamento a ser utilizado "já trariam em si a assunção de que somente determinada sorte de circunstâncias sobreviriam (Kuhn, 1970: 59) ou que somente esses seriam tomados em consideração. Kuhn acreditava que a história da ciência estava pontilhada de períodos de adoção de paradigmas, seguidos por aquilo que seus praticantes poderiam considerar como a "ciência normal". Na medida em que as anomalias fossem se acumulando, isto é, fatos que se recusassem a conformar-se com o esquema existente, uma massa crítica iria se formando, e a descontinuidade que Kuhn denominava "revolução científica" seria provocada. Nesse ponto, as coisas se sublevariam, enquanto novos paradigmas competiriam entre si para explicar as novas tendências, em uma tentativa de se tornarem o novo paradigma aceito que, mais uma vez, abriria a porta para um novo período de ciência normal. Kuhn também introduziu o conceito da instabilidade dos dados coletados durante os períodos revolucionários. Os mesmos dados não poderiam mais ser abordados da mesma forma, o que, então, requereria uma nova estruturação de perspectiva. Por exemplo, na cena contemporânea, "um pêndulo não é o mesmo que uma pedra cadente", conforme consideravam os gregos, "nem oxigênio é ar deflogisticado" (Kuhn, 1970: 121). Novos paradigmas deveriam aparecer que não somente contivessem as novas categorias, mas contribuíssem com uma nova linguagem que nos permitisse falar dos dados em termos renovados. Em face dessa eventualidade, Kuhn nos advertiu no sentido de que "é difícil fazer com que a natureza se encaixe dentro de um paradigma".

Além disso, Kuhn discordou do conceito de falsificabilidade de Popper. Para que alguma coisa pudesse ser falsificável, Kuhn afirmou que primeiro deveria haver hipóteses capazes de ser submetidas a testes empíricos e, então, demonstradas falsas. A asserção de Kuhn, de acordo com Philip E. Johnson, era a de que "o problema desse critério é que é impossível testar isoladamente cada proposição científica importante" (Johnson, 1991: 120). As "hipóteses de fundo", em particular, deveriam ser expostas claramente, a fim de que a testagem das declarações científicas pudesse ser realizada, e estas estariam embutidas no paradigma reinante. Os paradigmas colorem a maneira como encaramos o mundo e ditam a maneira como o vemos. As anomalias, tomadas em si mesmas, nunca podem invalidar um paradigma, conforme a leitura que Johnson fez de Kuhn, uma vez que "os seus defensores podem valer-se de hipóteses *ad hoc*, a fim de acomodar qualquer evidência desconfirmadora em potencial". Não só é difícil moldar a Natureza ao formato de um paradigma específico, como também é uma tarefa formidável desalojar um paradigma depois que ele se encaixou firmemente e capturou a imaginação de quem dele compartilha. Com o estabelecimento de um novo paradigma e das novas perspectivas por ele geradas, ocorre uma reorientação destinada a assimilar o anômalo. Ao empregarem qualquer paradigma, "as pessoas tendem a ver aquilo para que foram treinadas a ver", implicando que essas pessoas "estão predispostas a más interpretações influenciadas pelo paradigma" (Johnson, 1991: 120-121). Todos os paradigmas operam como lentes corretoras da imagem do mundo, o que, efetivamente, distorce a visão que temos dele. Por exemplo, quando a cosmologia ptolemaica estava desmoronando, alguns "fenômenos celestes [...] não foram 'vistos' até que o novo paradigma astronômico de Copérnico legitimou sua existência". Dessa maneira, os paradigmas também têm uma função social a exercer, no sentido de que a concordância comunitária em aceitar um paradigma funciona como uma estrutura legitimadora para as atividades que ocorrem dentro desse grupo. "A percepção é um processo interpretativo" (Kuhn, 1970: 195) e, nesse sentido, nós nunca mais encaramos o Universo da mesma forma que antes, desde que o trabalho de Copérnico recebeu a aceitação geral. A participação naquilo que foi adotado pela convenção valida o nosso próprio trabalho.

Para Kuhn, a revolução científica seguia-se a crises que davam lugar a trocas de paradigma que, por sua vez, anunciavam um novo período de ciência normal (Van Huyssteen, 1989: 50). O arcabouço recém-aceito "não apenas propõe diferentes respostas para as questões que os cientistas andavam apresentando, nem somente explica os fatos de forma diferente; sugere questões inteiramente diversas e diferentes possibilidades factuais" (Johnson, 1991: 121). Isso incitou Kuhn a avaliar paradigmas opostos como incomensuráveis, pretendendo, com essa expressão, apresentar o pensamento de que as dificuldades experimentadas por diversos grupos de cientistas em se comunicarem uns com os outros de maneira inteligível eram devidas ao emprego de paradigmas díspares. Os termos de um paradigma não são facilmente traduzíveis para a linguagem de outro, o que levou Kuhn a sugerir que, para tal comunicação alcançar sucesso, "um grupo ou o outro deve experimentar a conversão que estivemos chamando até agora de mudança de paradigma" (Kuhn, 1970: 150). Para Kuhn, esse tipo de transição "não pode ser feito por etapas, uma de cada vez, pela força da lógica e da experiência neutra. Como uma troca de gestalt deve ocorrer de maneira completa (embora não necessariamente em um único instante), senão jamais ocorrerá".

O procedimento de seleção de um candidato a novo paradigma freqüentemente é realizado com base em considerações pessoais e estéticas (Kuhn, 1970: 155-156) e uma decisão em favor dessa escolha por parte dos cientistas, individualmente, é freqüentemente baseada em crenças (Kuhn, 1970: 158). Uma vez que os paradigmas correspondem a tradições, percebe-se que os pontos de vista de Kuhn podem alegar uma "ampla aplicabilidade".[4] Suas percepções se encaixam não somente em perspectivas científicas, mas também "em um amplo posicionamento filosófico" (Johnson, 1991: 121). A estratégia de Kuhn revelou que, contrariamente ao positivismo, as ciências têm muito em comum com outras disciplinas: "de fato, o que nós temos aqui é uma definitiva relativização da rigidez positivista" (Van Huyssteen, 1989: 62). Tanto a ciência como a teologia podem, então, ser julgadas como "modelos conceptuais sócio-historicamente determinados" que são "dominados pelo impacto de paradigmas".

Os termos "determinados" e "dominados", entretanto, podem ser fortes demais. A obra de Kuhn foi um corretivo necessário para o positivismo lógico das décadas de 1920 e 1930, porém suas idéias residem no outro extremo e, desse modo, descrevem uma oscilação do pêndulo na direção oposta. Talvez essa tática fosse legítima em uma época na qual o seu ponto de vista precisava de ser estabelecido; todavia, nos anos subseqüentes, o golpe seria um tanto amortecido.

O último pensador na área da filosofia da ciência a quem dirigiremos nossa atenção neste trecho é Michael Polanyi (1891-1976), que discutiu o papel do cientista nos empreendimentos científicos. Ele afirmava que, "longe de manter a neutralidade em seu coração, o cientista se encontra apaixonadamente interessado nos resultados dos procedimentos científicos" (Polanyi, 1946: 38-39). Mais ainda, o cientista também toma decisões quanto "ao peso que deve atribuir a cada conjunto dado de observações em apoio ou em refutação de uma teoria com relação à qual ele parece ter assumido um posicionamento", de tal modo que elas se tornam, "em última análise [...], uma questão dependente de seu julgamento pessoal" (Polanyi, 1946: 93-94). Os julgamentos pessoais não param aí, mas se manifestam em cada observador, uma vez que os humanos têm "um interesse pessoal em tudo o que conhecem".[5] Polanyi prosseguiu, na mesma linha de argumentação:

---

4. Tal pensamento foi tomado do pós-escrito de Kuhn (p. 208), redigido sete anos após a publicação da primeira edição.

5. Essa é a chamada, do editor, que aparece na capa de *The study of man*.

A participação do conhecedor na construção de seu conhecimento, até hoje tomada como um defeito – uma limitação a ser eliminada do conhecimento perfeito – é agora reconhecida como o verdadeiro guia e senhor de nossos poderes cognitivos. [...] Nós devemos aprender a aceitar como nosso ideal um conhecimento que é manifestamente pessoal (Polanyi, 1959: 26-27).

Polanyi afirmou também que, em termos de conhecimento humano, "nós podemos saber mais do que podemos dizer" (Polanyi, 1967: 4). Nesse sentido, ele ofereceu como exemplo a ilustração de nosso reconhecimento dos traços faciais de alguma pessoa. Somos capazes de reconhecer o rosto de alguém que conhecemos, porém "a maior parte desse conhecimento não pode ser exposta em palavras". Polanyi se referiu a esse tipo de conhecimento como "a dimensão tácita" da consciência, um conhecimento subjacente que é aceito de forma tão espontânea, um conjunto tão óbvio que acaba se tornando invisível para nós mesmos" (Owens, 1983: 116). Permanece como parte da condição humana "operar com uma 'consciência subsidiária' e um conhecimento implícito sobre o qual podemos nos basear em todas as nossas operações explícitas" (Torrance, 1984: 112). Essa dimensão funciona "por meio de uma apreensão intuitiva e indescritível de uma estrutura" no mundo da experiência de uma pessoa. O que deve ser enfatizado aqui é que esse saber é operativo não somente no domínio das artes, mas também no âmbito das ciências. Sem dúvida, as contribuições de Popper, Kuhn e Polanyi podem ser aplicadas às humanidades, do mesmo modo que o são às ciências.

Um diagnóstico do problema permanente

A própria fé que os positivistas demonstraram nas ciências Naturais não foi alcançada cientificamente.
A percepção não se acha insulada da teoria. As teorias arrastam consigo suas próprias confirmações.

Toda garantia terá de ser relativa a um corpo de crenças. Não pode ser relativa a um corpo de certezas.[6]

A despeito das tentativas empreendidas pelos positivistas em desconsiderar os fatores humanos em seu próprio arcabouço teórico, são precisamente os elementos humanos, para filósofos como Kuhn, que permitem o progresso da ciência, como ela é ordinariamente compreendida. Os fatores humanos nem são erradicáveis das atividades científicas, nem isso seria desejável. Reforçando essa idéia, um autor, que também é cientista, afirmou o seguinte:

> A parte racional da pesquisa seria de fato inútil se não fosse complementada pela intuição que dá novas percepções aos cientistas e que lhes permite se tornarem criativos. Essas percepções tendem a surgir repentinamente e, de forma característica, não aparecem quando o cientista se encontra em sua escriVaninha, trabalhando com equações, mas quando está descansando, tomando um banho, caminhando nos bosques, andando pela praia etc. Durante esses períodos de relaxamento, depois de uma atividade intelectual concentrada, a mente intuitiva parece tomar conta do cérebro e produzir as percepções súbitas e esclarecedoras que trazem tanta alegria e prazer à pesquisa científica (Capra, 1983: 39).

Como já foi estabelecido, o movimento da observação para a formação de uma teoria inclui etapas indutivas, a saber, a interpretação dos dados e a sistematização das informações. Estas, por sua vez, "são produtos da invenção e da percepção humanas" (Ratzsch, 1986: 23) e não brotam automaticamente dos objetos investigados. A formação de teorias não é um empreendimento rigoroso, nem existe nela uma "lógica da descoberta" (Ratzsch, 1986: 23-24). Em vez disso, o salto da observação para a teoria envolve imaginação – uma característica distintamente humana. "As teorias podem ser sugeridas pelos dados disponíveis, mas não são conseqüências

---

6. As três citações foram retiradas de Nicholas Wolterstorff, *Reason within the bounds of religion* (Grand Rapids, Missouri: Eerdmans, 1976), p. 16, 49 e 98, respectivamente.

lógicas desses dados. São antes os resultados de uma percepção criativa da parte dos humanos" (Ratzsch, 1986: 24-25).

Kuhn acreditava ter demonstrado que "a subjetividade humana (na forma de valores aceitos pela comunidade dos cientistas)" ocupa uma função central na ciência, tornando-a, desse modo, "decididamente uma atividade humana" (Ratzsch, 1986: 55). A ciência não é capaz nem de legitimar sua própria metodologia, nem os fundamentos de suas pressuposições, o que nos permite concluir que a ciência não é onicompetente (Ratzsch, 1986: 98). Sobre isso, Van Huyssteen cita Wolfhart Pannenberg, o qual alega que os pronunciamentos da ciência são, "em última análise, fundamentados em pontos de vista gerais do mundo, e estes são de uma natureza profundamente filosófica e/ou religiosa" (Van Huyssteen, 1989: 80). Tais crenças últimas, em geral, operam em nível inconsciente e escapam à atenção dos próprios praticantes da ciência (Torrance, 1984: 199). Assim, pelo fato de tanto a ciência como a religião participarem da pressuposição fundamental, "integrando e dando significado aos dados disponíveis", testando hipóteses e "fornecendo soluções para enigmas" (Van Huyssteen, 1989: 80-81), encontram-se metodológica e epistemologicamente relacionadas (Torrance, 1984: XII).

As teorias continuam a moldar a maneira pela qual o mundo é encarado (Gerhart & Russell, 1984: 10), todavia a ciência ainda dá prioridade às "compreensões teóricas [...] acima da compreensão ingênua de nossa experiência imediata" (Gerhart & Russell, 1984: 38), e persiste em avaliar as disciplinas como "mais ou menos 'maduras', em termos da extensão com que empregam a análise" (Gerhart & Russell, 1984: 41). De acordo com Torrance, entretanto, a metodologia científica rígida vem sendo desenfatizada recentemente, em favor da integração, que nos "abriu o caminho para concepções mais profundas de sistemas e de organização, de tal modo que justiça seja feita ao caráter multivariável e de níveis múltiplos do Universo" (Torrance, 1984: 87). Sem dúvida, a capacidade humana para compreender o mundo reflete a compreensibilidade da natureza. Torrance faz a seguinte afirmação:

> O fato de que nossos conceitos e suas interconexões adequadas estão intuitivamente relacionados e controlados pela natureza no mundo real, implica uma harmonia espantosa ou uma correlação entre sua compreensibilidade inerente e a estrutura de nossa capacidade humana de compreensão; o fato

de que o mundo da experiência de nossos sentidos seja compreensível para nós, disse Einstein, é um milagre (Torrance, 1984: 79).

Para Torrance, existe lugar para a maravilha no questionamento científico, especialmente quando deparamos com o desusado, porque então nos acharíamos preparados para responder a ele não por meio dos cânones fixos das categorias estereotipadas, mas por meio de uma abertura para novas possibilidades (Torrance, 1984: 77-78).

Se formos acreditar nesses autores e em seus sentimentos, a ciência possui uma dimensão religiosa, uma vez que traz em si a marca do sinete humano (Gerhart & Russell, 1984: 77). Além do sentimento de maravilha sobre o qual falaram Einstein e Torrance, as teorias também têm sido louvadas devido à sua elegância, que constitui uma outra categoria extracientífica. Também a beleza pode "dar origem a uma convicção que pode ser comparada à fé... A beleza de uma teoria é persuasiva de sua verdade. Mas a questão da beleza é uma questão de limites, uma questão de valores e, portanto, a evidência de uma dimensão religiosa dentro da ciência".

Se existe tal similaridade entre os empreendimentos da ciência e da religião, então como foi que surgiu tanto atrito entre as duas e como isso pode ser ultrapassado? Uma tentativa de explicação envolve um choque entre o materialismo e as idéias que apresentam componentes transcendentais. A proposta da superação dessa dicotomia será elaborada um pouco mais adiante, mas, por agora, vamos observar como cada um dos lados, aparentemente opostos, interagem. C. Stephen Evans afirmou que não há necessidade da existência de uma atmosfera de tensão entre a religião e a ciência, em grande parte porque as duas normalmente não dão "explanações competitivas para os eventos de mesmo nível" (Evans, 1982: 125). O problema se manifesta quando a ciência considera que suas asserções sejam "definitivas e finais", porque essa afirmação mesma não parece "ser cientificamente testável". As questões últimas "não podem ser respondidas pela própria ciência". A religião, por seu lado, discorre precisamente sobre "por que a Natureza existe e o motivo de ela possuir as características ordinárias que são investigadas pela ciência". Para Evans, a religião e a ciência não são "essencialmente rivais" porque cada uma delas comanda sua própria esfera de competência. Evans entendeu que as duas oferecem explanações que "não são do mesmo tipo, nem se encontram no mesmo nível". A ciência trata de questões sobre "o que" e "como", enquanto a religião se interessa pelo "porquê".

Embaçando um pouco o posicionamento "ou/ou" de Evans, Vincent Brummer submeteu uma caracterização "tanto/como", declarando que, a despeito de funcionarem em níveis diferentes, a religião e a ciência são mutuamente dependentes. Ele se achava persuadido de que "a religião é dependente da ciência para conhecer o ambiente factual mutável cujo sentido ela terá de identificar", enquanto a ciência "é dependente dos modelos conceptuais de uma religião ou de uma perspectiva da vida a fim de determinar seu próprio sentido ou significado" (Brummer, 1991: 12). Segundo esse ponto de vista, a interação entre ciência e religião pode não ser pacífica, e os conflitos podem necessariamente se tornar inevitáveis; os problemas permanecem. Os aVanços nesse campo são realizados pela contribuição de Langdon Gilkey (nascido em 1919), para cujo pensamento nos voltaremos agora.

O mundo de acordo com Gilkey

Uma teoria [do campo da física] que seja completa, consistente e unificada é apenas o primeiro passo: nosso objetivo é uma compreensão completa dos eventos que nos circundam e de nossa própria existência. (Hawking, 1988: 169)

Se realmente chegarmos a descobrir uma teoria completa, ela deverá, no devido tempo, tornar-se compreensível para todos, em seus princípios gerais, e não somente inteligível para um punhado de cientistas. Então todos nós, filósofos, cientistas e pessoas comuns, seremos capazes de tomar parte na discussão da questão de por que nós mesmos e o Universo existimos. Se conseguirmos descobrir uma resposta para isso, esse será o triunfo final da razão humana – porque, então, nós conheceremos a mente de Deus. (Hawking, 1988: 175)

Ainda que devamos pôr de parte, por enquanto, a questão da mente divina, a presença das questões-limite que são apresentadas pela ciência revela uma necessidade humana básica. Os seres humanos não parecem ficar satisfeitos com as descrições científicas sobre "o que" e "como", mas continuam pressionando as especulações para determinar o "porquê". Essa força

DEUS E A NOVA METAFÍSICA

impulsionadora indica a área em que a religião e a ciência se encontram e se superpõem, ou em que a ciência passa o bastão de comando para a filosofia/religião, ou existe uma terceira descrição mais adequada de sua interação potencial? Langdon Gilkey realizou algum progresso nesse sentido.

Desde seu primeiro livro, Gilkey ofereceu a seguinte descrição dos relacionamentos da verdade com a ciência e a religião:

> quando [...] os conceitos religiosos são considerados verdades literais, tornam-se científica e filosoficamente não verdadeiros e passam a ser religiosamente irrelEvantes. Paradoxalmente, um mito apenas pode ser verdadeiro como uma afirmação religiosa, se não for verdadeiro como uma descrição literal dos fatos envolvidos. Como verdades literais, os mitos se tornam "pré-científicos" e devem ser descartados – mas é precisamente nesse ponto que eles deixam de ter relevância para a religião (Gilkey, 1965: 348).

Segundo a estimativa de Gilkey, a ciência funciona como "uma visão cultural [...] na formação, preservação e orientação da comunidade a que pertence" (Gilkey, 1979: 30). Mas a história não acaba aí, porque a ciência exibe contornos religiosos quando articula elementos de "finalidade e sacralidade, ao afirmar que corporifica um ponto de vista que é, em última análise, válido para descrever a realidade". Isso significa que os limites entre ciência e religião seriam ultrapassados se cada uma delas começasse a tratar dos interesses da outra, até o grau, por exemplo, em que a doutrina da evolução respondesse a "perguntas sobre as origens primeiras das coisas e seu destino final" e, então, se tornasse um mito, como Stephen Toulmin insistiu (Gilkey, 1981: 38-39). Se essa é uma tarefa que os evolucionistas de fato pretenderam realizar, então poderia ser argumentado que a linha foi cruzada, uma vez que as informações sobre as origens primeiras das coisas e seu destino final a teoria evolucionista não nos pôde apresentar, especialmente se a seleção natural de fato operar de forma aleatória. Se o destino final dos organismos puder ser mapeado, naturalmente com as possíveis exceções de um holocausto nuclear ou de colisões com objetos extraterrestres, então a seleção natural é uma proposta determinada, e não uma operação aleatória. Teremos mais a dizer sobre esse assunto nos capítulos seguintes.

RELIGIÃO E CIÊNCIA

Mesmo podendo ser localizados no domínio da ciência, os mitos não são nem científicos nem precisos (Gilkey, 1981: 39). Não surgem dos procedimentos científicos e não são quantificáveis nem redutíveis a formalismos matemáticos. Ao contrário, os mitos se desenvolvem a partir das pressuposições de um sistema de pensamento. A despeito da racionalidade da disciplina, a ciência é incapaz de avaliar suas próprias pressuposições racionalmente (Gilkey, 1981: 42), uma vez que "o saber é total e exclusivamente um ato humano" (Gilkey, 1981: 47), a partir do momento em que convicções estiverem envolvidas nele. Gilkey citou Polanyi para justificar esse ponto de vista: "todo ato de conhecimento factual tem a estrutura de um compromisso" (Gilkey, 1981: 155).

Segundo a avaliação de Gilkey, o papel adequado da teologia é "a exploração do significado e da validade da linguagem mítica ou o sistema simbólico de uma determinada tradição religiosa" (Gilkey, 1981: 107). Todavia, a teologia não é a única disciplina a conter uma linguagem mítica. A ciência também apresenta "uma dimensão do supremo", compreensível "por meio de categorias semelhantes àquelas que costumamos chamar 'míticas'" (Gilkey, 1981: 124). Gilkey não julgou que isso fosse uma deficiência; ao contrário, a dificuldade se encontra na tentativa da ciência em abordar os mistérios do Universo sem se referir a um mistério. A ciência possui seus momentos metafísicos, só não dispõe da consciência ou não admite sua ocorrência. Para essas ocasiões, Gilkey advertiu que, "se uma sentença criada nas pastagens cuidadosamente cercadas da ciência cruzar a cerca para ir divertir-se nos Campos Elíseos da metafísica, já deve esperar receber uma nova marca" (Gilkey, 1981: 152).

Lamentavelmente, isso não reflete a atitude da ciência contemporânea, porque existe uma característica dogmática na alegação de que "o conhecimento científico representa a *única* entrada cognitiva para a realidade. [...] A Natureza, portanto, é justamente aquilo que é definido pela ciência e a realidade é equivalente ao que a ciência determinou acerca da Natureza" (Gilkey, 1989: 285). Em oposição a essa postura, Gilkey afirma que a observação, por depender do observador, aponta tanto para possíveis inadequações e também para a relatividade dos conhecimentos desse observador, o que é um limite "essencial e não [...] acidental" (Gilkey, 1989: 287).

39

Para Gilkey, a investigação científica envolve tanto "intuição, imaginação e [...] percepção, quanto o brilhantismo lógico", e admite tanto arte quanto ciência (Gilkey, 1989: 289). A partir daí, Gilkey avalia a ciência como outra arena para o sagrado, que ele entende como sendo "a unidade da realidade, do significado e do valor" (Gilkey, 1989: 297). Segundo o pensamento de Gilkey, as intuições "representam aspectos ou visões transitórias da sacralidade da realidade" e também "vestígios do divino". Stephen Toulmin cunhou o termo "questões-limite" para designar aquelas questões que "aparecem nas fronteiras de uma disciplina" e, desse modo, se tornam incapazes de ser respondidas de dentro dessa disciplina (Gilkey, 1985: 257-258). Gilkey calculou que essas questões, "lEvantadas pela ciência, mas [...] fora do seu alcance" produzem "pistas de significado e de valor" que "exigem uma reflexão filosófica e religiosa" (Gilkey, 1989: 297). Tomadas em seu conjunto, elas constituem símbolos ou "revelações do sagrado", cuja presença é "característica da própria realidade" (Gilkey, 1989: 298).

A natureza da Natureza

[Conforme declarou o físico Max Planck], a ciência não pode resolver os mistérios finais da Natureza. Isso acontece porque, em última análise, nós mesmos fazemos parte do mistério que estamos tentando resolver. (Barrow & Tipler, 1988: 123)

Depois de discutirmos a natureza da religião e da ciência e os intercâmbios entre uma e outra, agora nos voltamos para o exame dos pressupostos da ciência, usando a geologia como um exemplo específico. A ciência se orgulha de seus padrões metodológicos de testabilidade, repetibilidade, quantificabilidade, previsibilidade e controle, promovendo desse modo a divisão entre a esfera pública da ciência e os reinos privados da ética e da religião. Ao agir assim, a ciência acredita ocupar a esfera do objetivo, enquanto tudo o mais seria da ordem do subjetivo. Fendas no edifício científico, todavia, periodicamente se abrem, revelando as características extracientíficas da ciência. A objetividade da ciência é mais alegada do que uma evidência, e isso fica claro nas pressuposições que envolvem a teoria da

RELIGIÃO E CIÊNCIA

evolução, por exemplo. Começaremos, contudo, com uma notável ilustração retirada do campo da geologia.

Uma dificuldade surge na tentativa de descrever a história da Terra anterior ao tempo em que havia observadores capazes de fazer relatos, a história do planeta. Reijer Hooykaas especificou quatro abordagens para a formulação dessa descrição, sendo as duas posições extremas as mais importantes para os nossos propósitos. A primeira, em uma das pontas do leque, é denominada *catastrofismo*, para a qual as mudanças geológicas do passado da Terra foram qualitativa e quantitativamente diferentes das atuais (Hooykaas, 1969: 3). Isto é, tais mudanças no passado não somente recorreram em ritmos diferentes, como também foram muito mais vigorosas.

As duas posições intermediárias enfatizam, apenas, ou as diferenças qualitativas ou as quantitativas, e freqüentemente são identificadas pelo nome de *gradualismo realístico*, com alguma variante dessa denominação (Hooykaas, 1969: 4). A quarta posição, que se encontra na outra ponta do leque, é referida como *uniformitarismo*, segundo a qual as forças em ação no passado não diferem nem em ritmo, nem em intensidade das que atuam no presente (Hooykaas, 1969: 14). Este último tipo é aquele adotado pela maioria da comunidade científica contemporânea, que considera "o presente a chave do passado" (Hooykaas, 1969: 17).

Para o uniformitarismo, as forças geológicas experimentariam não modificações ao longo do tempo, um posicionamento bastante conveniente, uma vez que, de outro modo, o nosso estudo do passado geológico seria prejudicado por ritmos e intensidades cognitivamente inacessíveis. Todavia, essa alegação vai muito longe. Uma implicação da doutrina uniformitarista é que as noções de progressão são excluídas de seu escopo (Hooykaas, 1969: 101). Neste sentido, o uniformitarismo é "a-histórico", pois, quando "admite um desenvolvimento em determinada direção, já está abrindo mão de seu pressuposto fundamental".

O catastrofismo é freqüentemente rejeitado em função de suas conotações religiosas, derivando principalmente de uma aceitação do Dilúvio do Gênesis e de seu suposto poder explanatório. Contudo, essa não é a única posição que revela conotações religiosas. Igualmente, problemas ocorrem cada vez que os princípios científicos recebem a condição de leis (Hooykaas, 1969: 164). Neste sentido, "o *princípio* da causalidade tem sido confundido com *lei* da causalidade" e, de maneira semelhante, "o *princípio* da uniformidade, algumas vezes, se transforma em *lei* da uniformidade". A situação que prevalece é a de que, quando uma metodologia "se transforma em pedra de toque para o raciocínio científico", passa a residir em um nível metafísico. Com isso, "há um grande perigo de que a atitude metodológica possa se degenerar em um dogmatismo mais estreito" (Hooykaas, 1969: 40). Se for assim, transformar-se-á em impedimento ao avanço da ciência: não evoluindo, pode ossificar-se.

As descrições da Natureza são como telas ou lentes colocadas entre os sujeitos observadores e os objetos observados. O problema é que a Natureza nem sempre pode se conformar à moldura que colocamos nela. Nosso mapa, que, acreditávamos, nos forneceria direções familiares, bem ao contrário, nos jogou à margem de sua página. É neste ponto que se faria necessário um novo mapa ainda em grande parte não esboçado?

Antes de nos aventurarmos ao território que não foi cartografado, seria melhor nos familiarizarmos com as fronteiras de nossa região presente. Isso requer uma rápida excursão pelas ciências, a fim de podermos demonstrar fluência com relação àquilo que se encontra na região limítrofe entre a ciência estabelecida e a filosofia especulativa.

CAPÍTULO 2

A Nova Física Aplicada à Velha Natureza

A evolução não seleciona necessariamente a verdade da conceptualização.
(Ratzsch, 1986: 125)

A própria matéria está longe de ser compreendida; muito menos, então, ela se torna capaz de ser o paradigma da explicação por meio da qual tudo mais possa ser compreendido. (Ferre, 1993: 164)

Abordagens recentes que brotaram de dentro da ciência convencional instigaram alguns cientistas a investigar tópicos filosóficos. Foi o que aconteceu com a revolução da física no decorrer do século XX. À medida que a enfocarmos, determinaremos implicações epistemológicas e metafísicas potenciais que foram inferidas diretamente dela. O que indubitavelmente se tornará claro é que a física contemporânea é composta tanto de especulação como de observação.

O mundo quântico

A parada inicial em nossa excursão é na teoria da mecânica quântica, e em como, a partir dela, se cria uma nova visão da realidade material. Segundo a teoria, um *quantum* é definido como a energia liberada quando as partículas subatômicas se movimentam de um nível de energia para outro. Essa energia surge em quantidades discretas de energia ou massa, chamadas *quanta*. O que é interessante notar a respeito dos movimentos entre os níveis de energia que geram os *quanta* é que não é possível precisar as etapas intermediárias envolvidas. Uma partícula, digamos, um elétron, encontra-se em uma camada ou órbita em um determinado ponto e, então, passa para outro aparentemente sem qualquer intervalo de espaço ou de tempo. Mesmo a noção de "partícula" possui imprecisão, uma vez que ela tem características de onda. Na falta tanto da capacidade de observar uma entidade subatômica como da justificação para presumir qual seja sua natureza, os cientistas são forçados a modelar o objeto em termos matemáticos, porque é somente por meio desse recurso que podemos falar da existência do mundo nuclear e de algo que o compõe (Davies, 1983: 162).

Algumas entidades subnucleares, aparentemente, apresentam até a capacidade de se mover para dentro e para fora da existência, o que produz um tipo curioso de "lógica quântica". Como explicou Paul Davies, a lei da identidade, em filosofia, é abandonada ("a regra de que alguma coisa não pode "ser" e "não ser" ao mesmo tempo). A motivação para isso é a de que, na física quântica, a noção de "ser" é mais sutil do que aquela que temos na experiência diária" (Davies, 1992: 26). Segundo seu ponto de vista, talvez seja mais exato pensar em termos de que não existem "absolutamente quaisquer partículas elementares", porque, segundo parece, todas as partículas subnucleares "são formadas por todas as demais, isto é, nenhuma partícula é elementar ou primitiva, mas cada uma delas contém algo da identidade de todas as outras" (Davies, 1983: 48).

A mecânica quântica, embora seja mecânica até certo grau, aplica-se principalmente no nível subatômico; enquanto em nível macroscópico "os efeitos quânticos são usualmente negligenciáveis" (Davies, 1992: 61). Isso apresenta importantes ramificações em escala cosmológica. O modelo atualmente aceito para o começo do Universo, embora historicamente não tenha deixado de ter os seus competidores, permanece sendo o Big Bang. Segundo esse modelo, quando mais se aproximava o tempo zero, "o Universo mais se comprimia em dimensões minúsculas", caso em que apenas a mecânica quântica ou aquilo que é conhecido como a "teoria das cordas" se aplicaria (Davies, 1992: 62). A ciência, algumas vezes, não dispõe de elementos necessários para saber como proceder a interpretação dos efeitos quânticos, e sua significância ainda se encontra em elaboração, mas aquilo que já foi explicado de forma suficientemente convincente é que "a realidade medida e descrita pela teoria quântica é dada, em parte, pelas questões que o experimentador apresenta perante a Natureza" (Davies, 1992: 185). Davies concluiu que "o mundo não é [...] nem inteiramente determinado, nem arbitrário, mas um amálgama íntimo de possibilidades e escolhas". O que torna o enigma ainda mais complicado é que "a onda quântica não é parecida, nem de longe, a algum tipo de onda que já tenha sido encontrado. Não é uma onda de qualquer substância ou objeto físico, mas uma onda de conhecimentos e informações. É uma onda que nos diz o que pode ser conhecido a respeito do átomo, e não uma onda produzida pelo próprio átomo" (Davies, 1983: 107).

O mundo relativista

O mundo ocidental moderno não pode mais encarar o Universo da mesma maneira que antes da apresentação das percepções pioneiras dos trabalhos de Einstein. A teoria particular da relatividade de Einstein demonstrou que não existem nem espaço nem tempo absolutos. Ambos se tornam relativos ao sistema referencial de alguém e, conjuntamente, formam um contínuo espaço-temporal. Um desenvolvimento dessa descoberta é o de que a matéria é agora compreendida como uma forma de energia e vice-versa. "A matéria é energia comprimida e relativamente estável, enquanto a energia é um estado disperso e excitado da matéria" (Owens, 1983: 83). Com relação à teoria geral da relatividade de Einstein, que trata da gravidade e de sistemas de referência acelerados, John Wheeler comentou sobre a natureza do relacionamento entre o espaço e a matéria nos seguintes termos: "o espaço diz à matéria como deve mover-se, enquanto a matéria diz ao espaço como deve encurvar-se" (Barbour, 1990; 110).

As contribuições de Einstein representam a culminação do quadro do mundo mecanicista newtoniano. Segundo a percepção de Einstein, permanece uma correspondência de um para um no mecanismo de causa e efeito do mundo material. De acordo com Jeremy Bernstein, "o espaço-tempo de

Einstein consiste de pontos cujas posições e tempos são determinados por procedimentos clássicos, utilizando-se réguas e relógios de um tipo com o qual qualquer físico do século XIX se sentiria confortável" (Bernstein, 1973: 154). Einstein era impulsionado pela presunção de que Deus não joga dados com o mundo, querendo dizer com isso que todos os eventos podiam ser determinados, desde que se pudesse obter o total das informações referentes a todos os fatores causais precedentes. Isto é, precisamente, o que o modelo newtoniano afirma: a relatividade não implica um relativismo. Einstein acreditava em um Universo do qual se poderia depender, com uma estrutura regular, e no qual não se teriam surpresas nem se encontrariam descontinuidades.

Tal concepção difere marcadamente do ponto de vista quântico. A abordagem quântica trouxe consigo aspectos da natureza que não podiam mais ser entendidos em termos fixos ou absolutos. Um fóton é um *quantum* de radiação eletromagnética, e um elétron é um *quantum* de carga elétrica (Owens, 1983: 83). Essas e outras entidades subatômicas se comportam tanto como ondas, quanto como partículas. Enquanto a relatividade enfatiza a continuidade, o determinismo e a previsibilidade, a mecânica quântica oferece seu oposto, a descontinuidade, o indeterminismo e a imprevisibilidade. Voltaremos a esse assunto mais adiante.

Credita-se a Einstein a origem da Teoria Geral da Relatividade, "uma de cujas principais características é que os atributos da matéria não podem ser separados dos atributos do espaço e do tempo" (Davies, 1992: 48). O modelo Big Bang do cosmo é, em si mesmo, uma ramificação dessa teoria. Se o espaço e o tempo formam um contínuo, conforme requer sua teoria, então o tempo foi gerado no mesmo instante em que surgiu o espaço. Tanto o espaço como o tempo tiveram o mesmo início. É por isso que não faz sentido indagar o que aconteceu antes da grande explosão, uma vez que o tempo é necessário para que um evento ocorra. Se não existe tempo, não há eventos, pelo menos como nós os conhecemos. Na mesma linha desse raciocínio, "a causa e o efeito são conceitos temporais" e, desse modo, não podem ser aplicáveis a um estado anterior à grande explosão (Davies, 1983: 39).

O começo do Universo, segundo essa maneira de ver, é um ponto de densidade material e de força gravitacional infinitas, que é denominado "singularidade" (Davies, 1992: 49). À medida que o tempo progrediu, a partir desse ponto, revelou uma discrepância entre sua natureza na microescala *versus* a macroescala. Em nível macroscópico, percebemos uma "flecha no tempo" – uma direção definida para o curso dos eventos. Nossa experiência usualmente revela uma assimetria temporal em que os efeitos nunca podem ser reconvertidos ao estado anterior à ação das causas sobre eles, não importa quanta energia seja injetada no sistema. O movimento dos eventos é unidirecional e irreversível: qualquer pessoa que tenha quebrado um objeto de vidro pode testemunhar esse fato. Todavia, em nível microscópico, "a colisão entre duas moléculas é completamente reversível e não apresenta nenhuma orientação preferencial com relação ao passado e ao futuro" (Davies, 1983: 126). Porém, o fato de como essa elasticidade se desenvolveu é outro mistério.

A singularidade do ponto inicial deu origem não somente ao tempo e ao espaço, como também às leis naturais. Conforme foi previamente mencionado, as leis da Natureza são descrições de padrões do comportamento material e, como tais, somente podem ser formuladas dentro do contexto do espaço e do tempo, que contêm o material assim descrito. Se esse for o caso, então "as leis da física devem ser quebradas na singularidade" (Davies, 1992: 50). Isso nos leva à indagação de como se realizou a formação desses padrões de comportamento. As leis que os descrevem se desenvolveram ao longo do tempo, como, sem a menor dúvida, fizeram o espaço e o próprio tempo? E, se elas evoluíram até o ponto presente, poderão evoluir ainda mais?

Em termos mais gerais, o Universo forma um sistema fechado, "contendo a razão para sua existência inteiramente dentro de si próprio?" (Davies, 1992: 68). Com as leis já conhecidas, o Universo pode se regular sozinho e se desenvolver perfeitamente bem. Mas onde e como elas se originaram? Uma solução possível é optar pela transcendência das leis naturais, segundo a qual, em determinada ocasião, elas ocuparam algum plano diferente do nosso e foram depositadas aqui, em algum ponto no espaço ou no tempo. Mas, se decidirmos que "as leis não são transcendentes, somos obrigados a aceitar, como um fato incontestável, que o Universo simplesmente *se encontra aí*, como um pacote comercial, com todas as suas leis embutidas" (Davies, 1992: 92).

Pode ser apressado sugerir que essas são as únicas alternativas. Uma outra abordagem seria a de tratar o espaço e o tempo, juntamente com as leis que os descrevem, "como campos que simplesmente 'congelaram' a partir de uma 'sopa' primordial de elementos pré-geométricos" (Davies, 1983: 160). De acordo com essa proposta, o Universo teria sido formado à maneira de "uma complexidade congelada a partir da simplicidade". Neste momento, todavia, essa noção é pouco mais do que uma conjectura.

Einstein *versus* Bohr

Nossa próxima parada é uma consideração das questões epistemológicas levantadas pelo debate entre Einstein e Niels Bohr (1885-1962). Começaremos recordando a temática das ondas a que aludimos anteriormente. Para nossos propósitos presentes, vamos citar uma experiência envolvendo o disparo de um elétron em direção a uma chapa fotográfica. No momento em que é disparado, há probabilidade de o elétron entrar em contato com a chapa em um grande número de locais diferentes: o formalismo matemático conhecido como "função ondular que se espalha sobre uma área ampla" (Barrow & Tipler, 1988: 459). Assim que o elétron atinge a chapa, entretanto, a função ondular entra em colapso e a probabilidade de o elétron atingir esse mesmo local torna-se um, enquanto se transforma em zero para qualquer outro ponto. Mencionamos isso porque existe um paralelo entre probabilidades e conhecimento. Assim que o elétron faz contato com a chapa, não existe mais necessidade de se mencionar probabilidades, porque a certeza referente à localização do elétron as substituiu. Igualmente, a nossa falta de precisão no conhecimento do sistema é substituída, neste ponto, por uma precisão definida.

Após ter percebido isso, Werner Heisenberg redigiu seu famoso princípio da incerteza: o dilema final de que não se pode medir com acurácia e obter informações, simultaneamente, sobre a exata posição ocupada por um elétron e o momento preciso de sua captação. A fim de que as leituras sejam registradas nos instrumentos do laboratório e para que os cientistas possam ler os dados fornecidos por esse equipamento, um mínimo de energia, digamos, um fóton, tem de ser gasto ou investido no sistema. O fóton – uma onda-partícula de luz – colide com o objeto observado, no caso, um elétron, ricocheteia e é capturado pela instrumentação, na qual deixa sua mensagem, permitindo que seja feita a leitura de uma medida. Todavia, o fóton, em sua trajetória, carrega consigo energia suficiente para tirar um elétron de seu curso. A leitura que se obtém desse elétron, então, é aquela ocasionada em virtude da colisão que ele sofreu. Ao interferirmos com o objeto observado, não podemos extrair suas verdadeiras velocidade e direção. Heisenberg apanhou essa idéia e afirmou que "a natureza é inerentemente imprevisível" (Davies, 1983: 137). Há, portanto, um determinismo fundamentalmente irredutível nas próprias bases do mundo. Quando se tenta reduzir o nível de incerteza, a cada vez, do momento ou da posição, a cada gesto aumentar-se-á "a incerteza do outro" (Davies, 1992: 30). A incerteza é, portanto, "intrínseca à natureza", e uma importante implicação disso é que o presente não determina exatamente o futuro. Isso se torna evidente nas situações em que "ocorrem eventos sem causa definida" (Davies, 1983: 137), tais como: qual núcleo em uma substância radioativa será o próximo a se desintegrar? A desintegração de um núcleo é uma questão de probabilidade, em que nenhum núcleo em particular será um candidato mais provável do que qualquer outro para passar pelo processo de seleção aleatória. Para os sistemas quânticos, pelo menos, então, "o Universo realmente é indeterminável em seu nível mais básico" (Davies, 1992: 31).

O dinamarquês de Copenhague Niels Bohr usou esse tipo de interpretação para sugerir que o indeterminismo era essencial para o universo físico (Barrow & Tipler, 1988: 460). "O observador e o mundo estão ligados de uma forma tão inextrincável", insistiu ele, que "muitas propriedades físicas das partículas atômicas sequer existiam antes do ato de observação, necessário para trazer tais propriedades à existência". À luz dessa incerteza, Bohr adotou

> o princípio empírico de que não se pode dizer que existe aquilo que não pode ser medido, sequer em princípio. Bohr, portanto, negou realidade às noções de posição eletrônica e momento eletrônico anteriores à sua mensuração. [...] Eles seriam determinados pelo arranjo experimental particular com que o observador escolheu interagir (Barrow & Tipler, 1988: 461).

Einstein assumiu o ponto de vista oposto: adotou uma posição de realismo e, com dois colegas, procurou contradizer a postura empírica, usando o experimento teórico conhecido como EPR, pelas iniciais dos sobrenomes de Albert Einstein, Boris Podolsky e Nathan Rosen. De acordo com essa idéia, quando dois elétrons são acoplados no mesmo eixo, demonstram uma rotação total igual a zero – digamos que um gire na direção dos ponteiros do relógio (em dextrogiro) e o outro, na direção oposta (em sinistrogiro). Se o experimentador distanciasse um dos elétrons do outro, enquanto permanecessem no mesmo eixo, digamos, à distância de um ano-luz, e então medisse o que ficou para trás, obteria uma medida dextrógira ou sinistrógira. O significado dessa investigação é que, enquanto uma experiência está sendo realizada com um único elétron, as informações sobre o outro também estão sendo indiretamente obtidas, um ano-luz antes de que usualmente pudessem ser recebidas. Isso levou Einstein a observar que o segundo elétron tem realidade física antes mesmo de ter sido medido. Tal descoberta contradiria a avaliação de Bohr, uma vez que é "impossível que a mensuração do primeiro elétron fosse trazer à existência as propriedades do segundo" (Barrow & Tipler, 1988: 462). O primeiro elétron não poderia afetar o segundo antes da passagem de um ano-luz.

O experimento EPR ilumina a natureza contra-intuitiva da compreensão de Bohr sobre a mecânica quântica, a saber, "a idéia de que o ato de observação deve ter um efeito não negligenciável sobre o objeto que está sendo observado" (Barrow & Tipler, 1988: 463). Einstein e seus colegas parecem ter superado essas dificuldades, pelo menos provisoriamente. Todavia, é digno de menção, na conjuntura atual, o fato de que as informações obtidas sobre o segundo elétron não são observadas, mas inferidas. Isso injeta no assunto uma dúvida interessante: se seria possível ou não haver uma transação de informações em uma taxa ainda mais rápida do que a da velocidade da luz, o único absoluto admitido por Einstein ou, em outras palavras, há lugar para "uma ação instantânea a distância?"

Para não ser superado, Bohr respondeu a esse desafio, insistindo que, "mesmo que não haja uma interação direta entre os elétrons número um e número dois durante a mensuração, eles estão unidos entre si pela decisão do observador de obter informações a respeito do elétron número dois por meio da medida de uma propriedade do elétron número um" (Barrow &

A NOVA FÍSICA APLICADA À VELHA NATUREZA

Tipler, 1988: 464). Uma vez que "o sistema de duas partículas constitui um todo indivisível [...], o sistema não pode ser analisado em termos de partes independentes" (Capra, 1983: 345). Bohr conservou sua perspectiva, e o debate continuou sem tréguas, enquanto Einstein se esforçava para refinar o seu projeto experimental, de tal modo a refutar as objeções de Bohr.

Erwin Schrödinger (1887-1961) inseriu, a seguir, no debate o seu famoso "Paradoxo do Gato", na tentativa de oferecer uma ilustração em macroescala de um evento em microescala, isto é, um evento do mundo quântico. Em seu experimento teórico, um

> gato é hermeticamente fechado dentro de uma câmara com paredes de aço. Se um átomo radioativo se desintegrar dentro de uma hora, um martelo irá estilhaçar um frasco contendo ácido hidrocianídico e provocar a morte do gato. Se nenhum átomo se degradar nesse período, então o frasco tampouco será quebrado e o gato continuará vivendo. Depois de uma hora, as funções ondulares do gato constituem uma superposição de dois estados [...]; portanto, o gato está ao mesmo tempo vivo e morto.

Para Bohr, o gato existe como uma superposição de dois estados – tanto vivo como morto – até o momento em que ocorre uma intervenção no sistema. Em contraste, para Schrödinger, o gato somente poderia estar em um dos estados ou no outro, mas não nos dois simultaneamente. Todavia, Bohr insistiu em que abrir a câmara de aço para observar o seu conteúdo tem o efeito de fazer com que a função ondular entre em colapso. (As probabilidades são sempre calculadas em frações, mas, uma vez que o resultado acima tenha sido obtido, uma possibilidade se torna um, enquanto a outra passa a ser zero.)

Uma experiência semelhante envolve uma bola e duas caixas. Precisamos olhar dentro de uma das caixas para determinar o conteúdo da segunda e, desse modo, determinar qual é a localização da bola. "Todavia, de acordo com a mecânica quântica, a bola se encontra, por assim dizer, metade em uma das caixas e metade dentro da outra – do mesmo modo que o gato de Schrödinger é uma mistura de um estado de vida e de morte, antes que a câmara seja aberta – e subitamente se "materializa" em uma caixa ou na outra, no instante exato da medição" (Barrow & Tipler, 1988: 466). O ponto

51

preciso em que a função ondular pode ser afirmada como em colapso, todavia, é problemático. Por exemplo, no experimento do gato, "não fica claro quem deva ser chamado de observador: é o contador Geiger, o gato ou o observador humano? (Barrow & Tipler, 1988: 467). A solução apresentada por Eugene Wigler é que "a interação da consciência humana com o sistema físico [...] é responsável pelo colapso". A questão permanecerá sem solução enquanto houver realistas, na tradição de Einstein, para se engajar no combate aos sucessores de Bohr.

No ponto atual do debate, o indeterminismo da Escola de Copenhague parece ter vencido a batalha sobre o determinismo einsteiniano. Na microescala, "eventos sem causa, imagens fantasmagóricas e a realidade desencadeada somente pela observação – tudo deve ser aparentemente aceito, em função das evidências experimentais" (Davies, 1983: 106-107). A nova física tomou o partido, pelo menos em forma de tentativa, da perspectiva segundo a qual a incerteza é inerente à natureza, deixando de lado "o ponto de vista do mundo, adotado pelo senso comum, de que há objetos que realmente existem 'por aí', independentemente de nossas observações", noção atualmente em desvantagem. John Wheeler avançou mesmo até o ponto de argumentar que, já que os observadores conscientes participam da percepção da realidade, "a mente pode ser considerada como responsável pela criação retrospectiva da realidade" (Davies, 1983: 111). Seja ou não uma conclusão exagerada da argumentação, alguns pesquisadores se acham convencidos de que, "ao tornar indefinidas as distinções entre sujeito e objeto ou entre causa e efeito", o fator quântico "introduz um forte elemento holístico em nossa concepção do mundo". A decisão, por exemplo, de tratar as entidades subatômicas como partículas ou elementos "depende do tipo de experimento que for escolhido" (Davies, 1983: 107). Desse modo, os dois elétrons do experimento EPR devem "ser considerados como um único sistema", apesar de se acharem "amplamente separados entre si" (Davies, 1983: 111). Além disso, torna-se "sem significado falar a respeito [...] mesmo da própria noção do átomo, exceto dentro do contexto de um arranjo experimental específico".

Bohr apresentou a idéia de que as dualidades, tais como entidades subatômicas manifestando comportamentos tanto ondulatório como de partícula, apesar de serem incompatíveis, podem ser combinadas de modo complementar. De forma correspondente, o princípio da complementaridade se tornou a proposta de Bohr e de sua Escola de Copenhague. A experiência realizada por John S. Bell forneceu uma nova ratificação da perspectiva de Bohr. "Enquanto as variáveis ocultas da física clássica são mecanismos locais", e conforme essa proposição, o contato de substâncias permite que ocorra uma interação, "as variáveis da física quântica são não-locais", ou seja, não dependem das conexões clássicas (Capra, 1983: 343). Em 1965, três décadas subseqüentes ao experimento EPR, quando Bell se decidiu a testá-lo, seu "teorema funcionou como um golpe despedaçador sobre a posição de Einstein, demonstrando que a concepção da realidade sendo constituída de partes separadas, unidas por conexões locais, é incompatível com a teoria dos *quanta*". Assim, o ponto de vista de Bohr, que enfatiza o cosmo como "fundamentalmente interconectado, interdependente e inseparável, parece ter sido confirmado, pelo menos provisoriamente (Capra, 1983: 346).

Recordando o tema da continuidade, do determinismo e da previsibilidade relativistas em oposição à descontinuidade, ao indeterminismo e à imprevisibilidade da teoria quântica, o modelo quântico torna coerentes os fenômenos envolvidos em casos de incerteza e de espontaneidade e, talvez, se demonstrem até mesmo abundantes. Fizemos menção anteriormente a materiais radioativos em que "cada núcleo individual entrará em degradação em um momento imprevisível. Esse tempo vai variar de um núcleo para outro de maneira totalmente independente de leis" (Bohm, 1980: 67). Parte da dificuldade se encontra na interferência do observador – quando o sujeito influencia os resultados experimentais. Tanto os cientistas como os filósofos são levados a concluir que "ou sempre haverá alguma variável oculta e não passível de descoberta, inerente ao próprio ato da observação, ou então existe uma certa quantidade de fenômenos que não respondem a leis e se localizam no fundo das coisas" (Owens, 1983: 33).

Uma distinção deve ser feita em relação a esse ponto entre os princípios metodológico e metafísico da razão suficiente. A ciência se refere ao primeiro, no sentido de que razões são buscadas para explicar aquilo que é observado ou sentido. Todavia, em certos casos, a ciência também parece invadir ou se intrometer no âmbito do segundo, sempre que insistir que tais razões *devem* existir. Existe um abismo entre as descrições das operações naturais e as prescrições de como elas deveriam ser executadas. Um movimento ilegítimo foi realizado desde a forma como as coisas são até as declarações sobre a maneira que devem ser. Apesar da confiança depositada no desempenho da ciência, a abordagem metafísica se coloca fora do domínio da ciência convencional. Se a ciência deseja incorporar esta segunda abordagem, então seus limites também terão de ser expandidos. Não existe nada de errado em desejar ter uma visão amplificada, mas, em tal caso, será necessário redigir uma agenda diferente para a ciência. Nosso objetivo central, neste estudo, é determinar se existem propostas nesse sentido.

O princípio antrópico

A etapa final desta excursão investigará como um distintivo metafísico, denominado *télos*, tornou-se a própria marca registrada de um campo recente da especulação científica. O princípio antrópico assume um sabor teleológico quando explica como a biologia surgiu e, com ela, os biólogos. A questão principal envolve as constantes físicas e a forma segundo a qual elas são construídas, de tal modo que permitiram que os humanos se desenvolvessem, de modo que conseguissem fazer comentários sobre elas. Essas constantes apresentam "uma delicada sintonia fina" e uma sensibilidade tal que "apenas uma modificação minúscula na energia das forças aplicadas provocaria uma mudança drástica na estrutura" (Davies, 1983: 188-189). Algumas dessas constantes da natureza incluem "a constante gravitacional, a velocidade da luz, as massas protônica e eletrônica e a carga elétrica dos elétrons" (Barrow & Tipler, 1988: 225). John Leslie descreveu a natureza coincidental dessas constantes da seguinte maneira:

> Nosso universo parece notavelmente afinado para atender às necessidades da vida. Pequenas mudanças nas energias de suas forças principais, nas massas de suas partículas [...], em sua velocidade de expansão inicial e assim por diante, aparentemente o teriam tornado hostil ao aparecimento de seres vivos de qualquer gênero plausivelmente imaginável (Leslie, 1989: 25).

A NOVA FÍSICA APLICADA À VELHA NATUREZA

Existe uma tendência da parte daqueles que percebem esse fino ajustamento a injetar declarações de cunho metafísico no processo, quer necessárias, quer não. Aqui, eles podem argumentar que há um lugar em que noções filosóficas e, até mesmo, religiosas podem ser reintroduzidas em um âmbito no qual anteriormente eram consideradas injustificáveis. Eles são impulsionados a essas conclusões pela própria ciência, que lhes dá apoio para esse ponto de vista. Alguns até atribuem as coincidências nos valores dessas constantes a uma atividade divina: "é difícil resistir à impressão de que a presente estrutura do Universo, aparentemente tão sensível a alterações mínimas em seus números, tenha sido calculada muito cuidadosamente" (Davies, 1983: 189). O peso cumulativo dessas coincidências aponta para o "profundo enigma" de "nós, filhos do Universo, uma poeira estelar animada, podermos refletir sobre a natureza desse mesmo Universo" (Davies, 1983: 189). Mas nem todos os pesquisadores se sentem impulsionados a refletir da mesma maneira sobre isso, particularmente quando dão apoio a posições de caráter religioso. Não obstante, alguns de fato declaram que aqui se encontra uma via filosófica e científica, ao longo da qual uma divindade pode ser reintroduzida nos cálculos matemáticos de maneira respeitável, uma vez que tal possibilidade é reforçada pelas investigações científicas mais recentes.

Vamos voltar ao nosso tema. Os materiais necessários para que as formas de vida se desenvolvam e prosperem, pelo menos aquelas com que estamos familiarizados, tais como o carbono e os elementos mais pesados, como o ferro, não podem ser manufaturados pela própria Terra. O ferro é produzido pela fusão do hélio, que ocorre somente no interior das grandes estrelas. O nosso próprio Sol não é grande o bastante para realizar essa tarefa. Para que exista ferro na Terra, assim discorre o raciocínio científico atual, ele deve ter sido transportado para cá pela explosão de uma estrela, usualmente uma supernova. As formas biológicas na Terra, basicamente constituídas de moléculas de carbono, e também aquelas que apenas possuem um átomo de ferro em sua hemoglobina, são, desse modo, respingos provindos das estrelas. Com o aparecimento das entidades conscientes, "o Universo gerou a autoconsciência", impulsionando alguns a acreditarem que essa eventualidade "não poderia ser um detalhe trivial, somente um subproduto sem importância da ação de forças sem mente e sem propósito.

Realmente, foi desejado que aparecêssemos aqui". Todavia, mais uma vez, isso pode ser encarado como uma questão para debate.

De qualquer modo, a primeira das duas versões do princípio antrópico que vamos discutir aqui é a sua forma fraca, o WAP [*Weak Anthropic Principle*]. Segundo essa versão, dada a extensão do tempo em que o cosmo esteve empenhado na construção de mundos, vieram a existir "locais em que a vida baseada em carbono poderia evoluir" (Barrow & Tipler, 1988: 16). Esse ponto de vista atinge as fronteiras do tautológico, uma vez que "expressa apenas o fato de que essas propriedades do Universo, as quais somos capazes de discernir, são auto-selecionadas pelo fato de que devem ser coerentes com nossa própria evolução e nossa existência presente". Em outras palavras, vemos as coisas do jeito como vemos, porque essa é a maneira segundo a qual nós mesmos fomos construídos. "Qualquer observação que façamos é necessariamente auto-selecionada por esse fato absolutamente fundamental" de que somos "uma forma de vida inteligente baseada no carbono" (Barrow & Tipler, 1988: 3). Assim, os cientistas igualmente fazem parte da própria natureza que estudam. Uma implicação que pode ser retirada dessa definição é que os instrumentos científicos são úteis somente até os limites que lhes foram determinados pelas formas de vida inteligente, baseadas em carbono, que os empregam" (Barrow & Tipler, 1988: 23).

A segunda versão do princípio antrópico é a forte – SAP [*Strong Anthropic Principle*]. Nessa versão, "o Universo *deve* ser construído de tal maneira 'que eventualmente admitirá a criação de observadores dentro de si em um determinado estágio de seu desenvolvimento'" (Barrow & Tipler, 1988: 6). Essa versão vai bem além da primeira e sugere que o cosmo "não poderia ter sido estruturado de maneira diferente". Barrow & Tipler objetaram aqui, entretanto, que nós conhecemos, até agora, apenas um único Universo, incitando a seguinte pergunta: "onde poderemos encontrar os outros possíveis universos com os quais comparar o nosso, a fim de identificar até que ponto fomos afortunados; por que todas essas notáveis coincidências que são necessárias para nossa própria evolução de fato existem?" Não importa até que ponto o presente estado do Universo pode ser improvável; em última análise, ele "não teve escolha quanto a aparecer ou não com o grau apropriado de ordem necessário para que a vida nele surgisse" (Davies, 1983: 171).

A NOVA FÍSICA APLICADA À VELHA NATUREZA

Da versão fraca do princípio antrópico podemos inferir circunstâncias anteriores a partir de conseqüências posteriores, tais como "os humanos existem"; portanto, o carbono precisaria ter sido colocado na Terra de alguma maneira. Mas esse princípio não explica nem a causa, nem o seu efeito, tornando o WAP minimamente controverso (Drees, 1990: 119). A versão forte, pelo contrário, produz uma postura mais metafísica, ou seja, "qualquer Universo possível deve trazer em si mesmo as propriedades para o surgimento da vida ou da consciência". Infelizmente, a própria ciência não se acha equipada para analisar esses assuntos. Além disso, alguns pesquisadores sustentam que a confiança na abordagem antrópica está diminuindo, uma vez que a certeza da natureza coincidental das constantes físicas se acha em um "processo de erosão". Isso porque alguns exemplos "encontraram explicações científicas ordinárias [...], enquanto outros podem ser, no futuro, explicados por teorias da gravidade quântica".

Como tudo começou: os primeiros anos

Há mais uma tarefa a cumprir antes de nos lançar sobre um novo solo, ou navegar em águas desconhecidas, e diz respeito aos inícios do cosmo. Se estendêssemos a Teoria Geral da Relatividade, de Einstein, em direção reversa, teoricamente seria possível aproximarmo-nos do próprio começo do espaço e do tempo. Anteriormente a esse ponto não é possível comentar sobre a natureza do tempo ou do espaço, como são compreendidos pela ciência. Estamos propositadamente evitando o tópico das origens universais, uma vez que essa é uma área em que a ciência só pode permanecer calada e nossa intenção é incluí-la em todas as discussões. A relatividade geral sugere que a expansão do Universo pode ser revertida, pelo menos por meio de cálculos matemáticos, e que um modelo do tipo Big Bang, o nascimento cósmico explosivo, pode ser formulado. Um relato desse Universo primitivo foi apresentado por William Drees e é relatado abaixo.

Em um ponto hipotético $t = 0$, ou de tempo zero, todos os objetos se encontravam em uma proximidade extremamente íntima, que é mencionada como o "ponto da singularidade". Nesse instante de gravidade e de densidade infinitas, a natureza indefinível do espaço e do tempo só pode ser desvendada – se é que pode – por meio de uma teoria quântica do espaço-tempo (Drees, 1990: 123). A seguir, no "limite do tempo", de Max Planck, ou seja, quando t é igual a aproximadamente "dez elevado à potência de menos 43", ou 10^{-43} segundos, o "espaço-tempo pode ser tratado por meio da bem conhecida Teoria da Relatividade Geral, embora não se conheçam teorias sobre a matéria que sejam independentes da cosmologia ou que, pelo menos, tenham sido testadas independentemente dela" (Drees, 1990: 224). Este último exemplo é, pelo menos, antecipado por modelos matemáticos. Os limites de Planck descrevem "um limite para a possibilidade da explicação física normal [...], calculado a partir das constantes da física e da gravidade quânticas" (Drees, 1990: 223). A constante de Planck é um limite proposto para a escala microscópica de espaço e de tempo. Transmite a idéia de que não existe nenhum objeto físico de comprimento menor do que aproximadamente 10^{-33} centímetros (as dimensões nucleares são da ordem de 10^{-13} centímetros. Assim, todas as interações físicas devem ocorrer em uma escala maior do que esse comprimento. O mesmo ocorre com o tempo. O tempo requerido para que qualquer mudança física ocorra é calculado como não sendo menor do que 10^{-43} segundos (as estruturas temporais nucleares ocorrem na ordem de 10^{-23} segundos) (Barrow & Tipler, 1988: 292). Desse modo, as interações físicas de fato têm um tempo de duração ou de conclusão, e não ocorrem em um único instante.

Então, para eventos cuja duração é aproximadamente t = um bilionésimo de segundo, "teorias sobre a matéria e o espaço-tempo são conhecidas e testadas independentemente da cosmologia", isto é, são capazes de ser investigadas sob condições laboratoriais (Drees, 1990: 224). Finalmente, para t = 300 mil anos, "o Universo tornou-se transparente", devido ao "desacoplamento da matéria e da radiação", esta última em forma de fótons (Drees, 1990: 219). Isso permite ao cosmo tornar-se visível pela primeira vez, já que o deslocamento de fótons livres é um pré-requisito para nossa capacidade visual. É a partir desse momento que se inicia a formação das estrelas e das galáxias.

Apesar da violenta magnitude desse processo, os fatores que nele estão em jogo são extremamente delicados – as mínimas alterações teriam tido

A NOVA FÍSICA APLICADA À VELHA NATUREZA

um efeito drástico. O cosmo "se arriscou a entrar em colapso por uma fração de segundo; ou poderia ter-se tornado um Universo de buracos negros ou um em que a matéria estivesse diluída demais para formar estrelas e planetas ou até mesmo em um Universo composto apenas por raios luminosos" (Leslie, 1989: 25). Em qualquer evento, o modelo da grande explosão não pode nos conduzir mais para trás do que a época do "limite do tempo", de Planck; a partir daqui, uma teoria da gravidade quântica poderia eventualmente demonstrar-se útil na solução do mistério. Com as restrições naturais encontradas pelo mundo no espaço, no tempo, na matéria, na gravidade e em outras forças físicas, não há como saber se poderia ter existido um Universo "prévio" ao nosso, que teria entrado em colapso por meio de uma grande contração e, depois, se expandido novamente por meio de um Big Bang, produzindo, assim, nosso presente Universo. A compreensão de tais oscilações universais estará para sempre fora do nosso alcance. Um conjunto de leis naturais totalmente diferente do que conhecemos poderia ser o produto dessas circunstâncias, significando que nossas concepções de espaço, tempo, matéria, gravidade, etc., podem não ser aplicáveis a qualquer outro Universo.

A razão principal desta excursão moderadamente longa através de alguns dos detalhes da nova física (mesmo que essa exposição já se encontre levemente defasada) é salientar a linguagem metafísica por meio da qual a física atualmente se manifesta. Essa "zona de conforto" não está confinada às ciências físicas, porque as ciências biológicas ou naturais também se acham familiarizadas com ela. Uma discussão mais extensa da teoria da evolução, todavia, será adiada até que outros tópicos tenham sido descritos, de tal modo que a evolução possa ser vista à sua luz. Subseqüentemente a isso, consideraremos se o tipo de linguagem de "referencial extramundano" não seria mais adequado a uma orientação sistêmica diferente do que a convencional; isto é, se encontraria um local mais adequado em outra parte, até mesmo em algum ponto de vista diferente da visão substancial da realidade. Mas estamos antecipando o tema seguinte.

DEUS E A NOVA METAFÍSICA

Como a história se desenvolveu até aqui

Já foi dito, um tanto cinicamente, que a proeminência de um cientista é medida pela extensão de tempo com que ele [ou ela] retarda o progresso científico em seu [próprio] campo. (Lovelock, 1979: 70)

Como uma espécie de sumário deste capítulo, vamos revisar o terreno sobre o qual nos movemos até aqui, mas observando-o sob um ângulo um tanto diferente. Para começar, notemos que a pressuposição de que existe uma inteligibilidade e uma contingência no Universo é aquilo que permite os procedimentos da ciência empírica (Davies, 1992: 169). O fato de que o Universo poderia ter sido constituído de outro modo é vital para os empreendimentos científicos; se ele não fosse contingente, "nós poderíamos, pelo menos em princípio, ser capazes de explicá-lo exclusivamente por meio de deduções lógicas, sem jamais observá-lo". Mas um Universo contingente "não pode conter dentro de si mesmo uma explicação para si próprio" (Davies, 1992: 171). Ao mesmo tempo, aquilo que nos parece ser contingente "pode ser demonstrado pela ciência futura como sendo inevitável, dadas certas circunstâncias" (Drees, 1990: 99). A ciência, desse modo, simultaneamente se baseia na contingência e trabalha em direção à necessidade, de tal modo que seu objetivo se transforma em "uma missão de remover a contingência tanto quanto for possível", a fim de que o indeterminismo possa ser substituído por um conjunto de leis definidas. Quanto à inteligibilidade, a natureza é, em geral, entendida como sendo racional, impulsionando a aceitação do princípio da razão suficiente (Davies, 1992: 162), que deve ser, então, uma explicação lógica para tudo o quanto ocorre. Entretanto, devíamos indagar qual a base para nossa confiança pela seguinte pergunta: "existe razão suficiente para se acreditar no princípio da razão suficiente?".

A construção de teorias, vista acima, tanto contém em si mesma fatores estéticos ou não racionais como também possui rigor lógico (Davies, 1992: 177). Além disso, existe o perigo de que as metáforas que são importadas para a pesquisa e que fornecem o combustível para os pressupostos científicos poderão também (inadvertidamente ou não) ser inferidas dos resultados: "quando a pesquisa for analisada mais tarde"; portanto, o que podemos obter

60

"é antes uma retomada desses pressupostos do que uma descoberta das implicações intrínsecas da própria pesquisa" (Russell, 1993: 29). Tanto a religião como a ciência empregam linguagem metafórica, ainda que isso não seja necessariamente encarado negativamente, uma vez que essa prática é "inevitável e essencial para cada cultura, uma expressão de sua autocompreensão" (Drees, 1990: 162).

Os mitos, todavia, são percebidos como "fábulas antiquadas", ou cientificamente não verdadeiros ou, o que é pior, irrelevantes e, até mesmo, sem significado para uma sociedade mais madura. A linguagem mítica utiliza "símbolos multivalentes, cujo referencial é [...] o transcendente ou o sagrado" (Gilkey, 1981: 66). Ainda que a tarefa da teologia se encontre "na reflexão sobre os símbolos míticos de uma tradição", a ciência descartou os mitos como sendo apenas úteis para o serviço das assim chamadas "ciências suaves" (Drees, 1990: 162). Essa maneira de pensar promoveu a transformação das disciplinas, de modo a apresentarem uma característica mais "científica". O modelo básico disso é a física e, no desejo de realizar também tal façanha, as disciplinas das ciências sociais, das artes e das humanidades assumiram algumas vezes uma abordagem mais estatística para a pesquisa realizada em suas áreas. Todavia, duas questões ainda precisam ser enfrentadas. Em primeiro lugar, a ciência vem compreendendo mal o valor e a função adequada dos mitos como ponteiros para o transcendente; em segundo, também falhou em reconhecer que, "como um dos modos de investigação humana", a ciência "também aponta para além de si própria até o campo das finalidades últimas; que seu próprio discurso não pode tematizar inteiramente e para o qual apenas a simbolização religiosa é adequada" (Gilkey, 1981: 41).

A religião e a ciência parecem estar, desse modo, mais intimamente relacionadas do que previamente se supunha. Davies percebeu a ciência não como a busca pela verdade, mas como a criação de quadros ou de modelos da realidade "que nos permitissem relacionar uma observação a outra, sistematicamente" (Davies, 1983: 219). Esse tipo de criatividade se superpõe parcialmente aos das atividades consideradas mais artísticas. O que se torna mais claro é que a ciência pode "nos contar o que podemos *conhecer* a respeito do Universo, e não *aquilo que ele de fato é*". De acordo com a versão instrumentalista do conhecimento, os modelos e teorias não são nem certos, nem errados, porém mais ou menos úteis, segundo a forma com que organizam e conectam "um amplo leque de fenômenos dentro de um único esquema descritivo". Davies submeteu a sugestão de que, "ao basear-se na utilidade, e não na verdade, a ciência se distingue nitidamente da religião" (Davies, 1983: 220). Drees assumiu uma posição similar, ainda que um pouco moderada, ao admitir que tanto a ciência quanto a religião são as duas principais rotas ao longo das quais se pode "explorar a realidade", e que elas também "podem compartilhar instrumentos", porém nos acautelou a seguir, reafirmando que "isso, em si mesmo, não leva à diminuição da distância de seus conteúdos" (Drees, 1990: 160).

A abordagem de Gerhart & Russell é, talvez, a que apresente mais nuanças entre todas as que examinaremos. Eles adiantaram a noção do "processo metafórico", que permite "a um novo conhecimento genuíno tornar-se existente. Nesse sentido, nós criamos o mundo como o entendemos, no momento em que criamos sua compreensão" (Drees, 1990: 166). Esses dois autores expandiram este tema da seguinte maneira:

1. A ciência e a religião constituem diferentes campos de significado, mas apresentam a mesma estrutura epistemológica. O mesmo processo, a mesma extensão analógica e a mesma criação metafórica se acham presentes e estão envolvidos na criação de novos conhecimentos.
2. O relacionamento dos conceitos do campo científico com os conceitos da área religiosa é também um processo metafórico semelhante, curvando os mundos de significados ora existentes.
Ao se relacionarem, ambos saem fortalecidos. A teologia é necessária, porque é ela que dá uma condição teórica às experiências de limites e de transcendência. Uma proclamação de verdade é menos provável se provier de qualquer outro tipo de compreensão que não seja capaz de relacionar os dois campos.

O que se torna progressivamente mais claro é a limitação de nosso campo visual. Temos dificuldade para ver as coisas claramente, sem dúvida; sequer podemos, e as reflexões sobre nossa experiência, em que tanto a religião como a ciência se empenham, são freqüentemente construções estéticas alicerçadas em considerações de caráter pessoal. Persistem as questões fundamentais sobre "o mistério de por que o Universo possui a natureza que tem" (Davies, 1983: 43); por que "as coisas são do jeito que são", "por que existem *este* Universo, *este* conjunto de leis naturais, *este* arranjo de matéria e energia. De fato, por que existe qualquer coisa?" (Davies, 1983: 46).

Eu considero a seguinte analogia como sendo útil para sondar nossas limitações de perspectiva. Na condição de humanos, nos orgulhamos de nossa capacidade para perceber o ambiente, mas são a extensão e a profundidade de nossa percepção que se encontram em julgamento. Considere um mascote, digamos, um cão, sentado em uma sala ao lado de seu dono, que está assistindo à televisão. O cão está exposto às mesmas informações das programações da televisão, embora ele se aproprie delas de forma diferente, porque possui uma maior sensibilidade para o som, mas é cego para as cores e possui uma menor rede neural. O cão filtra as informações de forma alternativa – ele poderá ter consciência de que as imagens e os sons emanam do aparelho, mas não possui o conjunto simbólico necessário para trabalhar com essas informações, como faz seu proprietário humano. Por exemplo, como sua percepção do mundo se baseia fortemente nos cheiros, o cão não será impressionado pela TV, por falta de estímulos olfativos no aparelho. Desse modo, uma boa parte do material apresentado se perde para o mascote.

O mesmo pode ser válido para nós, enquanto tentamos reunir as peças do quebra-cabeças da natureza e procuramos compreender o que está de fato ocorrendo, digamos, em nível quântico. Abordamos esses fenômenos com nossas próprias categorias sobre o que entendemos, presumimos e nos predispomos a aceitar. Esse processo pode ser semelhante ao de um cão, cujo dono freqüentemente sai e o deixa em casa, simplesmente para retornar um pouco mais tarde. Para o cão, o mundo é composto por donos que, ou aparecem e desaparecem misteriosamente, ou gostam de se esconder. Podemos agir de maneira semelhante a esses mascotes ao aplicar nossas categorias a situações que, talvez, requisessem uma modificação de nosso âmbito perceptual. Da maneira como atualmente percebemos o mundo subatômico, por exemplo, ele nos parece, às vezes, aleatório ou até caótico; porém, em outro nível, ele poderá ser interpretado como um exemplo de ordem. O abismo conceptual existente entre o aparato cognitivo do cão comparado ao do seu dono não permite ao cão beneficiar-se da experiência televisiva do mesmo modo que o faz seu dono, quanto mais determinar se ele passa pela mesma experiência ou se tem o mesmo gosto de programação. O mesmo poderá ocorrer com cientistas, ao encontrarem itens que não se enquadram em suas categorias, nem se conformam com suas suposições de "mascotes". Ou nossos sentidos não foram suficientemente treinados para perceber adequadamente os novos fenômenos ou, do mesmo modo como ocorre com o cão, a maior parte da experiência fica perdida para nós, em função da existência de uma deficiência em nossas capacidades. A nossa incapacidade de formar um sentido a partir de nossas experiências ali pode ter muitas coisas em comum com a "lógica canina" que observamos aqui.

Diante dos dados apresentados pelo mundo da mecânica quântica, o indeterminismo venceu a mais recente batalha sobre o determinismo e, portanto, Niels Bohr derrotou Einstein. Contrariamente ao pensamento de Einstein, Deus não somente dá a impressão de jogar dados, como a divindade parece até apreciar muito o divertimento. O mundo quântico de um Deus que jogasse dados poderia até ser considerado muito condizente com a atividade divina; todavia, isto é mais uma questão de perspectiva, desde que "ou nós vemos a evidência de Deus em toda parte ou em parte alguma" (Davies, 1983: 70). É fútil esperar que Deus resida nas falhas de nosso conhecimento, porque é freqüente novos dados espremerem a divindade para fora desses espaços. Ao contrário, "se Deus pode ser encontrado, sem a menor dúvida o será por meio daquilo que descobrimos a respeito do mundo, e não pelos fracassos em descobri-lo" (Davies, 1983: 209).

O cientista e teólogo Arthur Peacocke considerava qualquer verdadeira "investigação da natureza da realidade" um empreendimento legítimo, quer sua base fosse científica, filosófica ou de outro teor, no sentido de que se submetia "aos mesmos critérios gerais de racionalidade" e buscava "as melhores explicações" que se encaixassem nos dados (Peacocke, 1993: 91). Ele afirmou, porém, que a ciência sozinha é incompleta, por não ser capaz de nos contar nada a respeito de nossa própria subjetividade (Peacocke, 1993: 110). Peacocke sugeriu que uma das formas de imaginar a interação de Deus com o mundo seria pelo modelo mente/cérebro (Peacocke, 1993: 161). Basear uma analogia em alguma coisa sobre a qual conhecemos muito pouco, todavia, não é proveitoso, uma vez que é precisamente o funcionamento dessa relação da mente com o corpo que mais nos confunde. Se conhecêssemos mais a respeito, poderíamos, então, avaliar mais acuradamente se Deus interage com o mundo similarmente.

A conclusão a que podemos chegar é que, com respeito às visões fugazes, às pistas ou aos traços de divindade que podemos encontrar no cosmo, tudo vai depender daquilo que uma pessoa está procurando e tem abertura para achar. Não somente os elementos metafísicos e as convicções religiosas exercem um papel no desenvolvimento das teorias, como nos inclinam a apoiar certos conceitos científicos e não outros (Drees, 1990: 67). Por exemplo, se um cientista conserva "um forte interesse teológico na história", essa pessoa "preferiria uma metafísica que incorporasse a assimetria temporal" (Davies, 1990: 67-68), em que existe uma única direção para os eventos ou uma "flecha do tempo". Um compromisso teológico envolvendo a presença ativa de Deus nos eventos históricos optaria por essa estratégia. Alternativamente, se Deus é imaginado como "o alicerce final, transcendente e atemporal", então o provável seria que selecionasse um programa de pesquisas que estivesse mais de acordo com tal perspectiva – especificamente, um planejamento que retirasse a ênfase da história ou do tempo. Mas já nos aventuramos o máximo possível nesses parâmetros. Agora, já nos encontramos equipados para abrir um novo mapa e embarcar em uma nova jornada.

CAPÍTULO 3

O Reencantamento da Natureza

Na verdade, muito pouco daquilo que pode ser chamado de percepção direta dos sentidos ocorre na física de hoje [...] A conexão entre o aparelhamento experimental e a experiência humana se torna cada vez mais remota. (Bohm & Peat, 1987: 45)

O cientista, mesmo que seja crente, é forçado a tentar, tanto quanto lhe seja possível, a redução dos milagres em regularidades; o crente, mesmo quando é cientista, descobre milagres nas coisas mais familiares. (Hooykaas, 1969: 206)

A experiência subjetiva do maravilhoso é uma mensagem à mente racional de que o objeto da maravilha está sendo percebido e entendido de outras maneiras, que não a racional. (Zukav, 1980: 40)

A nova jornada é, de fato, uma antiga jornada reconsiderada. Quero dizer o seguinte: existe uma outra maneira de se escrever uma história a respeito da relação entre a religião e a ciência, que não aquelas formas apresentadas por Draper & White. Morris Berman dirigiu sua atenção para o ponto de vista de um universo encantado, que prevalecia antes da revolução científica. A narrativa que ele recontou nessa linha envolvia a Natureza como uma coisa viva e os habitantes do mundo como importantes ingredientes no desenrolar de seu drama (Berman, 1981: 16). Isso originava um sentido de pertença, a que Berman chamou "a consciência participante". Com o desenvolvimento do ponto de vista científico sobre o mundo, entretanto, o relato se torna "a história do desencantamento progressivo". Na medida em que as explanações científicas vieram lidar com a matéria em movimento e "insistiram que uma distinção rígida deveria ser observada entre o observador e o observado", isso evocou uma consciência não participante entre os habitantes do mundo, seguida por um senso de alienação da matéria. Desde então, pensou-se que a observação pura somente seria possível por meio da separação entre sujeito e objeto.

Segundo parâmetros da filosofia mecanicista de Newton, baseada em elementos do modelo cartesiano, o conhecimento de um objeto implicava "subdividi-lo, quantificá-lo e recombiná-lo" (Berman, 1981: 45). Armados com a nova abordagem, ocorreu uma mudança na maneira de pensar dos praticantes da filosofia natural, "da qualidade para a quantidade, do 'porquê' para o 'como'". O uso das "quatro causas", de Aristóteles – material, eficiente, formal e final – que vinha sendo adotado na descrição dos eventos, reduziu-se a duas, porque as duas finais ultrapassaram sua utilidade. A Natureza, longe de "possuir seu próprio plano, objetivos e propósitos, tornou-se uma coleção de matéria inerte". Na visão medieval do mundo, a física e a metafísica, a epistemologia e a ética ainda se achavam combinadas. "'O que eu sei?' e 'Como deverei viver?' tornaram-se de fato a mesma questão" (Berman, 1981: 51). No período moderno, todavia, não existe um "significado imanente", mas apenas descrições atomísticas da Natureza. Para o povo da Idade Média, "tudo, exceto Deus, se encontrava no processo de tornar-se" (Berman, 1981: 50) e sua compreensão girava em torno do conceito de que "todos os eventos e processos materiais tinham equivalentes e representações psíquicas" (Berman, 1981: 92). Nossas "contrapartes pré-modernas" se consideravam como idênticas às suas próprias experiências (Berman, 1981: 77). No mundo moderno, contrariamente, "o conhecimento é obtido por meio do nosso distanciamento da experiência" (Berman, 1981: 139).

Um ponto de vista comumente aceito é o de que "a cultura científica oficial" goza de "verdade absoluta e transcultural" (Berman, 1981: 50). Berman empreendeu seus esforços em desabilitar essa linha de pensamento. Como um dos pensadores que começaram a perceber rachaduras no edifício epistemológico da ciência, Berman citou Kant como talvez "o primeiro filósofo ocidental do período moderno a reconhecer que a mente não é simplesmente bombardeada pelas impressões dos sentidos, mas que, de fato, exerce uma função remodeladora daquilo que percebe" (Berman, 1981: 317, n. 1 [c]). Berman também mencionou o trabalho de Polanyi, que via a racionalidade como funcionando visceralmente antes de operar cognitivamente

(Berman, 1981: 139). Ao "atribuir a verdade a qualquer metodologia, estamos assumindo um compromisso não racional", que, segundo a estimativa de Polanyi, corresponde à "realização de um ato de fé" (Berman, 1981: 136). Tanto quanto se sabe que "o conhecedor está implicado no conhecido" (Berman, 1981: 139), mais se afirma a categoria da consciência participante de Berman. Tudo aquilo que, há muito tempo, se pensava estar enterrado definitivamente, em virtude da ascensão da ciência, emerge novamente por meio da percepção de que a observação realizada pelo sujeito interfere nos objetos e, em última análise, ambas as partes são afetadas.

Berman reforçou os pontos que afirmamos, anteriormente, concernentes ao positivismo, o qual sustenta ser apenas necessário que se "abstraia uma coisa de seu contexto [...] para que a situação se torne sem sentido, embora, talvez, matematicamente precisa" (Berman, 1981: 248). Todavia, dando o devido crédito a Heisenberg, um contemporâneo do esforço positivista, nossas observações são agora entendidas como não sendo exclusivamente a respeito da Natureza, "mas da natureza exposta ao nosso próprio método de questionamento" (Berman, 1981: 145). De maneira semelhante, aquilo que nos sobra não é a confiança na objetividade científica, mas a percepção "de que não há uma realidade fixa, [...], somente [...] um conhecimento adequado às circunstâncias em que foi gerado" (Berman, 1981: 150). Curiosamente, depois de um século da apresentação da teoria dos *quanta*, também seus princípios fracassaram em penetrar no ponto de vista popular de que a cognoscibilidade da Natureza independe dos fatores humanos. A própria ciência, na maioria das vezes, continua a operar sem a consciência de que a observação "altera o conhecimento obtido" (Berman, 1981: 184).

A ciência se tornou "a mitologia integradora da sociedade industrial", ainda que, em vista de suas dificuldades epistemológicas, "o sistema inteiro se tenha agora tornado disfuncional", antes de terem sido completados quatro "séculos após sua implementação" (Berman, 1981: 193). Berman também apresentou o trabalho da filósofa Susanne Langer, que habilmente resumia a situação presente. Ao referir-se a seu extraordinário livro, *Philosophy in a new key*[7], Berman anunciou que:

---

7. Terceira edição. Cambridge, Massachusetts: Harvard University Press, 1957.

DEUS E A NOVA METAFÍSICA

Apertar uma nova tecla na filosofia não resolve as velhas questões; simplesmente, as *rejeita*. As idéias gerativas do século XVII, diz ela, notavelmente a dicotomia sujeito/objeto de Descartes, já serviram ao seu propósito em sua época, mas seus paradigmas agora apenas atravancam o nosso pensamento. "Se nós quisermos obter novos conhecimentos", ela prossegue, "precisamos investir em um mundo de questionamentos totalmente novos" (Berman, 1981: 183).

Para Berman, o mundo dos novos questionamentos se localizava no trabalho de Gregory Bateson. Ainda que Berman reconhecesse as contribuições de Whitehead, ele preferiu, em vez disso, concentrar-se em Bateson. Mais uma vez, contra a concepção moderna da ciência, Berman listou as contrapropostas de Bateson para uma ciência reencantada:

1) em que os fatos e os valores sejam inseparáveis;
2) em que nossas relações com os fenômenos naturais encontrem seu contexto adequado;
3) em que a mensuração do concreto seja realizada lado a lado com as medidas do abstrato;
4) em que a mente unida ao corpo/cérebro, do mesmo modo que a dicotomia sujeito/objeto, sejam duplos "aspectos do mesmo processo";
5) em que o progresso infinito seja rejeitado;
6) em que a lógica do "tanto/como" tenha precedência sobre a do "ou/ou";
7) em que, contrariamente ao reducionismo, os todos contenham "propriedades que suas partes individuais não possuam";
8) em que a mente "não possa ser redutível a seus componentes";
9) e em que a Natureza não seja encarada como uma coisa morta, mas como algo vivo, isto é, reanimado (Berman, 1981: 238).

Agora vamos saber como ficam os posicionamentos de Whitehead em comparação a isso que acabamos de ver.

70

O REENCANTAMENTO DA NATUREZA

Processo como realidade

A matéria tem potencialidades que até agora não foram reconhecidas e que não receberam a devida atenção de um materialismo reducionista. (Peacocke, 1993: 245)

O hemisfério direito de nossos cérebros (em que se diz ocorrer a intuição) não se atrofiou por falta de uso, porém a nossa habilidade em usá-lo vem sendo embotada por três séculos de desatenção. (Zukav, 1980: 40)

Alfred North Whitehead (1861-1947) defendeu aquilo a que Berman se referia como consciência participante ou o ponto de vista do reencantamento. Dois terços de século depois da publicação de *A origem das espécies*, de Charles Darwin, a divisão entre ciência e religião foi analisada por Whitehead em suas *Conferências Lowell*, de 1925, mais tarde publicadas sob o título de *Science and the modern world*. Foi aqui que ele buscou reparar o antagonismo entre os dois campos e demonstrar que podiam ser reunificados. Em seu principal *corpus* de escritos filosóficos, ele se dedicou à tarefa da maneira que será exposta a seguir.[8]

Ainda em 1933, Whitehead antecipou certos pontos de vista de autores tais como Popper, Kuhn e Polanyi, declarando que os "relatórios sobre os fatos são totalmente comprometidos por suas interpretações teóricas" (Whitehead, 1967a: 3). A interpretação inevitavelmente ingressa nos empreendimentos científicos, porque "o conhecimento sempre está acompanhado pelos acessórios da emoção e do propósito" (Whitehead, 1967a: 4). Além disso, ele ousadamente asseverou que "observação é seleção" (Whitehead, 1967b: 18). Qualquer tipo de indução, seja ela científica ou de outro teor, segundo Whitehead, "pressupõe uma metafísica" (Whitehead, 1967b: 44). Isso traz implicações para as disciplinas históricas, desde que "não existe a menor justificativa racional para que se apele para a história, até que a metafísica adotada por alguém lhe tenha garantido que existe uma história para a qual apelar; e, de forma semelhante, [...] que existe um futuro que já se encontre sujeito às mesmas determinações". Se a ciência positivista aceita somente a observação, então não pode jamais comentar o futuro, uma vez

---

8.   Para um relato mais profundo do modelo de processo whiteheadiano, ler meu livro *How in the world does God act?* (University Press of América, 2000).

que ele não pode ser observado (Whitehead, 1967a: 125). As conjecturas "além da observação direta sempre revelam alguma confiança na metafísica", não importa o quão inadvertidamente essas idéias possam ter sido adotadas (Whitehead, 1967a: 128). Para Whitehead, a metafísica serve para "guiar a imaginação e justificar o propósito", e não é alguma coisa que a ciência deva temer ou buscar erradicar. De fato, é precisamente "o impulso que nos leva à descrição explanatória que estabelece o jogo entre a ciência e a metafísica" (Whitehead, 1967a: 128-129). Mais ainda, a busca de uma racionalidade para "a justificação da experiência pura" forneceu o incentivo para o progresso científico e, desse modo, a ciência trai "uma forma variante do interesse religioso" (Griffin & Sherburne, 1978: 16).

Whitehead (1967a: 309) se referiu à sua contracosmologia como o *realismo orgânico, a filosofia do organismo* ou o *mecanicismo orgânico* (Whitehead, 1967b: 80). Ele deu prioridade não ao ser, mas ao "vir a ser", ou "tornar-se", e de acordo com sua *magnum opus*, intitulada *Process and reality*, sugeriu que o processo é idêntico à realidade (Whitehead, 1967b: 72). Embora isso possa ser contra-intuitivo, tudo o mais é uma abstração, e confundir "o abstrato com o concreto", segundo seu diagnóstico, é cometer a falácia da concreção deslocada (Whitehead, 1967b: 51). A noção do Universo como sendo composto de "um tecido estático" é substituída pela de "energia fluente", em que tudo se transforma em um fluxo de energia (Griffin & Sherburne, 1978: 309). Não existem substâncias que possam existir em caráter independente, como prega o materialismo (Whitehead, 1967b: 152). Ao contrário, como justamente postula Whitehead, "todos os atos individuais finais têm o caráter metafísico de "momentos de experiência" (Whitehead, 1967a: 221), que se tornam "processos evolutivos", os quais, por sua vez, compreendem o mundo natural (Whitehead, 1967b: 72). Essas entidades são "unidades espaço-temporais" ou "eventos" que constituem "a unidade das coisas reais" (Whitehead, 1967b: 152). O conceito de comunidade é importante nesse esquema, porque "cada relacionamento entra na essência do evento; de tal forma que, separado de seu relacionamento, o evento não mais seria o mesmo" (Whitehead, 1967b: 123). Tal ponto de vista social da realidade salienta as relações internas como o remédio adequado para o exagero da ênfase científica, ao declarar que os relacionamentos espaço-temporais são totalmente externos.

A afirmação polêmica de Whitehead é que as investigações da ciência naturalista se aplicam somente "a entidades muito abstratas", como um tipo de caso extremo, ao passo que "as entidades concretas permanentes são organismos" (Whitehead, 1967b: 79). Aqui "o plano do *todo* influencia os próprios caracteres dos vários organismos subordinados que fazem parte dele". Um elétron, por exemplo, "dentro de um corpo vivo, é diferente de um elétron fora dele, em razão do plano do corpo", que "inclui o seu estado mental". Esses organismos, que podem ser tão minúsculos quanto as partículas subatômicas, "diferem em seus caracteres intrínsecos de acordo com os planos orgânicos gerais das situações em que se encontram" (Whitehead, 1967b: 80).

Whitehead se separou da ciência positivista convencional em favor de um Universo que apresentasse uma Natureza dualística, sem que chegasse a se comprometer com um completo dualismo. Para ele, "o Universo é dual, porque cada realidade final é tanto física como mental" (Whitehead, 1967b: 190). Em oposição ao dualismo da variedade cartesiana tradicional, em que existe uma dicotomia entre a mente e a matéria, Whitehead as combinou em um caráter dipolar de todas as entidades, entre as quais incluiu Deus. Em sua cosmologia, tanto Deus como o mundo são imanentes e, simultaneamente, transcendentes um ao outro, de tal modo que cada um também cria o outro (Griffin & Sherburne, 1978: 309). Assim, "Deus não deve ser tratado como uma exceção a todos os princípios metafísicos, ou invocado para salvá-los de seu colapso. Ao contrário, Deus é sua principal exemplificação" (Griffin & Sherburne, 1978: 343). A importância disso é que a distinção entre Deus e o mundo é, em grande parte, embora não exclusivamente, quantitativa, e não qualitativa. Em essência, "cada ocasião temporal corporifica Deus e é corporificada por Deus" (Griffin & Sherburne, 1978: 348).

Whitehead descreveu Deus como "aquela atualidade que existe no mundo e em virtude da qual existem as leis físicas" (Griffin & Sherburne, 1978: 283). Mais ainda, o propósito de Deus, segundo Whitehead, é a maximização "dos valores dentro do mundo temporal" (Whitehead, 1974: 97). A partir do raciocínio acima, podemos recuperar a esperança para o relacionamento ciência-religião porque, para a reavaliação de Whitehead, elas interagem a cada etapa. A mente e a matéria são reunificadas e a física e a metafísica são reunidas. Isso significa que a ciência e a religião não são fundamentalmente contrárias entre si, e que o Universo pode ser encarado novamente como encantado.[9]

David Ray Griffin, ele mesmo um pensador processivo whiteheadiano e antigo diretor do Centro de Estudos Processivos, refletiu sobre o tema do reencantamento. Griffin rechaçava as considerações positivistas da ciência, segundo as quais "toda causação de nível superior para inferior a partir de causas pessoais e toda ação a distância" são descartadas (Griffin, 1988a: 4). O reducionismo epistemológico da ciência com relação à capacidade de conhecer somente aquilo que é "compreensível em termos materiais" (Griffin, 1988a: 5) promoveu o reducionismo ontológico de "toda causação como deslizando para os lados ou erguendo-se para cima, das partes para as partes ou das partes para o todo" (Griffin, 1988a: 15). Que os todos gozem de propriedades que as partes não possuam é naturalmente emergente em casos como a umidade da água, em que aquilo que se realiza na macroescala deixa de ocorrer em nível de seus constituintes individuais. Nem é necessário tornar-se um pensador processivo para apreciar esse ponto. Todavia, como os demais críticos do positivismo, Griffin também percebeu o envolvimento pessoal nos empreendimentos científicos e ele proferiu o julgamento de que, em lugar de "permanecer como um tribunal imparcial da verdade [...], a ciência é vista como um participante bastante interessado" (Griffin, 1988a: 8). Griffin, portanto, rejeitou o imperialismo epistemológico da ciência – isto é, a extensão em que ela tem por objetivo "apresentar o único genuíno" conhecimento do mundo (Griffin, 1988a: 6).

O ponto de vista não encantado da Natureza envolve, *inter alia*, uma divisão entre a explanação e a compreensão, que coloca em movimento uma prática cuja trajetória conduz ironicamente a um desencantamento com a própria ciência (Griffin, 1988a: 3). Griffin capturou essa maneira de sentir:

---

9. Whitehead preveniu que "em seus pontos principais, a filosofia do organismo é uma recorrência aos modos de pensamento pré-kantianos" (Griffin & Sherburne, editores, 1978: XI); e também avisou que "a religião não vai recuperar seus antigos poderes, até que possa enfrentar as mudanças com a mesma disposição demonstrada pela ciência. Seus princípios podem ser eternos, mas a expressão de tais princípios requer um desenvolvimento contínuo" (1967b: 189).

Se toda a vida humana é desprovida de significado, então a ciência, como uma das atividades humanas, deve partilhar dessa insignificância. Por algum tempo, muitos defenderam o ponto de vista de que a ciência, pelo menos, nos conduz à verdade, mesmo que se demonstre melancólica. A maior parte do pensamento exposto mais recentemente, entretanto, tem concluído que a ciência sequer nos dá isso. O desencantamento foi completado.

De acordo com a visão científica do mundo, a matéria é tudo o quanto existe e, portanto, torna suspeita a própria categoria da "mente". O materialismo procura evitar o dualismo, todavia fracassa em dar uma explicação para "a experiência da própria experiência – a não ser que introduza o dualismo de maneira encoberta" (Griffin, 1988b: 147). Ao enfrentarem dificuldades tais como o problema da mente em oposição ao corpo, os cientistas tendem a considerar que "a comunicação por meio do abismo ontológico" é inexplicável (Griffin, 1988a: 18). Em outras palavras, se a matéria e a mente são qualitativamente diferentes, então "seu relacionamento é ininteligível" (Griffin, 1988b: 147). Segundo sua perspectiva, então o melhor será dispensar totalmente essa categoria. Mas a doutrina de Whitehead, que Griffin chamou de *organicismo* ou de *empirismo profundo*, trata todas as entidades como se apresentassem traços ordinariamente atribuídos à mentalidade. Além disso, elas não são inteiramente determinadas; mas, do ponto de vista quântico, retêm um certo grau de espontaneidade ou "poder de autodeterminação" (Griffin, 1988b: 150), que torna o futuro autenticamente indeterminado

A perspectiva organicista da realidade "sustenta que todos os indivíduos primários [...] exercem pelo menos algum *iota* [um quociente mínimo] de causação proposital" (Griffin, 1988a: 22). Os organismos primários são organizados em dois grupos: podem se manifestar ou "como indivíduo composto, em que emerge um sujeito totalmente inclusivo", ou "como um objeto não individuado", que não possui uma "subjetividade unificadora". Os membros do primeiro grupo são os animais; os do segundo são a areia, as rochas e as árvores. Conforme essa visão, "não existe um dualismo ontológico" na natureza, somente "uma dualidade organizacional". As unidades fundamentais da realidade são denominadas *entidades reais* e não permanecem;

ao contrário, são eventos momentâneos que perecem após completar cada processo de concretização (Griffin, 1988a: 23). Para cada execução de processo, "a causação eficiente ainda se aplica ao exterior de um indivíduo, enquanto a causação final se aplica a seu interior". Segundo a avaliação de Griffin, "uma vez que uma entidade duradoura, tal como um próton, um neurônio ou a psique humana, é uma *sociedade* temporal de eventos momentâneos, o exterior e o interior oscilam e se alimentam mutuamente, ao invés de se moverem de forma paralela".

Contudo, conforme se deu a entender, nem todos os indivíduos permanecem. Àqueles que ocupam o espaço delimitado, costumeiramente chamado "reino inorgânico", falta experiência como totalidade, apesar de seus indivíduos constituintes desfrutarem-na em virtude de sua essência individual, por isso mesmo chamados "agregados". Em contraste, os indivíduos genuínos "têm [ou são] experiências" (Griffin, 1988b: 152). No fundo, todas as coisas reais ou *são* experiências ou são *compostas por* indivíduos que são experiências. Isso significa que não existe nada fundamentalmente inorgânico no mundo, uma vez que todas as entidades apresentam qualidades orgânicas. É por essa razão que Griffin se referiu a esse esquema como *psiquicalismo*, *pampsiquismo* ou *pan-experiencialismo*, em que tudo é considerado como sendo experiência. Essa não é uma visão da realidade como substância, mas uma compreensão experiencial do "tecido" do Universo. Uma vez que, para Whitehead, mente e consciência residem somente nos organismos mais elevados e uma vez que a senciência é fundamental, Griffin preferiu o último daqueles três termos (Barbour, 1990: 225).

Dentro dessa visão whiteheadiana, "a forma mais primitiva de percepção" é pré-sensorial (Griffin, 1988b: 153). Cada momento de experiência "combina a receptividade (fisicalidade) e a autodeterminação (mentalidade)" (Griffin, 1988b: 154), à medida que organiza, sintetiza e integra todas as suas experiências. Ao complementar cada processo de tornar-se o sujeito experienciador, torna-se objeto do próximo momento de desenvolvimento, de tal modo que "um sujeito para si mesmo é agora um objeto para os outros". Ainda mais importante, segundo a estimativa de Griffin, "os sujeitos e os objetos não são diferentes em espécie, apenas diferentes no tempo" (Griffin, 1988b: 155). A fim de reiterar um assunto anterior, certas partículas em nível atômico são permanentes em sua inteiridade, mas não o são necessariamente os indivíduos de que são compostas. Os prótons são permanentes, todavia os *quarks* de que se alega serem formados podem não sê-lo. Cada coisa permanente é uma sociedade de indivíduos, conhecida como "uma série de eventos que se sucedem rapidamente". A abrangência da vida de algo durador, tal como a psique humana, pode ser de 80 anos mais ou menos, porém uma molécula específica dentro dela pode ter a duração de diversos bilhões de anos (Griffin, 1988b: 157). Do outro lado da escala, algumas partículas subatômicas podem existir somente na ordem de nanossegundos e podem experimentar apenas um ou alguns poucos ciclos de "vir a ser". Suas vidas, desse modo, não seriam muito cheias de "eventos".

Há muitos pensadores que dialogam com a cosmologia de Whitehead, alguns dos quais serão mencionados a seguir. Percebe-se que a metafísica organicista de Whitehead fornece um alicerce para o projeto de reencantamento de Berman. James E. Kirk, por exemplo, observou que o sistema de Whitehead foi acolhido com uma recepção indiferente, o que se deve, em boa parte, à "fenda existente entre a ciência e a filosofia neste século" (Kirk, 1991: 79). O modelo newtoniano ficou obsoleto quando os mundos quântico e relativista se tornaram centrais, enquanto o mundo newtoniano passou a ser periférico. Todavia, isso não implica que a ciência se ache mais disposta a abraçar ou mesmo a estudar cuidadosamente as idéias de Whitehead. Se a ciência metodológica for traduzida para uma ciência de visão do mundo, então certamente vai influenciar a nossa percepção do cosmo; porém, como insistiu Willis W. Harman, "a maneira segundo a qual o mundo é experimentado em nossa cultura também influencia o tipo de ciência que será desenvolvido" (Harman, 1988: 121). A precisão, a simplicidade e a objetividade são alvos inatingíveis, isto é, numa visão idealizada, o Universo conteria "massas pontuais, superfícies sem fricção e velocidades instantâneas", e assim por diante, conforme argumentou Frederick Ferre, "o que não é diretamente encontrado no mundo desorganizado de nossa experiência" (Ferre, 1988: 88). A situação enfrentada hoje pela ciência é que a Natureza está eivada de irregularidades. O fixo e o rígido são, com freqüência, noções importadas, enquanto Whitehead apoiou a espontaneidade e fez da criatividade a base final sobre a qual ele construiu sua própria visão da realidade. A ciência é forçada a confiar em que os exemplos que não se encaixarem bem eventualmente acabarão por conformar-se à prática aceita. Whitehead, ao contrário, não se sentiu ameaçado pela espontaneidade, aceitando-a muito bem. Ela faz parte de sua ciência, porque já dispõe de um lugar em sua ontologia, uma vez que suas unidades fundamentais de existência apresentam, cada uma delas, uma certa medida de espontaneidade.

A ciência, em sua busca da objetividade, procura evitar referências à subjetividade; segundo essa postura, "nossa própria experiência é tida como irrelevante" dentro dos programas de pesquisa tidos como legítimos (Kirk, 1991: 56). Whitehead, todavia, fez com que o conhecimento dependesse dela. Conforme foi mencionado, essa não é uma visão segundo a qual vê-se a realidade como substância, o mundo presente como sendo composto por objetos particulados; mas que a vê como uma moldura experiencial em que os sujeitos em desenvolvimento gozam de interioridade. As relações não são restritas ao externo, sugerindo que, por exemplo, os átomos de hidrogênio na superfície do Sol sejam diferentes dos átomos de hidrogênio que se encontram na superfície de nossa pele, em virtude de seu relacionamento interno. Tal é a compreensão interconectada da realidade em Whitehead, na qual, como John B. Cobb Jr. teve o cuidado de nos recordar, "as entidades não podem ser abstraídas das relações que estabelecem com as outras" (Griffin, 1988a: 107). Se o "conjunto de relacionamentos" for modificado, as próprias entidades serão igualmente alteradas.

As entidades são, portanto, "constituídas por suas próprias relações" (Griffin, 1988a: 108), o que torna a estrutura uma "categoria fundamental da análise" (Griffin, 1988a: 107). Tais arranjos entre entidades e suas próprias capacidades internas de relação devem produzir propriedades que não ocorriam em outro arranjo, o que produz uma diferenciação desse arranjo em termos de gênero, o que é, muito seguramente, uma "noção não mecanicista". Um ponto de vista que apreende o mundo como substância material não explica as suas propriedades emergentes. Assim, se, de fato, como quer a alegação materialística, somente a matéria é permanente, então "em que sentido pode um organismo que substitui cada célula de seu corpo, durante um determinado período de tempo, ser chamado de permanente?" (Kirk, 1991: 59). Em contraposição a isso, a abordagem processiva toma "o que é permanente como aquilo que evolui, num padrão de atividade que é constituído da reavaliação constante do relacionamento que estabelece com seu ambiente". Portanto, é o "padrão" que marca o organismo como sendo "permanente". Enquanto a matéria está sendo rearranjada, age sobre a experiência. Cada ocasião pode, criativamente, incorporar seu próprio passado imediato (e, até mesmo, o mais distante), juntamente com dados de outras entidades em seu imediato (e, inclusive, o mais distante) passado, dentro da entidade que se acha presentemente em desenvolvimento. Até o ponto de eleger a síntese e a integração desses dados em maneiras genuinamente novas: a novidade surge no mundo. "Essa é a razão", concluiu Kirk, "por que a entropia [dispersão por igual da energia] não pode ser a última palavra dentro de um universo orgânico" (Kirk, 1991: 219).

Ao comentar sobre propriedades emergentes, Davies chegou a ponto de declarar que a ciência poderia ter revertido a ordem de aparecimento das entidades no mundo, presumindo que a mente surgiu na medida em que a organização e a complexidade da matéria aumentavam (Davies, 1983: 71). Talvez a inteligência tenha subido ao palco primeiro, ou seja, a mentalidade poderia ter sido a categoria primordial (Davies, 1983: 71). Whitehead divergiu da ciência convencional porque acreditava que ela possuía um ponto de vista truncado da realidade, no qual o que importa é a matéria. Em vez disso, para Whitehead, a realidade material não é o concreto, mas a abstração. Para ele, o que realmente importa são as relações internas às entidades e suas respostas a essas relações.

Uma entidade com a qual os "momentos" estão relacionados é Deus, que lhes fornece um ideal como objetivo a ser alcançado. Deus lhes apresenta um alvo inicial, como a verdade, o bem, a beleza e coisas semelhantes, e as ocasiões o comparam a suas próprias metas subjetivas. Caso ocorra uma conformidade de alvos, então a ocasião os aplica a seu próprio processo de integração. A esfera de influência de Deus é, portanto, universal. Alguns autores, entre eles Davies e Drees, reconheceram o esquema whiteheadiano, mas não chegaram a ponto de avaliá-lo como um concorrente sério à ciência convencional ou às formas mais tradicionais do Cristianismo. John Polkinghorne admitiu que, embora tal ponto de vista tenha o seu apelo, ele mesmo achava difícil descrever as entidades utilizando a categoria "cadeias de eventos", uma vez que isso tornava a realidade estranhamente "episódica" para ele (Polkinghorne, 1989: 14). Sua insatisfação, em relação à noção whiteheadiana, incidia precisamente na idéia de indivíduos permanentes constituídos de entidades perecíveis, concepção, para ele, extremamente descontínua da natureza. A abordagem de Whitehead, não obstante, parecia perfeitamente coerente com a compreensão quântica do mundo. Tanto Polkinghorne como Peacocke, todavia, estavam preparados para aceitar a emergência da consciência a partir de um arranjo específico de materiais. Whitehead concordaria que um arranjo ou uma estrutura é crucial para que tais propriedades possam emergir, uma vez que são alimentadas pelas relações entre seus componentes. Contudo, acrescentaria que, aqui, os materiais não conformam a questão, mas sim a presença de uma ordem social que pudesse apresentar uma ocasião com um centro organizador que estivesse suficientemente preparado para impulsionar essa capacidade.

Autores como Drees, Peacocke e Polkinghorne tomaram valiosas percepções das idéias de Whitehead, mas suas objeções a ele persistiram. Por exemplo, Polkinghorne suspeitou que o panenteísmo de Whitehead, termo criado por seus seguidores – o ponto de vista de que Deus contém o Universo e evolui com ele, em vez de ser idêntico a ele, como no panteísmo – perturbasse "a mutuamente livre relação de Deus" com o mundo, caso eles fossem considerados como co-extensivos (Polkinghorne, 1989: 22). Todavia, ao mesmo tempo, ele suportou a categoria whiteheadiana da dipolaridade, ou seja, a idéia de que cada entidade goza e exerce tanto a fisicalidade como a mentalidade. Ele importou algumas das percepções de Whitehead para seu próprio esquema, mas a estratégia de incorporar temas de processo nos arcabouços tradicionais é potencialmente problemática. A operação pode não ser um sucesso indiscutível, especialmente se tais técnicas forem rejeitadas pelo paradigma hospedeiro.

Como pôde ser apreciado, Whitehead não deixou de ter os seus críticos, mas podemos concluir que, pelo menos, ele forneceu um sistema que reúne a ciência e a religião por meio de uma dipolaridade da realidade e da relação Deus/mundo. A física é, assim, reconectada à metafísica, e Deus incorpora ambas. Os avanços da ciência contemporânea parecem ressoar no ponto de vista processivo. Ele poderia fornecer um novo paradigma para a ciência, capaz de consolidar a experiência e a intencionalidade por meio da escala completa, desde o quântico até o cosmo. As causas formal e final aristotélicas seriam, então, reinstaladas ao lado das causas material e eficiente. A proposta oferecida por Whitehead poderia ser um passo nessa direção.

O REENCANTAMENTO DA NATUREZA

Uma chance justa

As analogias que fazemos transformam conceitos não familiares em familiares. Então, fazendo uma tentativa de acesso ao nível metafísico whiteheadiano, procederemos a uma analogia ao futebol americano, o que, a meu ver, facilitaria muito a compreensão das noções de Whitehead. O futebol americano é um esporte de equipe que apresenta jogadores definidos e que ocupam posições específicas de começo e de conclusão de jogadas. Isso é típico do futebol americano, que opera com uma série de *downs* [jogadas], mas também é uma característica do beisebol, em que a ação é subdividida em uma série de *at bats* [rebatidas], cada uma delas um *inning* [entrada] do lado ofensivo, dentro do qual um certo número de *pitches* [lançamentos] é feito em direção ao lado defensivo. Mas prefiro trabalhar aqui a analogia ao futebol americano, uma vez que o beisebol vai aparecer de forma proeminente em um segmento posterior deste livro.

A metafísica de Whitehead envolve a atividade das experiências que ocorrem e se combinam para formar um evento. O mundo é formado por momentos de experiências, que se desenvolvem, formam-se completamente e, então, se retiram para o passado. Elas têm o seu dia ou, mais precisamente, o seu breve momento de ocorrência e, assim, assumem o seu lugar na história. O potencial se transforma no atual e, depois, no histórico, sempre na seqüência do vir a ser e do vir a perecer. Como objetos, elas potencialmente contribuem para novos objetos.

A memória é uma faculdade de que os humanos gozam e por meio da qual podem recordar de eventos passados. Afinal de contas, o que pode ser mais intimamente privado do que nossas próprias experiências e as recordações que delas temos? Podemos recuperar pela memória não somente os dados factuais ou os detalhes desses eventos, mas também a maneira como nos sentíamos em relação a eles na ocasião. Essas são informações úteis para o que poderíamos querer fazer com elas em ocasiões subseqüentes. Se a lembrança foi pertinente a nossas novas circunstâncias, então a aplicaremos. Isso significa que extraímos elementos das lembranças, a fim de responder a uma situação presente. Nossos relacionamentos com os dados, no mundo de nosso passado, vão influenciar a maneira como nos sentimos a respeito deles e

81

DEUS E A NOVA METAFÍSICA

esta, por sua vez, nos informará como devemos responder a eles. Entretanto, nossas novas circunstâncias poderão nos impelir de responder sob novas maneiras. Um determinado momento de criatividade significa que alguma coisa nova adentrou o nosso mundo, algo que não se encontrava dentro dele anteriormente. A nossa esperança é que o mundo se enriqueça com essa nova presença. Mas tudo isso é um pano de fundo sobre o qual será projetada a analogia com o futebol americano, a fim de que ela faça sentido.

O passado se projeta sobre o presente, mostrando de novo aquilo que ocorreu anteriormente, e os eventos atuais retiram alguma coisa dele. Mantendo-nos no futebol americano, em uma partida, antes do chute inicial, não há nada que valha a pena ser relembrado (a não ser a lembrança de outros jogos de futebol), exceto, talvez, o lançar da moeda que decidiu qual dos times receberia inicialmente a bola. Na primeira série de marcações, entretanto, já existe um passado de que podemos sacar informações: se retornássemos ao momento do chute inicial, isso poderia dar à equipe receptora ocasião de rever suas posições iniciais no campo. Depois do primeiro lance (a marcação com a disputa pela bola), já existem aspectos adicionais do passado à disposição do lado ofensivo. A segunda marcação já é o resultado daquilo que o time herdou em conseqüência de sua atuação passada. As equipes não podem fazer nada para modificar a situação a partir do momento em que o juiz e seus auxiliares tiverem localizado a bola e apitado para introduzir a próxima fase do jogo. Tudo o que os jogadores podem fazer é responder às determinações do juiz. Eles se vêem relacionados com o passado, na medida em que é ele que lhes mostra suas presentes posições. E, agora, o passado os impele a agir de novo, com base no significado que o passado apresenta para eles. Se o primeiro lance depois da disputa pela bola foi um sucesso para o lado ofensivo, então os membros da equipe olharão favoravelmente seu passado, e é provável que assumam a mesma atitude na próxima fase do jogo. O mesmo corresponde ao lado defensivo, embora de maneira inversa.

Por ser um esporte coletivo, os jogadores precisam coordenar seus esforços a fim de manter vivo o impulso da equipe. Se a defesa impediu que o ataque conquistasse mais de um ganho mínimo do primeiro embate, então é um dos sinais que o time ofensivo está recebendo do passado. Eles usam, assim, o significado dessa mensagem, reúnem suas forças e seguem em frente com a fase seguinte do jogo. Cada jogo com sua disputa é análogo a um evento dentro do esquema processivo de Whitehead.

Com relação à coordenação de seus esforços, cada time em campo é uma sociedade com um centro organizador. É o *quarterback*, o cérebro do time, que tem a responsabilidade de usar o passado vantajosamente para o futuro da equipe. Cada membro dela tem o seu próprio papel a cumprir, mas é o *quarterback* que retira todas as informações necessárias do passado, acrescenta sua própria avaliação das capacidades atléticas dos membros de sua equipe e coordena suas energias de tal modo que se conformem ao objetivo geral da equipe, ou seja, fazer pontos a cada vez que estiverem no controle da bola. Isso é análogo ao alvo subjetivo dos momentos de experiência mencionados por Whitehead.

Cada jogador tem sua própria tarefa, que não deve ser realizada aleatoriamente. Se esse fosse o caso, talvez nada viesse a ser realizado – todos os esforços individuais, se não forem coordenados com os dos outros, podem acabar anulando sua própria ação como a dos outros também. Porém, da maneira como a coisa funciona, o *quarterback* planeja a engenharia de cada investida da equipe e traça um caminho a ser seguido pelo time. Por ele ter uma função tão importante, pode ser considerado o membro dominante de cada evento: é ele que torna esse conjunto de pessoas mais do que um simples ajuntamento de indivíduos ou um agregado de jogadores, ou seja, é por intermédio dele, de seu comando que o conjunto funciona como uma unidade. É ele que centraliza as energias individuais para um propósito comum, o de fazer a bola avançar em direção ao gol adversário.

Contudo, segundo o que foi mencionado previamente, existe um outro alvo em andamento na estratégia do processo. Dizem que Deus se acha presente em cada entidade, como também estaria em suas etapas de desenvolvimento, enquanto houvesse necessidade de desenvolvimento e uma meta a ser atingida. A entidade, então, decide até que ponto os objetivos de Deus se conformam com os seus próprios. Em nossa analogia ao futebol americano, o treinador é o coordenador ofensivo, particularmente quando ele pode dar sua opinião sobre quais táticas de jogo deverão ser ordenadas pelo *quarterback*. Nesse ponto, ele assume o papel de "Deus".

Mais detalhadamente, a tática de jogo que o *quarterback* pode decidir aplicar vai depender de um certo número de fatores, inclusive das lembranças do passado, que são, além de jogadas feitas, também as sessões de treinamento que a equipe realizou enquanto se preparava para enfrentar o oponente. Dentre os eventos que serão importantes para o jogo está a lembrança de quais os jogadores que melhor demonstraram seus talentos nos jogos práticos dos treinamentos e que, por isso, estariam prontos para as ações do jogo; há também a lembrança sobre aqueles que foram considerados em forma e que se adequariam mais ao jogo a ser jogado. Há que se lembrar, também, daqueles que estariam lesionados, do mesmo modo dos membros da equipe de reserva e/ou dos substitutos que já estariam preparados e sentados no banco, caso a equipe precisasse deles para substituir os lesionados ou aqueles que estivessem jogando de maneira ineficiente. Esses são os recursos disponíveis que o treinador e sua equipe possuem e que ajudam a constituir o desenho do time e o tipo de ataque que o *quarterback* vai liderar. Este também possui um conhecimento de quais fases do jogo tiveram melhores resultados nos treinos e quais estratégias teriam possibilidades de alcançar sucesso no jogo em questão. No dia do jogo, ao chegarem em campo, ele leva tudo isso em consideração quando planeja o próximo passe. Isso é análogo à maneira como as entidades nascentes, isto é, recém-formadas, vão buscar experiências pregressas e respondem a seu passado, e indica também como o passado age sobre o presente, pelo menos na visão de Whitehead.

Voltando à analogia, o *quarterback*, mesmo com todos aqueles recursos, não tem garantias de qual tática obterá sucesso, exerce sua liberdade de julgamento. As informações que recebe do passado são avaliadas de acordo com a adequação que demonstram para com o presente objetivo. O bem comum para a equipe inclui a execução adequada das fases do jogo, e isso é apresentado a ela pelo treinador. Para que ela obtenha bom resultado, alguns dados do passado serão convenientes à nova situação, ao passo que outros, não. Com um número limitado de opções à disposição, o time se aproxima da bola e outro jogo começa. O jogo segue seu curso até que o apito do juiz ou de um de seus auxiliares dá o tempo por encerrado, estabelecendo o término da partida, sua morte. Esse ponto marca a finalização de um evento ou ato de transformação em termos processivos. O uso do termo "morte" é apropriado aqui porque, no sentido whiteheadiano, o momento pereceu. Esse momento que acaba de perecer passa agora a assumir o papel de um dado que, lá num futuro, vai informar e ajudar nas decisões de planejamento de uma nova partida.

Enquanto o jogo está em andamento, os atletas no campo influenciam seu resultado. Sua subjetividade pode trabalhar na alteração do curso do evento. Todavia, assim que o jogo tiver acabado, seus interesses e esforços não mais afetam o jogo terminado. Seus saberes terão de esperar até o começo do próximo jogo. O modo como correu ou foi concluída a partida é, agora, dado objetivo para estatísticas desportivas.

Cada nova fase do jogo é baseada no conjunto de todas as fases anteriores e, desse modo, se torna uma unificação de todas elas. O que as fases anteriores ensinaram aos jogadores entra na seleção dos movimentos escolhidos para a fase subseqüente. Assim, "os muitos se tornam um e são aumentados por um", como diria Whitehead. Não somente podemos nos basear nas experiências das fases anteriores, como o passado se faz sentir em cada fase que começa. Se for necessário realizar ajustamentos com base na falta de sucesso alcançada na fase anterior do jogo, então isso terá impacto sobre o que o *quarterback* fará, se ele vai reavaliar as habilidades dos jogadores ou, talvez, até mesmo reconsiderar as alternativas de jogo. À medida que transcorre cada lance, surge mais um evento no mundo para ser levado em consideração. O que a atividade da equipe deixou para o mundo foi mais um lance do jogo, juntamente com todas as informações experienciais que ela fornece. Todos os muitos fatores que influenciaram essa fase do jogo estão unidos a ela e resultam em um item a mais a ser considerado. O seu resultado se torna agora mais um fator que determinará como a equipe pode abordar seu próximo adversário. Os relacionamentos internos do time com os lances da fase anterior definitivamente terão influência sobre os atos do presente da partida.

Seguindo a analogia, se uma estratégia de jogo empregada pelo nosso *quarterback* for neutralizada pelas táticas do adversário, então ele terá de improvisar. Nenhum planejamento prepara o time para absolutamente todos os movimentos possíveis. Em uma circunstância desesperada, a equipe deve ser estimulada a empreender estratégias já experimentadas em treinamento e nunca praticadas ou, então, algumas que jamais tivessem sido tentadas antes. A criatividade faz parte de cada lance. Entretanto, no caso que acabamos de relatar a coisa é diferente. Se eles decidirem prosseguir com

DEUS E A NOVA METAFÍSICA

uma tática nunca praticada, isso se tornará um exemplo de criatividade a partir da qual alguma coisa genuinamente nova ocorrerá. Isso deixará para o mundo um exemplo de novidade, que teria o efeito direto de expansão de repertório de táticas e seria mais uma experiência que eles poderiam recordar e repetir (desde que aprovada pelo treinador e seus auxiliares).

A novidade, todavia, não ocorre com freqüência. Durante a maior parte do tempo, a maioria das pessoas é levada a repetir o passado de forma ordenada, e essa é uma outra área em que Deus tem o seu papel. Em nossa analogia, parece haver dois conjuntos de participantes que têm uma situação semelhante à de supervisores divinos. O juiz e os bandeirinhas, por exemplo, supervisionam os procedimentos e colocam restrições sobre a liberdade de movimentos dos jogadores. A sua função é garantir que as regras do jogo sejam cumpridas, do mesmo modo que a divindade whiteheadiana determinaria a essa parte do mundo que não goza de grande poder de autodeterminação, em geral denominada mundo inorgânico, em boa parte submetido às leis naturais. Isso garante que o mundo seja um lugar merecedor de confiança, ou seja, que possamos ter certeza de que se comportará de maneira semelhante de um momento determinado para o momento seguinte. Em um campo de jogo, poder-se-ia dizer que o juiz e seus auxiliares preparam o caminho para a realização do lance seguinte, localizando a bola e apitando para assinalar que o próximo lance deve ocorrer. Isso significa que sua colocação da bola no centro ou em outra parte do campo estabelecerá uma dimensão espaço-temporal específica para o próximo lance, ou seja, para a nova experiência de vir a ser. Dentro de todas as restrições do campo de jogo e das regras contidas nos manuais, os jogadores têm liberdade de ser tão criativos quanto quiserem (ou quanto puderem ousar).

O outro conjunto de funções divinas, como foi sugerido anteriormente, é formado pelo treinador e pelos seus auxiliares. Consciente dos talentos, habilidades e capacidades de seus jogadores, conhecendo tanto seus pontos fortes como suas fraquezas, os treinadores são os indivíduos mais bem equipados para escolher as estratégias empregadas para o máximo de probabilidade de obtenção de sucesso contra um determinado adversário. Armados com esses conhecimentos, eles imprimem sobre os jogadores um ideal, os quais devem entender e procurar atingi-lo. Também é esse o processo com que Deus trata as entidades em desenvolvimento, apresentando-lhes um alvo inicial a ser alcançado por elas em seu próprio processo de "tornar-se".

Em seus respectivos domínios, Deus e treinadores se encontrariam em posições privilegiadas em termos de previsibilidade e teriam, assim, um palpite mais acurado quanto ao que seria o ideal, tanto para as entidades, como para os jogadores de nossa analogia. Todos os ganhos obtidos são benéficos para todos os níveis da organização: para os atletas e o pessoal logístico. O treinador e os jogadores, em nossa analogia, e Deus e o mundo, na proposição de Whitehead, obtêm os benefícios da execução adequada das técnicas de jogo, por um lado, e de uma boa adoção, de outro.

O treinador e sua equipe logística representam o reino das possibilidades para o time. Eles alertam os jogadores quanto às potencialidades e lhes fazem recomendações. O *quarterback*, entretanto, se receber liberdade suficiente para orquestrar o lance à sua própria maneira, é quem torna reais tais possibilidades. Qual o lance que ele vai iniciar é, em última análise, alguma coisa que o treinador e sua equipe de apoio só vão ficar conhecendo depois que já se achar em desenvolvimento. Todavia, em um jogo de futebol americano regular, a autoridade do treinador é muito maior que a do *quarterback*, porque tem a liberdade de pedir tempo e trocar qualquer um dos jogadores em favor de outro em qualquer momento que queira. É nesse ponto que a analogia desaparece.

No esquema processivo, o treinador não teria o menor poder para efetuar mudanças. Ao contrário, se o treinador efetivamente refletisse a divindade whiteheadiana, ele somente teria a capacidade de persuadir o *quarterback* a seguir um curso específico de ação, em detrimento de outro, mas jamais poderia impor uma decisão. O âmbito de influência exercida por Deus poderia ser universal, mas a extensão dessa influência é limitada. Apenas é de se esperar que as opções do *quarterback* correspondam àquelas do treinador.

Para encerrar nossa analogia, a espontaneidade, a interioridade e a mentalidade são mais notadamente expressas nas maneiras que descreveremos a seguir. Conforme mencionado acima, uma estratégia contrariada pode fazer com que o *quarterback* fique dando tratos à bola para criar outra, enquanto corre. A equipe sob sua direção espera para ver o que ele vai fazer, a fim de conseguir salvar alguma coisa do lance. Um outro exemplo é a reconquista

– um time pode perder a posse da bola, mas talvez ser capaz de recobrá-la ainda no mesmo lance. Quando a bola perdida começa a correr de maneira imprevisível, o manual das regras é descartado e todos os jogadores simplesmente exercem seu poder de autodeterminação, a fim de reconquistarem a "redonda" (e é de se esperar que o treinamento anterior os tenha preparado para tal eventualidade). A coreografia que se segue então é uma corrida frenética e altamente divertida, embora talvez não o seja nem um pouco para os jogadores envolvidos nessa fase aleatória do jogo.

Estamos, agora, preparados para examinar a parte de nosso mapa conhecida como a teoria da evolução, e o faremos à luz de nossa investigação do pensamento processivo. Como sinopse prévia ao próximo capítulo, digamos que a evolução é um tópico que provocou grandes debates e despertou enorme interesse desde que Charles Darwin (1809-1882) formulou sistematicamente a seleção natural, em 1859. Alguns autores descreveram o subseqüente relacionamento da ciência com a religião como conflitivo e, até mesmo, combativo. Todavia, a associação dessas duas disciplinas não precisa produzir uma tensão que não seja sadia. Ao contrário, outros pesquisadores propõem que a natureza e o processo evolutivo por que ela passa podem ser entendidos também como uma arena para a atividade divina. Isso conectaria a ciência à religião, não as afastaria.

CAPÍTULO 4

Como Tudo se Desenvolveu: os Anos Seguintes

Anteriormente ao tempo de Erasmus Darwin, o avô de Charles, aceitava-se que o mundo natural da biologia era a arena da influência divina, mesmo que o mundo físico da química e da física não o fossem. Acreditava-se que o quadro mecanicista pintado por Sir Isaac Newton refletia distintamente o mundo físico e que esse modelo se estendia por todo o Universo. Todavia, acreditava-se que o mundo natural estava reservado para as injunções do propósito divino.

Mas acontece que, à época de Erasmus Darwin, as teorias evolutivas já se encontravam em circulação. Ele, juntamente com muitos outros pesquisadores, aderiram ao conceito da descendência com modificações. Erasmus antecipou as teorias futuras, embora ele próprio não tenha contribuído substancialmente para isso. Foi seu neto Charles, que jamais chegou a conhecer, quem sistematizou as descobertas obtidas, enquanto exercia a função de naturalista oficial, a bordo de um veleiro chamado *The Beagle*. Charles formulou a idéia da seleção natural, a fim de explicar as modificações sofridas pelas espécies ao longo do tempo. Com a inspiração recebida de um artigo de Thomas Robert Malthus, Charles se convenceu de que a competição por recursos naturais escassos, a luta pela existência, propulsionava o processo evolucionário para a sobrevivência (e reprodução) dos mais aptos – aqueles que apresentavam as melhores variações adaptativas para as circunstâncias em que se achavam. Deve ser mencionado que as noções "evolução" e "sobrevivência dos mais aptos" são anteriores às publicações de Charles Darwin, e foram assim expressas por Herbert Spencer.

Devemos agradecer a Copérnico, Galileu e Newton por terem removido os seres humanos de seu pedestal altivo e presunçoso, localizado no centro do Universo. Como também precisamos agradecer aos Darwin por demonstrarem que todas as coisas vivas, incluindo os humanos, estão sujeitas ao processo de evolução e, desse modo, não foram criadas especialmente. Os seres humanos, depois dessas idéias, deixaram de ser percebidos como isentos das modificações que atingem todas as criaturas. Não existe a fixidez das espécies; elas não são estáticas, mas sujeitas a mudanças.

Todavia, poderíamos pensar os mundos físico e químico em termos evolutivos? Seria adequado? Vamos fazer um exame mais direto desse ponto e recordar um tema tratado anteriormente. Nos picossegundos iniciais após ter supostamente ocorrido a grande explosão, as forças fundamentais da física – a saber, a gravitação, as forças nucleares forte e fraca e o eletromagnetismo, nessa ordem – já estavam estabelecidas (Stoeger, 1998: 166). Isso não levou muito tempo!

Uma vez surgidas essas forças e suas leis, o que se seguiu foi apenas o desdobrar do desenvolvimento do cosmo, o que, afinal de contas, é justamente a evolução, até o estágio da formação das estrelas e das galáxias, quando os únicos elementos disponíveis eram o hidrogênio (H) e o hélio (He). As grandes estrelas se transformaram, então, nas bases em que os elementos pesados, assim como o ferro (Fe), foram forjados a partir da matéria-prima do hidrogênio e do hélio (Stoeger, 1998: 168-169). A partir daí, o mundo da física gerou o mundo da química ou, em outras palavras, o mundo da química evoluiu do mundo físico.

Essa "direcionalidade própria" do Universo, como poderia ser argumentado, também era evidente no seu estágio posterior: o da "formação dos planetas". Planetas e satélites estelares se tornaram "os ambientes ou laboratórios" em que moléculas e compostos novos e mais complexos foram se formando, tais como a água, o amoníaco e o metano, a partir dos cinco elementos biogênicos encontrados nas substâncias orgânicas, isto é, o carbono (C), o nitrogênio (N), o oxigênio (O), o enxofre (S) e o fósforo (P). Tais elementos são a matéria-prima da construção da vida, gerando compostos como os açúcares, os aminoácidos e os ácidos nucléicos (Stoeger, 1998: 171). O hidrogênio e o hélio ainda compreendem cerca de 98% de toda a matéria do Universo, com os outros 1% a 2% de elementos quimicamente ativos que se organizam em agrupamentos, de acordo com suas afinidades biológicas.

Finalmente, depois de uma longa história evolutiva, Charles Darwin chega a um dos produtos desse processo biológico, que ele mesmo esquematizou. Lamentavelmente, Darwin não foi capaz de oferecer um mecanismo bioquímico para a seleção natural, mesmo porque o trabalho do monge austríaco Johann Gregor Mendel sobre os "fatores" da herança não era conhecido por Darwin e, desse modo, a ciência da genética molecular teve de esperar por uma geração futura. Mas isso não diminui o impacto revolucionário de sua obra.

A concepção de Darwin da evolução realizada por meio da seleção natural é freqüentemente marcada pelo descarte dos indivíduos incapazes ou mal adaptados, o que pode conduzir à extinção de uma espécie inteira. Todavia, esse processo "não foi previsto, nem opera de acordo com um plano preconcebido". Em vez disso, é "simplesmente uma conseqüência da multiplicação diferencial das formas de vida". E, ainda, a multiplicação de determinados organismos com maior eficiência vai depender de variações e do quanto são úteis no ambiente em que vivem tais organismos. "A seleção natural não antecipa o futuro" (Ayala, 1998: 107).

O que é importante observarmos a respeito da proposta de Darwin é que nela não há lugar para alvo, meta ou propósito por trás do processo evolutivo, caso ele reflita um empreendimento puramente aleatório. A evolução, de acordo com Darwin e seus discípulos, não se orienta para lugar algum. A despeito de sua insistência a respeito disso, alimentada, é claro, pela expectativa de que a evolução permaneça como um processo natural, sem qualquer interferência externa, podemos não obstante detectar nela a presença de uma direcionalidade. Ainda que ela possa não manter em vista qualquer fim em particular, parece inabalável em realizar pelo menos uma coisa, isto é, um aumento progressivo de sua complexidade. Poder-se-ia argumentar que, se o Universo fosse deixado em suas próprias mãos, assim como outros universos mais ou menos semelhantes ao que conhecemos, naturalmente haveria uma recorrência em fabricar os elementos essenciais da física, da química e da biologia, como nosso exercício indica. Contudo, ainda que um aumento de complexificação dos elementos não seja assim tão fácil de acontecer, já que a maioria das espécies ou se extinguiram ou permaneceram em estados relativamente inalterados desde que apareceram pela primeira vez, sua ocorrência é inegável. Os poucos ramos do arbusto evolutivo que revelam essa tendência são inconfundíveis.

Fisicamente, o hidrogênio e o hélio fazem parte da composição da maioria do que existe no Universo: quimicamente, o assim chamado mundo inorgânico ultrapassa de longe o orgânico; e, biologicamente, as bactérias compõem a maior porção da biomassa de nosso planeta, ainda que tenham sido a primeira forma de vida. (Seria mais adequado dizer que a seleção natural começou com os micróbios ou continuou a partir deles?) Outras formas de vida, então, se desenvolveram a partir desse ponto e cada uma delas corresponde a avanços em termos de complexidade. O que os humanos, por exemplo, são capazes de realizar pode ser legitimamente colocado nessa esteira. Encontram-se entre as criaturas mais adaptáveis, produzem poesia e sinfonias, além de computadores portáteis, como o *laptop* em que estou redigindo este texto. Isso não constitui um aumento de sofisticação? Cientificamente, todavia, somos prevenidos a não nos referir a isso em termos de "progresso", porque o termo viria carregado de conotações geradas pelo próprio clima político e econômico do século XIX, a partir da Revolução Industrial, ambiente em que trabalhava Darwin. Desde esse período, a evolução vem sendo associada com a noção de progresso infinito, uma idéia que Darwin não pretendia comunicar. Mas pensar em desenvolvimentos evolutivos como constituídos de "complexificação" progressiva, mesmo considerando apenas aquelas formas biológicas que gozam de uma condição "avançada" – sabidamente, uma minoria do total de espécies –, pareceria inteiramente apropriado.

Há, ainda, outros aspectos que devemos levar em conta, três dos quais parecem mais adequados para nossos propósitos presentes.

Em primeiro lugar, existe um debate quanto ao ritmo que o processo evolutivo assume. Alguns declaram que a evolução ocorre apenas por modificações graduais, enquanto outros insistem que ela se faz também por saltos periódicos, denominados "saltações", ainda que infreqüentes, e que demarcariam certas modificações. A última estratégia foi também denominada como "equilíbrios pontuados", por Niles Eldridge e Stephen Jay Gould, e um número crescente de biólogos está aderindo à abordagem "tanto/como" oposta à "ou/ou", segundo a qual, dependendo do caso, "a evolução salta algumas vezes, e outras tantas se arrasta" (Birch, 1998: 229).

Em segundo lugar, a seleção natural é o resultado tanto da luta como da cooperação. Peacocke explica esse ponto nos seguintes termos:

> A descrição desse processo como a "natureza de presas e garras vermelhas" (um verso de Tennyson, que, de fato, é anterior a Darwin, [...] é uma caricatura, pois, como já ressaltaram muitos biólogos [...], a seleção natural, nem sequer em sentido figurativo, é o resultado de uma luta sangrenta. Envolve muitos fatores, que incluem [...] mais organização social cooperativa – que resulta em uma maior capacidade de sobreviver a essas "lutas" que de fato ocorrem (porque é preciso lembrar que qualquer predador tem interesse na sobrevivência de sua presa como espécie) (Peacocke, 1998: 370, n. 34).

Novamente, aqui, o método de ou/ou oferece um quadro incompleto.

Em terceiro lugar, os próprios organismos não são elementos passivos da seleção natural. Conforme a observação de Barbour,

> impulsos interiores e novas ações executadas pelos organismos podem iniciar mudanças evolutivas. O ambiente seleciona indivíduos, mas os indivíduos também selecionam seus ambientes e, dentro de um novo nicho biológico, um diferente conjunto de genes pode contribuir para a sobrevivência. Alguns peixes pioneiros se aventuraram terra adentro e se tornaram os antepassados dos anfíbios e dos mamíferos; alguns desses mamíferos, muito mais tarde, retornaram para a água [talvez depois de julgarem que o prazer do banho de sol era superestimado] e se tornaram os ancestrais dos golfinhos e das baleias. [...] Em cada caso, foram os próprios organismos que tomaram novas iniciativas; mudanças genéticas e, depois, anatômicas, foram o resultado de suas ações. [...] As mudanças não foram iniciadas por variações genéticas (Barbour, 1988: 421-422).

Como seus próprios genes poderiam ter instruído esses organismos a alterarem sua situação? Lamarck "evidentemente estava correto em supor que ações deliberadas de organismos poderiam eventualmente conduzir a mudanças fisiológicas, embora ele estivesse errado em presumir que tais mudanças, ocorrendo durante o período da vida de um organismo, pudessem ser herdadas diretamente por sua descendência" (Barbour, 1988: 422). De qualquer maneira, os genes explicam as coisas apenas até certo ponto.

O uso do termo "seleção", por Darwin, pode significar, para alguns, a presença de um propósito na natureza. A linguagem metafórica que ele empregou ao descrever a seleção natural implica uma teleologia e sugere a intervenção de uma ação, embora não necessariamente de uma fonte externa. Porém, quando ele a chamou de "poder", fez com que parecesse que funcionava ativa e intencionalmente (Clifford, 1998: 297-298). Darwin, todavia, não desejava dar a impressão de que essas descrições devessem ser tomadas literalmente. Nem ele nem os seus seguidores entenderiam a seleção natural como sendo uma empresa consciente. Não obstante, a terminologia empregada é sugestiva. O que pode ser declarado, entretanto, é que a seleção está direcionada para deixar a mais numerosa prole portadora das variações adaptativas.

Como resultado, a seleção natural explica o desenho adotado pelos organismos, pelo menos por aqueles que demonstram variações adaptativas. Estes sobrevivem e se reproduzem "às expensas dos organismos mal adaptados" (Ayala, 1998: 108). Além do fato de que as regularidades das leis naturais se demonstram operativas aqui, o acaso também exerce uma função importante. As mutações que geram essas variações são aleatórias, "independentemente do fato de que venham a ser benéficas ou maléficas para seus portadores". As mutações podem surgir em virtude de uma exposição a radiações ou a produtos químicos mutagênicos existentes no ambiente, por exemplo. Esse processo randômico é, então, "contraposto à seleção natural, que preserva o que (no momento) é útil e elimina os que (nesse mesmo momento) são inúteis". Todavia, mesmo aqui, o fato de algumas variações poderem vir à tona em um ambiente, ao mesmo tempo em que outras não conseguem esse feito, é uma proposta arriscada. Em qualquer caso, sem mutações "não existiriam variações que pudessem ser diferencialmente transpostas de uma para outras gerações. Todavia, sem o processo da seleção natural, o processo complementar das mutações provocaria desorganização e extinção, uma vez que a maioria das mutações é, de fato, desvantajosa" (Ayala, 1998: 109).

A evolução combina, desse modo, a chance e a lei ou necessidade, e coloca a casualidade lado a lado com o determinismo (Ayala, 1998: 109). Embora isso pareça um tanto oposto ao intuitivo, a aleatoriedade ou a contingência não prejudicam o processo evolutivo, ao contrário, contribuem com ele. É a casualidade que produz os meios ou o reservatório de recursos sobre os quais agirá a seleção natural, aumentando, assim, a probabilidade da propagação de formas adaptadas. Assim, existe aqui uma comunhão com o mundo quântico. Recordemos que a mecânica quântica sugere que há uma abertura fundamental para o reino subatômico, a um ponto tal que a indeterminação se transforma em uma de suas propriedades. As partículas contidas nele são análogas a nuvens mal definidas, com referência a seu comportamento ondular, o que faz com que apareçam como se estivessem espalhadas por uma determinada região. Se elas não tivessem a dualidade partícula/onda, e fossem simplesmente de natureza particulada, em princípio sua localização poderia ser determinada com maior precisão. Todavia, da maneira como são, podemos falar somente em termos de probabilidade. O mundo evolutivo é marcado por uma abertura semelhante, em que o futuro "é influenciado, mas *sub*determinado, pelos fatores da natureza que agem no presente. Dentro das condições causais que podemos descrever cientificamente, todavia, e além delas, as coisas simplesmente acontecem" (Russell, 1998: 203).

Se a Natureza é autenticamente aberta, então não existe um mundo causal totalmente determinado. Isso pressupõe um conjunto de falhas existentes na Natureza sem razão conhecida; por exemplo, não se explica por que um determinado núcleo de urânio entra em degradação atômica num determinado instante, e não em qualquer outro. Seja como for, devemos admitir que:

> Entre grandes grupos de átomos que compõem os elementos da vida diária, a indeterminação a nível atômico acaba produzindo médias estatísticas que podem conduzir a um comportamento previsível em larga escala. Todavia, dentro de alguns sistemas biológicos [...], as mudanças em um

pequeno número de átomos podem produzir *efeitos em larga escala*. Uma mutação poderia surgir de um evento quântico, no qual uma única ligação molecular em um gene é formada ou quebrada e seus efeitos seriam amplificados no fenótipo do organismo em crescimento e poderiam ser perpetuados por meio da seleção natural (Barbour, 1988: 426).

(A aparência exterior ou a forma de um organismo é o seu fenótipo, enquanto sua constituição genética é chamada genótipo ou genoma.) Uma mudança microscópica pode, portanto, apresentar efeitos macroscópicos. Somente a ação da lei natural conduziria à estabilidade, na forma de repetições e rigidez, mas "a imprevisibilidade reflete a indeterminação da Natureza, e não somente as limitações do conhecimento humano" (Barbour, 1988: 426).

Se ocupamos um Universo indeterminado, pelo menos até certo grau, então o mundo contém de fato "fendas naturais". Estas são aberturas nas regularidades causais da ordem natural. Não revelam buracos em nosso conhecimento, mas lacunas cósmicas, que se manifestam nos mundos físico e biológico. As falhas seriam, então, estruturais ou sistêmicas, e não cognitivas ou epistêmicas. Que uma divindade pudesse aproveitar essas oportunidades não é uma assertiva que deva ser encarada com desaprovação imediata. O envolvimento ativo de Deus no mundo poderia, então, ser entendido como uma orquestração, navegação ou coreografia do desdobramento das potencialidades já inerentes no Universo, no caminho de assunção das suas formas mais atualizadas (Peacocke, 1998: 364).

Esse ponto de vista, entretanto, não deixa de ter quem o refute. Uma objeção feita à identificação da ação divina na física e na biologia é que esse tipo de operação seria julgado como intervencionista. Nesse formato, Deus entraria para alterar o curso dos eventos que, de outro modo, não ocorreriam da maneira que Deus pretendia, caso fossem deixados ao acaso. Se não fosse pela ação divina, os resultados desejados não teriam sido obtidos. Uma outra objeção refere-se à indeterminação quântica, pois pode ser argumentado que sequer Deus poderia saber de antemão o resultado preciso de um evento quântico. Se o resultado, pelo menos em uma pequena medida, deve vir como uma espécie de surpresa para a divindade, então esse tipo de abordagem, com interferência direta, pode não produzir ainda o efeito que Deus pretendia (Peacocke, 1998: 368, n. 31). Uma terceira objeção é que, "se a evolução é a maneira como Deus cria", então ela trai uma estratégia "que não parece se importar muito com a dor, com a eliminação dos fracos e com a enorme luta e o desperdício envolvidos em um processo tão 'desajeitado' como a evolução parece ser" (Haught, 1998: 410, n. 30).

Essas e outras dificuldades podem persistir também em relação à concepção tradicional da deidade. Tentativas para superar esses obstáculos utilizando as categorias clássicas de Deus, do tipo que Tomás de Aquino teria endossado, conduziriam, em última análise, somente a uma divindade como "o determinador das indeterminações", "um grande provocador do colapso das funções ondulatórias" ou algum outro tipo de entidade que utilizasse o acaso ou a sorte para produzir a ordem. Mas isso pode não servir para resolver as questões envolvidas aqui, e os aspectos problemáticos poderiam permanecer. O que parece ser necessário, aqui e agora, é um modelo alternativo de Deus, e é aqui que entra Whitehead. O pensamento processivo incorpora tanto a ciência como a religião. Poder-se-ia mesmo dizer que corresponde a uma ponte entre os dois. Os "momentos de experiências" de Whitehead, como os quanta, são discretos, momentâneos e indeterminados. Ele também retira da relatividade a noção de que os eventos no espaço-tempo são relativos a seus parâmetros de referência, isto é, que "todas as entidades são constituídas por seus próprios relacionamentos" (Barbour, 1998: 436). O mundo das entidades também é evolutivo, no sentido de que, tanto individual como coletivamente, elas são marcadas por um processo contínuo de desenvolvimento e transformação.

Quanto ao conceito da divindade, o "Deus" de Whitehead funciona persuasivamente, e não coercitivamente. Nem poderia ser de outro modo, mesmo que Deus o desejasse assim, porque as limitações do poder de Deus não são voluntárias, mas ontológicas e necessárias (Barbour, 1998: 440). Isso indica que as mãos da deidade processiva estão atadas com referência à tomada unilateral de decisões relativas a esses momentos de experiências. Mas o que torna as idéias processivas mais condizentes à ciência de hoje é que seu Deus não é chamado a intervir somente para preencher as lacunas específicas que existem no mundo. Isso porque "Deus já se acha presente no desdobramento de cada evento", ainda que "nenhum evento possa ser atribuído somente a Deus" (Barbour, 1998: 441). Caso contrário, as entidades não gozariam de qualquer poder de autodeterminação. De fato, não existem lacunas na metafísica de Whitehead, uma vez que Deus se acha envolvido em cada fase do "tornar-se" de todas as entidades. A contribuição de Deus "não pode ser separada, tal como se fosse simplesmente uma outra força externa, porque ela opera por meio da interioridade de cada entidade, que não é acessível à ciência".

Por um lado, a evolução dentro do esquema de Whitehead procede de acordo com a sabedoria científica convencional até o ponto em que as entidades gozam de autodeterminação. Deus exerce poderes persuasivos, e não coercitivos e, desse modo, só pode agir por sedução, atração e aliciamento. Uma vez que Deus não pode forçar nenhuma questão sobre o mundo e suas criaturas, nem Deus pode saber de antemão o que as entidades farão com sua liberdade. Caso contrário, seu poder de autodeterminação seria inautêntico e, até mesmo, ilusório. A evolução, portanto, assumirá uma aparência desajeitada, uma vez que é baseada, em grande parte, no processo de tentativa e erro realizado pelas entidades envolvidas. Todavia, a evolução também será diferente da abordagem tradicional, no sentido de que Deus está envolvido em cada evento, porque nenhuma entidade está livre da influência divina. Isso significa que a evolução não é aleatória e confusa, mas pode assumir uma compleição orientada por Deus. A causação formal e final pode ser, então, reafirmada, uma vez que Deus tem um ideal em mente, que a divindade tenta promover, e tanto Deus como as entidades têm seus próprios alvos, fins, metas e propósitos, que esperam conseguir levar à fruição.

Mas o ponto principal aqui é que, dentro de um arcabouço whiteheadiano, Deus não somente trabalha com o processo evolutivo, como é intrínseco a ele. Deus faz parte exatamente do mesmo processo: a natureza faz parte do conteúdo divino. O Deus processivo é naturalístico e, desse modo, também encontra a evolução. A evolução e Deus, portanto, podem muito bem estar dentro das zonas de comodidade um do outro. O que resta a ser visto é a extensão com que o mundo pode ser descrito como o produto de um projeto consciente.

COMO TUDO SE DESENVOLVEU: OS ANOS SEGUINTES

Deus como projetista?

A evolução, realmente, parece apresentar algum tipo de direcionalidade, no sentido de que parece haver um movimento natural dos elementos mais simples para as estruturas mais complexas, capazes de exibir vida. O desenvolvimento da física conduz às galáxias; o desenrolar da química leva às atmosferas, aos oceanos e à crosta terrestre; o movimento da biologia dirige-se para as paredes celulares e as membranas; tudo isso é sugestivo de um impulso embutido no Universo destinado a eventualmente produzir os evolucionismos. O nosso mundo representa pelo menos um episódio da "biologização" do Universo, embora, no presente, ainda haja garantias insuficientes para declarar que tal Universo seja tipicamente um gerador de vida, já que a vida tanto pode estar amplamente espalhada ao longo dele, como não estar.

A superfície da Terra, separada de um lado por água e/ou atmosfera, e, do outro, pela sua crosta, parece ser o ponto onde se pode estabelecer uma fronteira, usando-se as designações químicas padronizadas, entre os níveis de existência orgânico e inorgânico. Foi aqui que surgiram as formas de vida que desfrutam não somente de cognição, como também de consciência. O Universo é, agora, auto-reflexivo. Alguns pesquisadores interpretam esse conjunto de circunstâncias como indicativo de um plano em funcionamento e de um planejador por trás dele. Tal arquiteto, segundo se alega, também é um engenheiro, que tanto possui uma agenda como trabalha para sua realização. Alguns podem chegar a supor que a culminação dos procedimentos foi alcançada com a chegada dos seres humanos. Aqueles que estão convencidos de que a situação revela a presença de um projetista costumam referir-se a "isso" como "Deus". O exercício filosófico que vai da complexidade das coisas observadas até a consideração sobre a existência de um projetista responsável por tudo isso é conhecido como o argumento teleológico da existência de Deus. Além disso, a noção antropocêntrica de que o Universo foi construído como afinal de contas acreditavam os antropólogos é chamada "princípio antrópico", ao qual já fomos apresentados anteriormente.

Dada a presença de materiais orgânicos em nebulosas, cometas, asteróides e outros objetos astronômicos, alguns dos quais depositam seus conteúdos

99

como sementes na Terra receptiva, torna-se difícil descartar a idéia de que o Universo manufatura biomacromoléculas e, como produto final, formas de vida. Poderíamos até nos sentir provocados a detectar aqui uma conspiração entre a física e a química na produção dos materiais necessários e das condições adequadas para a biologia. Mas que a biologia devesse eventualmente "fabricar humanos" é uma questão completamente diferente. A primeira poderia ser considerada como autodirigida, mas e a segunda? Alguns poderão alegar que, tão logo a vida tenha aparecido, tornou-se inevitável o surgimento de vida inteligente. Mas será que podemos ter tanta confiança nisso?

O maior grau de poder a que a matéria inorgânica aspira é a possibilidade de auto-replicação dos cristais, como os da sílica, que forma a parte preponderante da argila. Isso, todavia, não produz variações, mas simplesmente indivíduos do mesmo tipo. O nível seguinte dessa façanha é a reprodução e, nela, é que a seleção natural entra nos cálculos. Como já foi mencionado, as moléculas orgânicas necessárias para produzir a vida, como nós a conhecemos, povoam as nebulosas e os detritos do espaço interestelar. Essas moléculas vêm à superfície durante o curso ordinário dos eventos cósmicos, e as etapas que conduzem à sua aparição, assim como sua chegada à superfície da Terra, podem ser calculadas com alguma precisão. Mas o princípio antrópico oferece uma nuança diferente a ser levada em conta. Não é suficiente, para quem advoga essa concepção, anunciar que a Terra é uma estufa biológica. Também preconizam que o surgimento das primeiras formas de vida até o dos seres humanos já estava incluído nas cartas cósmicas. A única questão ainda em aberto é qual planeta ou quais planetas são indicados como seus hospedeiros.

Os argumentos teleológicos não são recentes – de fato, têm uma longa história –, mas as assertivas de que existe um propósito cósmico experimentaram um novo alento com os avanços da cosmologia. O delicado equilíbrio das constantes universais, tais como a gravidade, as cargas elétricas e assim por diante, é combinado de tal modo a tornar a vida possível e isso impulsiona certos pesquisadores a manterem a convicção de que alguém ou alguma coisa deve estar por trás disso tudo. Se qualquer um desses fatores fosse perturbado, o mínimo que fosse, então os astrofísicos não estariam por aqui para fazer comentários a respeito dos resultados disso. Aqueles que fazem uma leitura antrópica da história cósmica propõem que o Universo, ou, se somos inclinados a acreditar, tudo aquilo que existe por trás ou para além dele sabia o tempo todo que, em determinado estágio, vida inteligente e autoconsciente de alguma forma acabaria por surgir. Tais noções alimentam em muitos pensadores a idéia de que, ou o próprio Universo, ou quem ou seja lá o que for responsável por ele tinha desde sempre o *Homo sapiens* em sua agenda.

De acordo com a avaliação do falecido paleontólogo e professor de Harvard, Stephen Jay Gould:

> A falácia central desse argumento apresentado como novo, mas historicamente já roído de traças, se encontra na natureza da própria história. Qualquer resultado histórico complexo – a vida inteligente sobre a Terra, por exemplo – representa um sumário de improbabilidades e se torna, desse modo, absurdamente improvável. Mas alguma coisa tem de acontecer, mesmo que essa "alguma coisa" em particular possa nos estarrecer por sua improbabilidade. Poderíamos olhar para qualquer resultado e dizer: "Mas isso não é espantoso? Se as leis da natureza tivessem sido estabelecidas só um pouquinho diferentes, nós não teríamos absolutamente esse tipo de Universo" (Gould, 1985: 395).

Esse é um dos problemas que afetam toda argumentação sobre qualquer fato – quando se acredita que o próprio fato, pelo simples motivo de existir, indica uma razão para que ele exista. Todavia, pode não haver tal garantia. Os fatos podem sugerir um propósito, mas podem, igualmente, não necessitar de um. O propósito é uma interpretação da vida em toda a sua complexidade, não é um pré-requisito lógico.

Nem a complexidade das funções presentes tornam obrigatória a existência de um propósito ou desígnio. As leis naturais não revelam tal intento. Citando Gould novamente:

> A falácia de inferir uma origem histórica das utilidades presentes é mais bem expressa pela observação de que muitas estruturas biológicas, senão a maioria, são cooptadas de usos prévios, e não projetadas para as operações atuais. As pernas já foram barbatanas; os ossículos do ouvido interno

DEUS E A NOVA METAFÍSICA

(dos humanos) já foram ossos mandibulares (nos répteis) e os ossos maxilares eram os arcos das guelras (nos peixes); as asas incipientes poderiam não servir para voar, mas funcionar como termorreguladores (Gould, 1987b: 48).

O propósito, nesses casos, salienta a natureza fortuita do que é presentemente apropriado, à luz de suas utilidades anteriores. Se o propósito não parece útil nos estágios, então o propósito não possui relevância entre a origem e o produto final. E, se as variações não são adaptativas durante a rota, então elas não sobreviverão até o produto final. Assim, se os humanos são o produto final antecipado de um processo dirigido, então o propósito deveria achar-se evidente durante todo o caminho para que fôssemos capazes de falar de um propósito no presente. Se isso fosse verdadeiro, então até mesmo as pedras de passagem seriam valiosas, tanto em termos do presente, como retrospectivamente.

Os proponentes do princípio antrópico terão de decidir em qual ponto ou pontos o propósito se acha iluminado. Se ocorrer em locais múltiplos, então o propósito se torna periódico, mas é certo que nunca seja quebrado? Quanto mais curto o intervalo entre os pontos propositais, tanto menor o incremento morfológico da última fase, com exceção dos intermitentes "saltos". Isso poderia tornar os humanos somente mais um estágio proposital no caminho de qualquer outra coisa. Se for assim, então o princípio antrópico trairá um caráter "tentativo" e vai necessitar de nova denominação. De qualquer jeito, pensar em termos de propósito como não sendo realmente evidente até o surgimento dos seres humanos é negligenciar as exemplificações de propósitos igualmente importantes que teriam eventualmente conduzido ao aparecimento dos seres humanos. O propósito final requer um propósito ao longo do caminho.

Relacionado com esse tema teleológico está o tópico do progresso. Segundo se afirma, a evolução corporifica um movimento progressivo em direção a formas biológicas cada vez mais elevadas. Considera-se que as etapas procedam das mais simples para as mais complexas; do mesmo modo que os graus de uma escada aumentam progressivamente em elevação, também a biologia assume estruturas cada vez mais elevadas. O problema com essa interpretação é que a vida seria mais precisamente representada como um arbusto com um número enorme de galhos (Gould, 1987b: 211), e "não como uma rodovia" que conduzisse a "uma única chegada" (Gould, 1996: 21). Há uma enormidade de resultados presentes nas linhagens em evolução, que conjuntamente descrevem uma explosão de formas, e não um único contínuo ordenado. "Cada linhagem constitui uma série de curiosos acidentes de percurso, com longos períodos de estabilidade (ou numerosas variantes de desenhos básicos)" (Gould, 1987b: 211). A idéia de que os seres humanos, descrevendo somente uma linhagem entre milhões, ocupam a posição de pináculo das formas biológicas envolve o princípio antrópico em uma presunçosa luz antropocêntrica. Os seres humanos gozam de um conjunto de variações, diferentes, mas contínuas, de suas formas ancestrais prévias, que sobreviveram durante algum tempo e agora se incorporaram como adaptativas. E se algumas mudanças ambientais e variações adaptativas bemsucedidas podem ser previsíveis, o surgimento de mutações que dão origem a variações específicas não o é. As variações não progridem; elas meramente alteram. Não existe um julgamento de valor de progresso implícito nesse movimento aleatório, coisa que o próprio Darwin admitiu.

Inegavelmente, os seres humanos são mais sofisticados do que as bactérias que lhe deram origem. Todavia, "a Terra permanece coalhada de bactérias e, entre os organismos multicelulares, sem a menor dúvida, os dominantes são os insetos. [...] Se o progresso é tão patentemente óbvio", retorquiu Gould, "como podemos entender o fato de as formigas estragarem nossos piqueniques ou de as bactérias ceifarem nossas vidas?" (Gould, 1996: 145). As bactérias são supremamente adaptáveis e conquistaram nichos em que se acham firmemente entrincheiradas. Bilhões de anos de competição não as expulsaram de sua posição duradoura de ubiqüidade, nem elas demonstraram grande quantidade de modificações desde seu surgimento. Qualquer julgamento de que tenha ocorrido algum progresso deve, portanto, "ser construído como uma tendência ampla, geral e mediana (com muitas linhagens estáveis 'deixando de receber a mensagem' e retendo formas relativamente simples [e estáveis] durante milênios)" (Gould, 1996: 21).

Darwin de fato afirmou "o fenômeno do aumento da complexidade", mas com a ressalva de que fosse compreendido como um caso extremo, e não como uma geral "característica dominante na história da maioria das linhagens" (Gould, 1996: 197). Darwin de fato desaprovava o uso do próprio termo "evolução", porque o próprio termo levava à conotação de progresso. A partir da época em que Herbert Spencer, o pai do Darwinismo Social, o popularizou, entretanto, Darwin passou a empregar o termo com uma certa relutância, embora ele somente aparecesse em seu volume *A origem do homem*, em 1871 (Gould, 1996: 137). Suas dúvidas a respeito do termo se centralizavam no fato de que um processo aleatório não possui embutido nenhum mecanismo de avanço. Além disso, e conforme o que foi dito anteriormente, as visões de progresso ligam-se muito mais ao liberalismo britânico do século XIX, clima em que Darwin escreveu sua teoria e no qual muito naturalmente tinha suas próprias raízes, do que como um desenvolvimento de sua teoria da evolução.

Se essas reservas a respeito da noção de progresso forem justificadas, então o que nos sobra? Se não existe progresso, então não pode haver *anthropos* (humano) como *telos* (produto, alvo, meta ou resultado final). Se não há *telos*, então não há propósito; se não existe propósito, então não existe desígnio; e, sem desígnio, isto é, sem um projeto, não temos lugar para um projetista. Ou tais afirmações são apressadas demais? Ainda podemos encontrar Deus como parte do quadro?

Se uma das funções que Deus exerce, ou se uma de suas funções é a de projetista, então existem todas as razões para suspeitarmos, de acordo com a conclusão a que chegou Voltaire e utilizando a fraseologia de Leibniz, que este não é o melhor de todos os mundos possíveis. Para começar, é bagunçado demais. A história do mundo está atravancada com fracassos e falhas biológicas – organismos malsucedidos espalhados ao longo dos éons na condição, bastante literalmente, de becos sem saída evolutivos. A evolução, tal como geralmente é compreendida, pode ser desculpada por suas táticas de tentativa e erro até acertar, ou mais freqüentemente se enganar na produção de estruturas adaptativas. Mas, se uma divindade tivesse de estar segurando o leme disso tudo, poderíamos, então, questionar o curso que havia sido traçado anteriormente. A fim de parafrasear um ideal romântico, será realmente melhor ter vivido e perdido a vida do que jamais ter vivido em absoluto?

Se existe um projeto e a evolução é seu método, então pode ser levantada a objeção de que simplesmente existe lixo evolutivo demais, devido à extinção de espécies que foram sendo lançadas à beira da estrada do programa evolucionário. Se essa é a maneira como Deus pretende que o mundo seja gerenciado, pelo menos até o ponto atual, então o mínimo que poderíamos dizer é que Deus tolera o desperdício. Como escreveu James Hutton, um geólogo do século XVIII, "o sistema desta Terra ou foi intencionalmente criado de forma imperfeita ou não foi a obra de um poder e sabedoria infinitos" (Gould, 1987a: 78). Ele se referia a forças geológicas, mas seus sentimentos também poderiam ser aplicados ao projeto. Gould imaginou duas opções, com base em sua leitura de Hutton: "se as coisas melhoram com o tempo, então a máquina do mundo não foi fabricada de maneira perfeita, mas se declinam, então é a Terra que não é perfeita agora" (Gould, 1987a: 85).

A perfeição, entretanto, poderia ser uma categoria filosófica segundo a qual nem Deus nem o mundo são forçados a viver. O conceito da perfeição divina foi importado do pensamento grego da Antiguidade para a teologia medieval. Não obstante, o mundo contém, de fato, elementos destrutivos, tais como as grandes glaciações, as idades do gelo, o que nos poderia levar a concluir que tais impedimentos naturais injuriosos resultam num mundo prejudicial à longevidade dos organismos que nele habitam. Discutiremos um pouco mais sobre isso no próximo capítulo. Neste ponto, a questão pode ainda ser levantada sobre se o nosso mundo corresponderia àquele projetado por Deus.

Um processo alternativo, que segue a tradição de Whitehead, oferece-nos uma alternativa que põe em dúvida as representações clássicas dos atributos divinos. Começa concordando que Deus é bom, mas rejeita o ponto de vista de que Ele seja todo-poderoso. Charles Hartshorne (1897-2000), uma outra figura proeminente do pensamento processivo, se referiu ao último atributo como um erro teológico. Uma compreensão clássica também é distinta de uma abordagem quenótica, segundo a qual Deus coloca uma limitação sobre Seu próprio poder, permitindo, assim, que o mundo, pelo menos em parte, escolha seu próprio caminho. Nesse caso, Deus teria a habilidade de navegar segundo um curso diferente, mas decide não agir desse modo. Na estratégia processiva, diferentemente das outras duas, Deus não possui a capacidade inerente de implementar um plano sem o auxílio de suas criaturas. A falha óbvia de tal sistema é que não há garantia, nem de que o curso de ação ideal venha a ser adotado, ou de que o método de Deus seja a melhor maneira de se chegar lá.

DEUS E A NOVA METAFÍSICA

Para o pensamento processivo, os mundos físico e químico são, em grande parte, determinados, embora não totalmente, ao passo que a biologia não o é. As formas de vida exibem autodeterminação, enquanto os mundos da física e da química são extremamente [mas não completamente] limitados a esse respeito e se acham sujeitos muito mais a repetir o seu passado do que os organismos mais elevados. A física e a química são em grande grau previsíveis; a biologia, nem tanto. As formas biológicas podem exercer muito mais liberdade do que as físicas ou químicas, mas essa liberdade é relativa, não radical, nem absoluta. Isso faz com que o "Deus" de Whitehead não seja nem um projetista, nem um diretor de eventos, como foi tomado ao longo da história. Todavia, essa divindade indubitavelmente tem um propósito, muito embora não possa torná-lo real unilateralmente. O Deus processivo tem poder limitado para realizar os objetivos divinos.

Além do propósito, precisamos analisar o progresso segundo o ponto de vista processivo, uma vez que Deus incita as entidades a realizarem o ideal divino para elas. Esse Deus deseja que cada entidade experimente uma elevação de intensidade, de acordo com aquilo pelo qual tem capacidade de lutar e integrar em si mesmo. A esperança é a de que isso nos conduza a uma maximização do valor e das expressões criativas que dariam entrada à novidade. O fato de que esses propósitos de Deus sejam aceitos algumas vezes significa que o mundo, com efeito, encontra um progresso evolutivo.

No sentido evolucionista, Deus provoca a emergência de novas formas por meio de variações, na esperança de que essas estruturas perpetuem os avanços criativos para novidades ulteriores. Quanto maior a habilidade de capturar o significado e responder ao ambiente, tanto maior o poder de autodeterminação e, por sua vez, tanto maior o potencial para a novidade. Os ciclos de novas variações conducentes a maiores respostas ao ambiente e, depois, a outras novas variações descrevem um movimento processivo que assume o formato de uma espiral ascendente. Todavia, não existe um alvo específico, seja final, seja temporário, não em termos de imaginar uma forma final como o *Homo sapiens sapiens*. Ao mesmo tempo, a seleção natural não ocorre de forma aleatória, porque o Deus processivo tem interesses investidos em certos resultados e não a outros. A despeito disso, uma vez que a Natureza faz parte de Deus, implicando que Deus é parcialmente natural, a seleção natural, ainda que influenciada por Deus, permanece

106

natural em seu padrão básico. Deus é um selecionador natural, porém não é um executor.

O que a descrição acima significa é que a evolução não é darwiniana, porque o sistema processivo envolve o potencial de sedução dos alvos iniciais de Deus apresentados aos momentos de experiências. Deus propõe e a entidade dispõe, mas Deus nunca teve em mente um *anthropos* como seu produto final preciso. Em vez disso, Deus espera que as ocasiões eventualmente adquiram consciência de alguma forma. Agora que isso de fato ocorreu, algumas entidades se encontram em posição de avaliar se a visão processiva do mundo, a despeito de seus defeitos, é a solução mais precisa para os mistérios que o cosmo nos apresenta.

Resumindo: 1) o progresso não é inerente ao programa darwiniano, mas um conceito que foi importado de fora para esse sistema; 2) se a tradicional divindade é tida como um projetista com um propósito, então a criação contém falhas que causam má impressão sobre as habilidades arquitetônicas e de engenharia dessa deidade; 3) o Deus clássico pode ter tido em vista os humanos como um produto final da criação, mas Seus métodos causam desperdícios desnecessários; e 4) dadas as alternativas presentes, somente o modelo processivo pode explicar adequadamente o progresso e o propósito.

Qual é o propósito?

Um movimento perceptível devotado ao reavivamento do tipo de argumento teleológico a que nos referimos acima persiste. A abordagem conhecida como "teologia natural", na qual o mundo que a ciência investiga é usado como evidência para substanciar afirmações de que uma divindade existe, incorpora formas cosmológicas e teleológicas da argumentação oferecida no passado por pensadores notáveis, como Tomás de Aquino e William Paley. Expoentes que defendem esse ponto de vista afirmam que as complexidades da criação são indicativas de um desígnio proposital e que apontam para a existência de um Criador.

DEUS E A NOVA METAFÍSICA

Como foi anteriormente esboçado, as forças da Natureza e suas constantes universais, como a velocidade da luz no vácuo, a energia e as massas em equilíbrio do próton, do nêutron e do elétron, a unidade elementar de carga elétrica e a constante gravitacional encontram-se todas em um delicado equilíbrio. O menor desvio desses parâmetros físicos teria resultado num universo inteiramente inabitável. Para algumas pessoas que se dedicam à reflexão, as etapas que conduzem a um cosmo povoado por criaturas vivas são tão espantosamente fortuitas que pareceria até perverso descrever o efeito cumulativo desses eventos como mero produto de coincidências. Em vez disso, o Universo deve conter alguma propriedade ou (permitam-me cunhar um termo) uma "antropogenia" – a tendência para que os humanos acabassem por surgir em cena. O mundo, seria a sugestão deles, foi confeccionado de tal maneira que organismos portadores de autoconsciência, mais cedo ou mais tarde, porém inevitavelmente, acabariam por surgir. Declarar, todavia, que essa faculdade deveria vir na forma do *Homo sapiens sapiens* é o cúmulo da presunção e, portanto, evitarei fazer essa última afirmação.

Todavia, existem versões não teísticas da afirmação antrópica, e Barrow & Tipler mencionaram algumas delas. A diferença entre os dois campos é que a variedade teísta apresenta um projetista que tinha o gênero humano em mente desde o começo e, desse modo, deliberadamente projetou o cosmo para se desenvolver de acordo com essa intenção, enquanto os não teístas atribuem as coincidências às propriedades inerentes a um Universo fértil. As linhas do debate podem então ser traçadas ao longo da divisão sobre quais processos naturais deveriam ser interpretados como portadores de um propósito e quais deles poderiam, com plena segurança, ser atribuídos a fontes mecânicas ordinárias e, portanto, despidas de propósito.

Existe uma grande quantidade de fatores que exigiriam reflexão do homem, e que fazem parte não somente do mundo biológico, como também dependem dos mundos físico e químico. Especificamente, a história da vida neste planeta está repleta de extinções de espécies que não conseguiram mais se adaptar às condições modificadas. A morte não é só o destino dos indivíduos, mas também de todas as populações e espécies. As vantagens de adaptação acabam por expirar. Muitas espécies de mamíferos podem esperar permanecer por aqui por mais uns 5 ou 10 milhões de anos antes de dar lugar a outras espécies portadoras de variações mais adaptadas.

COMO TUDO SE DESENVOLVEU: OS ANOS SEGUINTES

Se as estimativas são acuradas, já se passaram cerca de 5 milhões de anos desde que o mais antigo hominídeo, conhecido como o gênero *Australopithecus*, teve seu tempo de florescimento (Gould, 1980: 266). Quanto à nossa espécie, o *Homo sapiens sapiens* "surgiu há, pelo menos, 50 mil anos e não possuímos o menor farrapo de evidência no sentido de que tenha sofrido qualquer melhoramento genético desde então" (Gould, 1980: 83). "O *Homo sapiens sapiens* anatomicamente moderno evoluiu há apenas 150 mil anos", mas "os avanços reais na [...] arte e na tecnologia da caça ocorreram somente há uns 50 mil anos" (Morris, 1998: 201). E se alguma forma de civilização humana surgiu há, talvez, 40 mil anos, então durou mais ou menos duas mil gerações, sugerindo que é uma experiência que ainda não foi demonstrada. Se isso tudo for correto, então nossa espécie pode ter um longo futuro, mas não existe qualquer garantia disso.

De acordo com os paleontólogos, a Terra testemunhou um certo número de extinções, maior ou menor, durante o processo de ocupação das estruturas orgânicas sobre ela. Duas das principais ocorreram aproximadamente há 225 milhões de anos (a extinção permiana) e há 65 milhões de anos (a cretácea). O último período, que durou cerca de 500 mil anos, em termos geológicos um mero instante – assistiu à extinção dos dinossauros, terminando sua longa campanha sobre a Terra, que durou mais de 100 milhões de anos (Gould, 1983: 338-339, 346). Que a maioria das espécies tenha desaparecido e que nossa própria linhagem tenha sido poupada é altamente improvável. Se a morte dos dinossauros pode ser atribuída à colisão de um objeto extraterrestre com a Terra, então é possível que nós devamos agradecer a ele por ter provocado as condições que permitiram o florescimento de nossa linhagem. Esse é um ponto crucial, porque os fatos biológicos que ocorrem sobre a Terra não são controlados em laboratório, uma vez que há variáveis externas que devem ser tomadas em consideração – esses azares que resultam de se morar em um sistema solar bastante descuidado. Somente os mais bem adaptados podem esperar sobreviver a um ataque extraterrestre de tal magnitude. A evolução não prepara os organismos para contingências futuras. Aqueles que realmente sobreviveram foram os que tiveram mais sorte, coisa de difícil predição (Gould, 1980: 329, 340).

Ainda que um cosmo totalmente vazio de vida pudesse ter sido o resultado de condições iniciais levemente diferentes do Universo, uma vez

DEUS E A NOVA METAFÍSICA

firmemente estabelecido, nosso mundo realmente parece facilitar a presença da vida. As várias formas de vida que, de fato, surgem, prosperam durante algum tempo e, mais tarde, seguem o mesmo caminho que o dodô – a primeira extinção (1681) atribuída aos seres humanos desde que registros biológicos vêm sendo mantidos (Gould, 1980: 281). Mesmo com as constantes universais apropriadas, devidamente instaladas, as probabilidades ainda se acumulam contra os humanos como portadores de consciência. Os humanos e suas formas ancestrais não foram interrompidos em suas trilhas; ao contrário, sua linhagem prosseguiu em frente. Eles foram poupados, não porque gozassem de algumas forças ou propensões inerentes perante, digamos, colisões cósmicas. A extinção é um destino a que todas as espécies eventualmente se submeterão; todavia, descobriu-se que algumas tiveram maior sucesso em adiá-la do que outras. O fato de algumas espécies terem sobrevivido a extinções maciças é devido não somente a alguma capacidade de adaptação, por meio da posse de um conjunto de variações vantajosas; também é uma expressão pura da boa fortuna, o que não é a mesma coisa que condições iniciais delicadamente sintonizadas ou coincidências de constantes favoráveis. Sem dúvida, esse é um caso de pura e total sorte. A emergência das formas humanas é ainda menos provável que a consciência como um resultado evolucionário. Talvez a ordem do mundo pudesse ser mais bem entendida como "psicogênica" – aquela que origina a psicologia, não importa o pacote em que ela esteja incluída.

Se eu fosse um escritor de romances policiais, que pudesse observar a longa sucessão da história evolutiva e notar o desenvolvimento de características intrincadas, tais como o desenvolvimento dos ossículos do ouvido interno a partir dos ossos mandibulares reptilianos, eu seria impelido a concluir que esses órgãos não poderiam ter surgido por sua própria iniciativa, isto é, apenas pela ação das forças e leis naturais que, de fato, nem sabem o que estão fazendo. Com essa negação, quero dizer que elas não conspiram para orquestrar eventos de tal modo a produzirem uma nova forma. A seleção natural não dispõe de tais poderes de clarividência; muito ao contrário, deve ter tido um cúmplice. Eu imaginaria, como pensa um detetive, que essas ocorrências sugerem a presença de um perpetrador, que trabalha de forma premeditada. O Deus processivo poderia ser um candidato excelente para o papel de um tal suspeito. Essa divindade não obriga a realização das coisas, mas apresenta recomendações para o melhor curso de ação a adotar. Tal deidade teria a maior probabilidade de avaliar qual seria a opção ideal.

As suspeitas acima referidas seriam reforçadas em relação ao tópico das extinções. A trilha de morte e de destruição que a seleção natural deixa trás de si não parece ser compatível com uma concepção tradicional de Deus. As camadas geológicas estão apinhadas dos restos de espécies extintas. Agora, se o Deus clássico deve ser entendido como tendo criado uma biosfera que funcionasse harmonicamente, então de onde vêm todas essas extinções? Simplesmente seriam experiências frustradas de Deus? Parece haver duas possibilidades principais: o que ocorre na natureza ou está de acordo com a vontade de Deus ou não está. Na segunda possibilidade, Deus não considera agradável o desperdício das extinções. Na primeira, Deus vê as extinções como um efeito colateral tolerável de um processo que culmina, pelo menos até o ponto presente, com o surgimento dos darwinistas. Na primeira, a natureza é aceita como é, em função do que o futuro promete; na segunda, a natureza sofre a desaprovação de Deus, porque seguidamente conduziu a caminhos que produziram maus resultados.

Se a última possibilidade for verdadeira, então Deus é o autor de uma criação defeituosa e pode, talvez, estar em busca da restauração de uma harmonia perdida. Se a correta é a primeira, então a preocupação real de Deus é o produto final. Deste modo, ou Deus é tolerante com as extinções e procura corrigi-las, algumas vezes até por meio de um gerenciamento humano responsável, ou Deus desenvolveu uma criação que trabalha dentro de limites aceitáveis, não ideais ou ótimos. Se as extinções são encaradas negativamente, então a obra das mãos de Deus precisa ser reparada; se são consideradas como positivas, então Deus mostra pouco interesse pelos fracos, isto é, por aquelas espécies que empobreceram em conseqüência de variações desvantajosas. Ambos os cenários são insatisfatórios.

Uma forma de sair desse impasse é considerar que Deus não é o único autor nem, sequer, o autor principal da história evolucionária. A divindade processiva, mais uma vez contrária à deidade clássica, não molda materiais inanimados e incapazes de sentir para transformá-los em criaturas responsivas. Em vez disso, o "Deus" de Whitehead seduz um cosmo já relacional a lhe dar as respostas ideais. O fato de que as entidades podem responder de formas diferentes do ideal deixa a porta aberta para o desastre. A calamidade conhecida como extinção pode tombar sobre tais criaturas.

Dentro da visão processiva, esse é o preço a ser pago pelo potencial de maximizar o valor, aumentar a intensidade e avançar na novidade. A estratégia processiva corre o risco de causar desperdícios, mas não é desnecessária; ao contrário, é avaliada por Deus como sendo um risco aceitável a correr. O método whiteheadiano honra as criaturas, salvaguardando seus poderes autodeterminativos (ainda que limitados). Uma vez que as entidades do processo se relacionariam e responderiam, esse esquema se acha equipado para explicar o infeliz surgimento das extinções. Segundo esse ponto de vista, a natureza não é defeituosa, mas sim o fruto das respostas das criaturas aos chamados evolucionários de Deus.

Conforme mencionado, o pensamento processivo de Whitehead não descreve uma situação darwiniana, porque a Natureza propriamente não seleciona; ao contrário, é uma arena em que negócios são realizados. Os negócios conduzidos pelas entidades são a avaliação da conformidade dos alvos divinos com seus próprios e a integração daquilo que podem aplicar dos ideais de Deus em seu próprio "tornar-se". Deus apresenta ideais para que as entidades entendam e aceitem, e, então, elas agarram a versão pretendida para seu futuro tanto quanto forem capazes. A outra tarefa que Deus realiza é provavelmente a geração da novidade, na forma de mutações no mundo quântico dos pares básicos de DNA, produzindo, desse modo, variações (embora alguns pudessem objetar que tal tática nos apresenta uma deidade intervencionista e, portanto, coerciva e anti-whiteheadiana). Caso isso se demonstre vantajoso, os organismos portadores dessas variações adaptativas podem ter sucesso em sua conquista de uma fatia da torta territorial, ou seja, um nicho ecológico, como costumam chamar. O quadro darwiniano da história natural nem é dirigido, nem progressivo. Isso é contrário aos pontos de vista de Whitehead, tanto com relação a Deus como a outras entidades, cada uma delas parte da Natureza, que dirigem seus próprios esforços e, pelo menos em parte, determinam seus próprios destinos. Tanto Deus como as entidades têm propósito e desígnio em seus próprios resultados. A insistência de Deus, então, constitui uma direção desejada para a evolução e, se for aceita, conduz ao progresso. Desse modo, Whitehead nos forneceu aquilo que Darwin não nos pôde dar.

COMO TUDO SE DESENVOLVEU: OS ANOS SEGUINTES

A próxima etapa de nossa jornada nos permitirá contemplar os diferentes papéis dos processos evolutivos e como eles nos deixaram no ponto em que vemos o mundo hoje, em que nós mesmos nos encontramos. Isso também marcará uma mudança em nosso método: da mera apresentação desses pontos de vista, para a abrangência de uma maior ênfase na interação com eles e, em última análise, uma crítica mesma dessas perspectivas. Os autores cujas propostas serão investigadas são, em ordem, Stephen Jay Gould, James Lovelock, Rupert Sheldrake, Robert O. Becker e Pierre Teilhard de Chardin.

CAPÍTULO 5

Fizemos Algum Progresso?

Os usuários de mapas pertencem a, pelo menos, duas categorias. Uns entendem que as abordagens tradicionais são a única forma de percorrer a distância entre dois pontos. Rotas diferentes podem ser escolhidas, mas todas estão contidas dentro do mapa que já foi cartografado. Um novo trajeto torna-se, então, simplesmente um rearranjo ou um novo roteamento do antigo.

Outros consultam os mapas meramente como um guia para caminhos que foram palmilhados no passado. Mas, se julgam que uma rota melhor pode ser adotada, em detrimento das rotas já traçadas, então o novo caminho será genuinamente novo. Minha suspeita é que os caminhos mais antigos já se exauriram. A novidade somente pode vir à superfície caso se empregue um mapa diferente. Agora, isso não implica que o novo caminho será sem perigos ou dificuldades. Suponho que as novas trilhas também terão de ser progressivamente estudadas e aparelhadas.

As alternativas a serem introduzidas aqui, subseqüentes à primeira, não são absolutamente consideradas pela ciência tradicional como firmemente estabelecidas. Estão, se é que aparecem, na periferia daquilo que é proclamado como sendo ciência legítima. Todavia, ainda que possa haver segurança nos números, estou persuadido de que a opinião da maioria nem sempre reflete a posição mais acurada. Chegarmos aos extremos de um mapa convencional indica potencialmente que os limites traçados por ele podem ser beneficiados por uma certa expansão. Iremos considerar se tal extensão é justificável nos exemplos que serão incluídos a seguir.

Stephen Jay Gould

Para sermos honestos, a biologia evolutiva continua a ser um empreendimento especulativo. A evidência de que ocorre a evolução não está, em geral, aberta à observação no sentido científico mais estrito. Esse ponto de vista é corroborado pelo biólogo Lyall Watson (nascido em 1939):

> Nem uma só vez na história da biologia qualquer investigador teve oportunidade de verificar a simples diferenciação de uma espécie a partir de outra. Assim, o pressuposto mais básico da evolução, ou seja, a existência das próprias mudanças específicas, permanece ainda uma construção teórica. Tudo o que fomos capazes de fazer até agora foi observar mutações dentro de uma espécie e presumir que é esse o mecanismo que poderia ser responsável pelo desenvolvimento de organismos vivos a partir dos espécimes dos registros dos fósseis, que parecem suficientemente assemelhados aos atuais para serem seus possíveis ancestrais (Watson, 1980: 189).

Não obstante, isso não deprecia a teoria da evolução, em sua condição de teoria metodologicamente produtiva e capaz de demonstrar grande poder explicativo. O fato de ela ainda ser especulativa significa que não possui um monopólio de todas as possíveis interpretações da história das formas de vida sobre a Terra. Vamos determinar, a seguir, se existe espaço para quaisquer abordagens competitivas.

Permanecemos ainda no tópico da direcionalidade e nele permaneceremos na maior parte de nosso estudo. Stephen Jay Gould foi um autor que se opôs a quaisquer noções de projeto ou de progresso dentro do esquema evolutivo, ainda que, quando baixava a guarda, sofresse lapsos de uma leve aquiescência, ao mesmo tempo em que professava que "a vida surgira há pelo menos 3,5 bilhões de anos, praticamente assim que a Terra se tornou fria o bastante para permitir a estabilidade de seus principais componentes químicos". Gould também declarou, entre parênteses, que ele não defendia uma posição em que o início da vida derivasse de um "evento aleatório ou imprevisível". Em vez disso, segundo sua maneira de ver as coisas, "dada a composição da atmosfera e dos oceanos primitivos, a origem da vida era uma necessidade química" (Gould, 1989: 309). Não importando a maneira como ela se desenvolveu, a mão de cartas que foi dada a nosso mundo no jogo da criação incluía a vida, e ela já se achava contida nas cartas químicas. Diferindo de Gould, entretanto, quer aprovemos ou não seu posicionamento, a emergência da vida como inevitável em si mesma implica uma direção para os acontecimentos.

Gould retornou à sua principal tese biológica e enfatizou que os organismos não foram projetados para seus ambientes, mas que as variações adaptativas de que gozavam, muitas vezes contrárias às necessidades químicas, ocorreram ao acaso. O fato de as mutações conduzirem a formas benéficas é aleatório, e as vantagens dentro de um conjunto de circunstâncias ou em determinado ponto geográfico podem muito bem se transformar em desvantagens em um outro lugar. Além disso, os organismos mais bem adaptados para uma função em particular podem não estar totalmente adequados, havendo espaço para melhorias. Isso significa que eles podem carregar em seu potencial genético traços à primeira vista redundantes, mas que apresentam "uma amplitude para outros usos potenciais em virtude de sua própria estrutura – como todos nós descobrimos ao utilizarmos uma moeda como chave de fenda, um cartão de crédito para destrancar uma porta ou um cabide de roupa de metal para arrombar o nosso próprio carro quando ficou trancado com as chaves dentro" (Gould, 1993: 118). A diferença óbvia, é claro, é que moedas, cartões de crédito e cabides não adquiriram as formas que possuem por imposição da herança genética. São produtos do engenho humano que, por acaso, segundo a intenção de Gould, podem apresentar múltiplos usos.

DEUS E A NOVA METAFÍSICA

Em oposição à doutrina da fixidez das espécies formadas por um alegado criador, viria de fato, em detrimento das espécies, a de que os organismos estariam sintonizados totalmente ao ambiente, uma vez que os ambientes mudam. Se as formas biológicas não se alterassem suficientemente à medida que as circunstâncias fossem mudando, então se extinguiriam rapidamente. São as mutações que permitem as variações que a seleção natural, de uma forma mais determinista, filtra por seu crivo ou deixa passar pela sua peneira. Esse processo pode suprir os ajustamentos requeridos para uma modificação de estilo de vida mais adaptado ao conjunto ambiental (Gould, 1993: 120). O ponto importante a salientar aqui é que a seleção natural não manufatura formas adaptativas maximamente adequadas para o ambiente em que foram colocadas. Em oposição à proposta de um desígnio, Gould citou um exemplo no corpo humano, em que "as hérnias e as dores na parte inferior das costas são o preço que pagamos por caminhar em pé com corpos que evoluíram para a vida como quadrúpedes e que não foram redesenhados da melhor forma possível" (Gould, 1993: 369).

Outro ponto salientado por Gould envolve aquilo que ele percebeu como sendo outro conceito errôneo a respeito da evolução. Ele recordou a velha analogia dos macacos, batucando à vontade em teclados de escrever, com a maneira randômica segundo a qual a mente popular percebe a maneira operativa da evolução. Segundo se afirma, em longo prazo, devido ao imenso número de combinações que acabam emergindo, seus esforços acabarão, em última análise, por produzir uma obra análoga às de Shakespeare. Gould manteve esse ponto de vista como incorreto, porque jamais chegaríamos a esse resultado final se tivéssemos de recomeçar "cada tentativa a partir do zero. Mas, se pudéssemos conservar as letras que, por simples acidente, surgissem nos lugares corretos, e começar cada nova tentativa com essas letras corretas já no lugar certo, eventualmente iríamos conseguir" um produto que o próprio bardo seria capaz de reconhecer (Gould, 1987: 213, n. 1). O problema com essa estratégia, no entanto, é a maneira como determinar e nos certificar, no meio desse empreendimento confuso, quais as letras certas – quais iremos reter e quais descartaremos –, a não ser que já tenhamos um padrão anterior, segundo o qual fazemos um julgamento. A posse do referido padrão, naturalmente, eliminaria qualquer necessidade de continuarmos a trabalhar em tal projeto. No caso de tal conhecimento

118

poder ser obtido, então o ponto final do processo de desenvolvimento evolucionista pareceria ter chegado, no final das contas. Se os macacos tivessem sido capazes de armazenar e recuperar suas sucessivas tentativas quando deles isso fosse exigido, então essa "correção" implicaria um alvo; portanto, a linguagem da direcionalidade poderia ser aplicada justificadamente ao processo inteiro. Tomar essa analogia para aprovar tais idéias é o mesmo que reafirmar a noção do propósito e julgar em que ponto o trabalho em progresso dos primatas se aproxima de uma versão final. Não somente é problemático o acesso a esse tipo de conhecimento – porque alcançá-lo parece estar além das capacidades humanas – como também ele constituiria, para grande desgosto de Gould, um relatório de progresso.

Mais tarde, Gould devotou um volume inteiro à descrição de suas dúvidas a respeito do progresso em função da evolução. Ele reiterou temas prévios, declarando que o mecanismo da seleção natural é insuficiente, uma vez que leva um tempo muito longo para produzir adaptações; indireto, porque age sobre a matéria-prima da evolução, especificamente as variações, sem fornecê-las diretamente, mas trabalhando com aquilo que lhe foi fornecido; e negativo, no sentido de que elimina e "remove os mal adaptados, sem que construa ativamente uma versão melhorada" (Gould, 1996: 221). Segundo sua análise:

> A evolução darwiniana [...] é uma história de proliferação contínua e irreversível. Assim que uma espécie (definida por sua inabilidade em reproduzir-se com membros de qualquer outra espécie) se torna separada de sua linha ancestral, permanece distinta para sempre. As espécies não se juntam, nem se amalgamam umas com as outras, [...] porque não podem fisicamente se reunir e compor uma unidade reprodutiva única. A evolução natural é um processo de separação e distinção constantes.

Gould não negou que a complexidade das formas biológicas vem crescendo ao longo da história evolutiva, mas afirmou que isso ocorria apenas "em um sentido restrito", e não "como uma característica pervagante na história da maioria das linhagens" (Gould, 1996: 197). Ele, então, se voltou para o beisebol, a fim de reforçar sua próxima argumentação biológica.

Entre os grandes feitos ocorridos nesse esporte, como a série de 56 acertos obtida por Joe DiMaggio no campeonato de 1941, Gould focalizou Ted Williams como o último jogador a obter uma média de rebatidas de 0.400 ou mais em um único campeonato, e isso ocorreu no mesmo ano do recorde de DiMaggio. Desde essa época, o feito jamais foi igualado. Gould atribuiu isso ao seguinte fenômeno: "À medida que os sistemas melhoram" ao longo de longos períodos de tempo, "eles se equilibram e as variações diminuem" (Gould, 1996: 112). Dentro do mesmo sistema, "as variações diminuem regularmente ao longo do tempo" (Gould, 1996: 107), de tal modo que, "quando alguém descobre uma maneira de agir realmente superior", no caso do beisebol, uma média de rebatidas de 0.400, "todos os demais a copiam, e a variação diminui" (Gould, 1996: 114). O melhoramento geral do desempenho em jogo no campo descreve uma espécie de normalização do excepcional. O padrão vai sendo elevado de tal modo que, segundo a análise de Gould, a média se desvia cada vez mais em direção daquilo que antigamente era tido como excepcional (Gould, 1996: 119).

A sua argumentação é convincente, mas imagino se não existem outras maneiras de utilizar as estatísticas do beisebol de modo tal a atingir uma conclusão diferente. Em primeiro lugar, uma tendência das habilidades humanas é uma consideração, mas essa analogia biológica também trabalha com referência às escalas temporais evolucionárias? Talvez o beisebol ou qualquer outro esporte, já que estamos falando disso, não venham sendo praticados entre nós o tempo suficiente para que se possam traçar paralelos evolutivos a partir deles. A evolução, em geral, não é perceptível durante a expectativa de vida de um ser humano, nem, sequer, na estrutura temporal de dois séculos durante os quais o beisebol vem sendo jogado. Em segundo lugar, a diminuição de extremos deveria ter revelado um declínio constante ao longo das décadas desde a invenção do beisebol; todavia, estritamente falando, o caso não é esse. Deveríamos ter visto os melhores desempenhos iniciais, quando as estatísticas do beisebol começaram a ser registradas pela primeira vez. Como se pode garantir que não tenham ocorrido antes da década de 1890? Em terceiro lugar, o raciocínio de Gould se aplica somente aos níveis mais elevados do esporte, a saber, da primeira divisão do beisebol, ou se refere também aos campeonatos inferiores, os times de segunda ou de terceira divisão, conhecidos nos Estados Unidos como times de várzea ou equipes "A" simples, duplo ou triplo? De fato, o conjunto de jogadores profissionais de beisebol é, em si mesmo, um extremo, e não é realmente representativo da população humana inteira. Portanto, será que a natureza realmente opera conforme Gould suspeitava?

Em qualquer caso, por que a marca estabelecida por Williams (e por outros) deveria ser tomada como a analogia evolucionária mais apropriada? Por que não o circuito das bases, por exemplo? O recorde de 60 circuitos de Babe Ruth foi conservado até que Roger Maris o eclipsou, alcançando 61 no campeonato de 1961, ainda que Maris tivesse a vantagem de que o campeonato tivesse sido ampliado para mais oito jogos, depois que a agenda regular da estação se tornara levemente mais longa. Trinta e sete anos mais tarde, esse padrão foi estraçalhado, não por um, mas por dois jogadores, mais ainda, ambos em dois campeonatos seguidos. Mark McGuire atingiu 70 circuitos das bases, em 1998, e 65, em 1999, enquanto Sammy Sosa alcançou 61, em 1998, e 63, em 1999. Barry Bonds, então, ultrapassou todos os dois, estabelecendo um novo padrão com sua marca de 73 *home runs*, em 2002. Sem dúvida, se a marca dos circuitos das bases vem sendo regularmente elevada, isso enfraquece ou não a tese de Gould?

Se a proposta de Gould for correta, então por que as marcas dos circuitos não estariam sendo afetadas de modo similar ao das médias de rebatidas (*batting*)? Ou estarão sendo? Numa tentativa de resolução dessa dúvida, tomei a liberdade de consultar uma enciclopédia do beisebol para verificar quais os líderes de circuitos de bases em cada uma das duas grandes ligas de times – a Liga Nacional e a Liga Americana [cada uma das quais organiza seu próprio campeonato anual]. Decidi começar com a época em que Babe Ruth começou a alcançar fama como o principal corredor em toda a história do beisebol, mais ou menos na altura do final da Primeira Guerra Mundial. Distribuí os números em dois gráficos separados – um para os campeonatos de cada liga – e procurei um padrão. A tendência que percebi na Liga Nacional (NL) foi que a maioria dos principais jogadores de circuitos das bases se encontrava, em geral, posicionada entre vinte e tantos e quarenta e poucos, em termos do número de corridas de circuitos das bases completados por estação [campeonato]. A média, então, pulava mais ou menos dez pontos depois da Segunda Guerra Mundial, posicionando-se entre resultados de trinta e tantos e, aproximadamente, cinqüenta. Isso, naturalmente, cresceu de maneira dramática por volta de 1998, quando um novo recorde foi estabelecido. Já na Liga Americana (AL), o padrão é um tanto mais complexo. Começou bem elevado, devido às atividades de Babe Ruth, mas declinou para seu ponto mais baixo durante a Segunda Guerra Mundial. Atingiu um novo apogeu durante a era de Mickey Mantle e Roger Maris, da metade da década de 1950 até a metade da década de 1960. Outra queda ocorreu nos primeiros cinco anos da década de 1970 e, a partir de então, há uma tendência geral para subir, e a média atual é quase sempre mais elevada (embora se demonstre mais pronunciada na Liga Nacional).

A razão de ser desses dois gráficos se encontra naquilo que eles não exibem, a saber, que existe um decréscimo de qualidade no que se refere à média de rebatidas. A implicação que pode ser retirada a partir desses dados é que, se o circuito das bases fosse considerado o análogo da teoria da evolução, e não a média de rebatidas, então poderíamos ser levados a concluir que a evolução de fato revela um progresso ou, pelo menos, uma tendência geral para subir. Contrariamente à tese de Gould, os melhoramentos da atuação em campo conduzem a novos melhoramentos, talvez até provoquem um aumento de qualidade constante. Ou, talvez, tudo isso não passe de um caso de estatísticas que permitem múltiplas interpretações.

Há um outro autor que também debateu as objeções de Gould com relação à direcionalidade da evolução, muito embora o foco de sua desaprovação fosse um volume anterior de Gould, publicado em 1989. Simon Conway Morris se esforçou para apresentar um relatório diferente do progresso, utilizando o mesmo material de Gould, especialmente o período cambriano, transcorrido há cerca de 530 milhões de anos, e o tipo de vida invertebrada que então florescia. Os dados para essas duas versões competidoras foram obtidos dos restos dessas criaturas encontradas no xisto de Burgess (Burgess Shale). Essa é uma área próxima à cidade de Field, localizada na Colúmbia Britânica, no extremo oeste do Canadá, em que espécimes de fósseis daquele período foram notavelmente preservados. O que Morris considerou digno de nota a respeito deles foi a significativa modificação que ocorreu durante o período cambriano, porque foi esse o período em que os vertebrados começaram a surgir.

Presentemente, a forma de vida animal mais inferior é a esponja, e a forma mais primitiva de vida vertebrada é a lampréia. Morris tomou essa informação a serviço de sua argumentação em torno da direcionalidade. Foi assim que ele se manifestou:

> Não parece ser impossível que a evolução dos animais pudesse ter parado ao nível de organização das esponjas. [...] A partir da época em que os platelmintos apareceram, entretanto, parece que não foi mais possível voltar atrás. A essa altura, a arquitetura genética básica já estava plenamente desenvolvida (Morris, 1998: 153).

Isso significa que uma trajetória geral foi tomada, enquanto outra foi abandonada. Além disso, os animais, caracteristicamente, apresentam simetria bilateral ou um eixo ântero-posterior, do mesmo modo que tecidos nervosos habilitados para "a condução de impulsos nervosos". Com isso em mente, Morris sentiu-se impelido a propor que:

> O aparecimento da célula nervosa deve ser considerado como uma das grandes etapas na história da vida. É assim porque um caminho evolutivo foi, então, aberto em direção ao desenvolvimento dos cérebros, presumivelmente a inteligência e, talvez, a consciência (Morris, 1998: 152).

A implicação é que, uma vez que certos estágios da história evolutiva tenham sido atingidos, a natureza trai o seu compromisso de seguir ao longo de um caminho em particular. Essa rota não pode ser prevista em detalhes, mas o cenário provavelmente já foi montado para uma linha de evolução, em detrimento de outra.

Refletindo sobre essas noções, Morris perguntou: "um caráter aparentemente idêntico presente em dois animais surgiu porque eles compartilham de um ancestral comum ou porque simplesmente o número de opções biológicas possíveis para fornecer uma função é particular e severamente limitado?" (Morris, 1998: 172). Ele sublinhou que ambas as possibilidades poderiam ser aduzidas como fatores:

> Ainda que a [...] evolução das baleias não seja [...] mais provável do que centenas de outras resultantes, a evolução de algum tipo de animal marinho veloz, capaz de peneirar a água do mar [por meio de suas barbatanas]

a fim de obter alimento, é possivelmente muito provável e, talvez, até mesmo inevitável. Embora possa haver um bilhão de sendas potenciais que a evolução pudesse ter seguido após a explosão biológica cambriana, de fato a amplitude real de possibilidades e, a partir dela, o final esperado, parece ser muito mais restrita (Morris, 1998: 202).

Morris ainda sugeriu que a maneira com que um animal se impulsiona através de um meio aquático "somente poderá ser classificada em poucas categorias básicas" (Morris, 1998: 205). Aqui e ali, acrescentou ele, "encontramos evidências de formas biológicas diferentes descobrindo, aparentemente por acaso, as mesmas soluções para o mesmo problema" (Morris, 1998: 204). Esse fenômeno é conhecido como *convergência*, no qual organismos de linhagens diferentes "freqüentemente acabam por se assemelhar uns aos outros" (Morris, 1998: 202).

A linguagem empregada aqui não é a de um processo evolutivo sem sentido, mas, para usar uma analogia com o trânsito, um caminho que se transforma em uma escolha de menos obstáculos, mais fluente, mas que, de fato, leva a algum lugar. Se tomarmos o rumo para algum destino, então nos comprometemos, pelo menos inicialmente, a seguir nessa direção. Desse modo, contrariamente a Gould, mesmo que a seleção natural não gere necessariamente as melhores soluções, as mesmas soluções para o mesmo problema podem ser adotadas por múltiplas espécies. E, a despeito da insistência de Gould no sentido de que a evolução não possui uma direção fixa, realmente parece que, a partir do momento em que certas etapas tenham sido alcançadas, as trajetórias podem ser projetadas com alguma precisão, uma vez que as opções se tornam limitadas. Gould e Morris representam os dois campos principais deste debate, significando que nenhuma dessas interpretações da história evolucionária é a escolha óbvia. Todavia, se Morris estiver correto, então a direcionalidade pode ocorrer em função de um cosmo puramente material, sem qualquer referência a uma divindade. As habilidades inerentes à matéria seriam então refletidas no avanço das formas até um ponto final um tanto previsível, caso as condições adequadas surgissem. Nesse caso, não é necessário fazer nenhum apelo a um "diretor" externo.

O lugar a que agora chegamos marca nosso ponto de partida das abordagens padronizadas à ciência e à religião. Todos os autores cujas pesquisas serão examinadas no restante deste estudo trabalham com um mapa diferente. Cada um deles apresenta uma análise que não opera dentro dos cânones científicos aceitos e, como tal, não defenderam heróis do grupo científico convencional dominante. Seus esforços também ressoam os temas de reencantamento de Berman.

James Lovelock

A pureza da ciência é guardada cada vez mais de perto por uma inquirição auto-imposta, denominada a "opinião dos colegas". (Lovelock, 1988, XIV)

A primeira teoria que vamos investigar aqui é a "Hipótese de Gaia", criada por James Lovelock (nascido em 1919), que objeta à estreiteza de espírito da comunidade científica, manifestada pela maneira como ela filtra a curiosidade e sufoca a inspiração (Lovelock, 1988: XIV). Ele, e outros como ele, acreditavam que somente certas questões e respostas científicas seriam consideradas legítimas, e que isso poderia impedir que a ciência recebesse percepções valiosas de onde não iria normalmente buscá-las. Ele estava agudamente cônscio disso, com relação a seu próprio trabalho, que não é geralmente recebido ou saudado cordialmente. As características principais de suas idéias controversas serão esboçadas a seguir.

Lovelock foi pesquisador da NASA durante algum tempo e, ao estudar a atmosfera de Marte, ficou impressionado com a descoberta de que sua composição se encontrava em um estado permanente de quase equilíbrio. Essa revelação o impulsionou a propor que o funcionamento da atmosfera de qualquer planeta pudesse indicar a morte do astro. Quando a sonda da NASA desceu em Marte, a previsão de Lovelock foi confirmada – naquele momento, Marte se achava desprovido de vida. Lovelock, então, voltou sua atenção para a própria Terra e descobriu que sua atmosfera estava muito longe do equilíbrio. Em resposta a esse duplo achado, ele apresentou a idéia de que a presença de vida em um planeta e a atividade que se origina dela produzem uma situação de perturbação atmosférica ou desequilíbrio. Não apenas isso, mas que cada um dos dois – a vida e seus produtos gasosos – são necessários para a continuação um do outro. A vida afeta o clima que, por sua vez, afeta a geologia. E, para que a vida possa perdurar, necessita de uma atmosfera desequilibrada e vice-versa. Neste caso, um desequilíbrio resulta no equilíbrio correto para a sustentação da vida (Lovelock, 1988: 7l). Até aqui, não existe nada de especialmente contencioso a respeito de suas alegações, mas em breve isso mudaria.

Lovelock raciocinou que, durante a história da vida sobre a Terra, a composição da atmosfera foi-se modificando de acordo com as necessidades, como também com os produtos de excreção dos organismos que nela viviam. O ambiente primitivo mostrava uma predominância de dióxido de carbono útil para as formas de vida conhecidas como microrganismos anaeróbicos. Anaeróbico refere-se às reações químicas que ocorrem na ausência de oxigênio livre. Os anaeróbicos tipicamente também expelem metano como seu produto de excreção. Mais tarde, quando os restos desses anaeróbicos ficaram embutidos no calcário do fundo dos oceanos, por exemplo, os átomos de oxigênio presos ao dióxido de carbono dessas criaturas foram sendo liberados e subiram para a atmosfera, deixando o carbono para trás. O oxigênio atmosférico criou, então, um desequilíbrio diferente do daquele já existente durante a era dos anaeróbicos.

Ainda mais tarde, o ozônio resultante da fusão de três núcleos de oxigênio em uma única molécula começou a formar uma camada protetora ao redor do globo, permitindo que as formas de vida aeróbicas começassem a florescer. O que era anteriormente um santuário em que os anaeróbicos podiam prosperar tornou-se, então, um céu para aeróbicos. Uma atmosfera de dióxido de carbono era um lugar propício para os anaeróbicos, porém, à medida que se processava a mudança para uma maior concentração de oxigênio, os aeróbicos sentiram-se em casa e os anaeróbicos tiveram de retirar-se para os mares e, eventualmente, para as entranhas de animais superiores, onde encontraram ausência do oxigênio livre. O resultado da atividade natural anaeróbica foi a formação de um ambiente hostil a ela, talvez o primeiro exemplo de poluição em nosso planeta. O que é benéfico para alguns é prejudicial para outros.

Esse breve esboço retirado da geoquímica revela substancialmente aquilo que induziu Lovelock a proclamar a idéia da "geofisiologia" como uma base para aquilo que ele chamou de "medicina planetária" (Lovelock, 1988: XVII). A fisiologia se refere aos mecanismos reguladores existentes em qualquer organismo vivo, e Lovelock insistiu que o mesmo poderia aplicar-se à Terra como um todo. Ele afirmou que a atmosfera da Terra era um sistema regulador e denominou-o "Gaia", seguindo o nome grego para a Terra. A ciência convencional, todavia, não se dispõe a aceitar a atmosfera da Terra como um constituinte fisiológico, uma vez que o termo é, em geral, reservado para a biologia, e não para a meteorologia, apesar dos paralelos demonstrados com outras formas de vida.

Em sentido mais grosseiro, os organismos são um saco de produtos químicos rodeados por membranas. De forma correspondente, a atmosfera da Terra se encontra cheia de produtos químicos em forma gasosa, e é cercada por "membranas", tais como a camada de ozônio. Mas a noção de vivacidade da Terra perturba a comunidade científica. Todavia, Lovelock não vacilou em suas convicções: Gaia, segundo ele, tem "desenvolvido os meios para perceber a temperatura [...] de tal forma que a sua produção possa ser mantida no nível correto" (Lovelock, 1979: 25). Tal mecanismo regulador o levou a declarar que "um sistema de controle ativo empreendido pela biosfera, ainda que rudimentar, pode ter sido a primeira indicação de que Gaia já emergiu do complexo de suas partes".

A biosfera é o mundo das coisas vivas, e biota são os organismos que vivem dentro dela. Esses dois elementos, "tomados conjuntamente, fazem parte, mas não compõem a totalidade de Gaia. Do mesmo modo que a concha faz parte de um caramujo, assim as rochas, o ar e os oceanos fazem parte de Gaia" (Lovelock, 1988: 19). Lovelock ficou impressionado com a idéia de que "a atmosfera é um conjunto biológico, e não simplesmente um mero catálogo de gases" e, então, sentiu-se persuadido de que esses gases conformavam "uma mistura tão curiosa e incompatível que não poderia possivelmente ter surgido aleatoriamente ou persistido por acaso" (Lovelock, 1979: 67). Isso o conduziu à proposta de que "a atmosfera ativamente mantém e controla a composição do ar ao nosso redor, de modo a fornecer um ambiente ótimo para a vida terrestre" (Lovelock, 1979: 69). Como tal, Gaia "tem continuidade com o passado, de volta até as origens da vida, e se estende para o futuro enquanto a vida persistir" (Lovelock, 1988: 19). Ele foi ainda mais longe, a ponto de sugerir que, se Gaia fosse uma entidade viva, então todos os organismos vivos constituiriam "partes e sócios de um vasto ser que, em sua integralidade, tem o poder de manter nosso planeta como um hábitat adequado e confortável para a vida" (Lovelock, 1979: 1).

Esse ponto de vista é divergente da ciência dominante, todavia Lovelock continuava a entender a Terra em termos gaianos. A superfície da Terra, por exemplo, seria o resultado "da própria presença da vida. Isso se acha em contraste com a sabedoria convencional, que afirma que a vida é que se adaptou às condições planetárias, e que ambas evoluíram separadamente" (Lovelock, 1979: 152). Não somente sua noção ecológica é oposta à defendida pela ciência contemporânea, como essa oposição pode ser extrapolada para a maior parte da maneira de pensar ocidental moderna. Como Lovelock explicou, "em Gaia, nós somos apenas mais uma espécie, nem os proprietários, nem os guardiões de nosso planeta. Nosso futuro depende muito mais de um relacionamento correto com Gaia do que com os dramas infindáveis dos interesses humanos" (Lovelock, 1988: 14).

Escrever a história da vida sobre a Terra a partir de uma perspectiva ecológica teria de levar em consideração modificações tanto nos organismos como no ambiente. Os fatores que influenciam a habitabilidade do mundo tendem "a induzir a evolução dessas espécies, que podem produzir um ambiente novo e mais confortável" (Lovelock, 1988: 178). Isso implica que, se o planeta for adversamente afetado por nossas atividades, "então existe a probabilidade de uma mudança de regime para outro ambiente que pode ser melhor para a vida, mas não necessariamente melhor para nós". A homeostase – o movimento de um sistema em direção a um estado daquilo que constitui para ele mesmo um equilíbrio e, portanto, um estado de saúde – é a norma, até que alguma coisa perturbe o (des)equilíbrio. Uma condição de des(equilíbrio) permanece até que "uma força cause um salto para um novo estado" (Lovelock, 1988: 13), com ou sem a presença dos seres humanos.

O modelo de Lovelock, assim, também revoluciona a nossa compreensão sobre a poluição, porque, dentro de seu esquema, ela se torna uma conseqüência inevitável do funcionamento da vida.

FIZEMOS ALGUM PROGRESSO?

Um sistema vivo só pode funcionar por meio da excreção de produtos de baixo grau e de energia de baixo grau a serem lançados no ambiente. [...] Para o capim, os escaravelhos e, até mesmo, para os fazendeiros, a bosta das vacas não é poluição, mas um valioso presente. [...] A resposta negativa e desconstrutiva da proibição de formas de poluição por lei parece tão idiota quanto uma legislação que proiba a emissão de bosta pelas vacas (Lovelock, 1979: 27-28).

Para Lovelock, o conceito de poluição é antropocêntrico e, talvez, até irrelevante (Lovelock, 1979: 110). Desde que ele publicou seus trabalhos pela primeira vez, apresentando esse ponto de vista, já moderou um pouco sua posição, mas ainda mantém a idéia de que poluição é uma questão de grau. Seu raciocínio é que certas substâncias que ocorrem naturalmente podem ser qualificadas como poluentes se forem reunidas em concentrações suficientes. Alguns materiais, mesmo benéficos, exibem toxicidade somente em grandes doses, enquanto outros são venenosos em qualquer quantidade. A questão parece centralizar-se na pergunta: "é perigoso a partir da perspectiva de que ou de quem?"

A preocupação por parte de alguns indivíduos poderia ser o bem-estar daqueles que moram naquilo que é chamado de Primeiro Mundo, mas, de acordo com a percepção de Gaia, essa é "uma região claramente dispensável. Foi enterrada sob geleiras ou tornou-se uma tundra gelada não mais que 10 mil anos atrás" (Lovelock, 1988: VII). Quanto à ameaça nuclear, a Terra, ao longo de sua história, foi recoberta pela exposição radioativa produzida pela explosão de estrelas e, até agora, mostra sinais dessa radioatividade. Talvez seja prejudicial para humanos, mas a radiação, "para Gaia, é coisa sem importância". Em oposição ao antropocentrismo, "a Teoria de Gaia força uma perspectiva planetária" (Lovelock, 1988: XVII). O que importa não é a saúde de uma única espécie, mas a do planeta como um todo, e é por esse motivo que Lovelock denominou sua abordagem como "medicina planetária".

Assim, a poluição é relativa aos organismos adversamente afetados por ela. Com a distribuição do oxigênio por nossa atmosfera, a sua forma gasosa "no ar de um mundo anaeróbico deve ter sido a pior poluição atmosférica que este planeta jamais conheceu" (Lovelock, 1979: 3l), já que provocou a extinção de uma grande proporção dessas criaturas anaeróbicas. Conforme mencionado anteriormente, os únicos lugares em que elas encontram um porto seguro modernamente, em uma época em que a atmosfera é composta por quase 20% de oxigênio livre, é sob a superfície do mar, onde não existe oxigênio em estado livre, ou nos intestinos da maioria dos animais. Neste último caso, os anaeróbicos permanecem ali, em um relacionamento simbiótico com o hospedeiro, cada um se beneficiando da presença e atividade do outro. O hospedeiro fornece os elementos nutrientes e um santuário livre de oxigênio, enquanto esses micróbios ajudam na digestão – na divisão dos alimentos em seus componentes básicos. Desse modo, o oxigênio é um dom para alguns e um veneno para outros. Na realidade, o oxigênio é prejudicial até mesmo para os aeróbicos. Nossa pele, por exemplo, não nos protege somente dos micróbios prejudiciais, mas também, como a carne, constitui uma cobertura que garante a segurança de nossos órgãos internos contra os danos potenciais do oxigênio. Os radicais livres de oxigênio (que não estabeleceram ligações moleculares com outros elementos ou com compostos) dentro de nosso sistema podem causar ainda maiores danos, motivo por que somos aconselhados pelos nutricionistas a ingerir alimentos antioxidantes. Ironicamente, aquilo que nos permite viver também pode nos matar.

Dois átomos de oxigênio compõem a molécula gasosa do oxigênio, enquanto três formam o gás conhecido como ozônio. O último age como uma cobertura protetora do globo contra os raios de luz ultravioleta emitidos pelo Sol. Em um lugar adequado, ele é benéfico para a biosfera, mas é interessante notar que a própria natureza "se vem esforçando para destruir a camada de ozônio há muito, muito tempo. Um excesso de ozônio pode ser tão ruim quanto sua falta. Como tudo o mais que existe na atmosfera, há pontos ótimos, que são os desejáveis" (Lovelock, 1979: 16). É conveniente repetir em detalhes a avaliação de Lovelock sobre esse estado de coisas.

> O ozônio, segundo disseram, impedia a penetração da radiação ultravioleta mais pesada que, de outro modo, manteria a superfície da Terra esterilizada e inabitável para todas as formas de vida. Essa era uma hipótese científica decente e bastante fácil de testar. Sem dúvida, foi investigada por meu colega Lynn Margulis, que a desafiou, demonstrando que algas

fotossintéticas podiam sobreviver à exposição de radiação ultravioleta equivalente em intensidade à transmitida pela luz solar não filtrada pela atmosfera. Mas isso não impediu que a hipótese se transformasse em um dos mitos científicos realmente grandes do século; é quase certamente inválida e sobrevive apenas em função do *apartheid* que separa os campos da ciência uns dos outros. [...] Os membros de cada disciplina tendem a aceitar sem críticas as conclusões apresentadas por outros (Lovelock, 1988: 168).

Com ou sem ozônio, a vida persistiria e Gaia sobreviveria. Ao alegar, por exemplo, que a razão por que "a Terra foi salva da extinção" deve-se "à abundância de suas águas e à presença de Gaia, que age para conservá-la" (Lovelock, 1988: 192), Lovelock adquiriu para si mesmo a reputação de não ser apenas controvertido, mas, o que é bem pior, aos olhos da comunidade científica, teleológico. Outro exemplo dessa tendência é o seguinte:

Eu suspeito que a origem de Gaia é separada da origem da vida. Gaia não despertou até que as bactérias já tivessem colonizado a maior parte do planeta. Entretanto, a partir do momento em que despertou, a vida plane-tária resistiria incessante e assiduamente a mudanças que pudessem ser adversas e agiria de modo a conservar o planeta adequado para a vida (Lovelock, 1988: 76).

Ser marcado como alguém cujos pontos de vista envolvem um propósi-to significa "uma condenação final" de sua teoria. Explicações que utilizem alvos "no ambiente acadêmico constituem um pecado contra o 'espírito san-to' da racionalidade científica" (Lovelock, 1988: 33). Ele observou que "a regulação implica o processo ativo da homeostase"; todavia, ao mesmo tem-po, declarou que "de forma alguma isso pretende ser uma teleologia, no sentido de implicar que a biota utilize uma previsão ou um planejamento para a regulação da Terra" (Lovelock, 1988: 102). Gaia circunscreve o globo e é limitada "pelo alcance exterior da atmosfera" (Lovelock, 1988: 40-41). Do mesmo modo que a vida afeta seu ambiente, Gaia influencia a vida, sus-tentando-a. As evidências revelam que "a crosta da Terra, os oceanos e o ar ou são diretamente o produto das coisas vivas ou, então, foram maciçamente modificados por sua presença" (Lovelock, 1988: 33).

A despeito de suas manobras, é difícil evitar a conclusão de que existe um sabor teleológico na apresentação de Lovelock, especialmente quando Gaia, que ele considera como sendo "a maior manifestação de vida" no planeta, é descrita por uma linguagem que usa expressões como "um sistema automático, que busca atingir determinados alvos, mas não de forma proposital" (Lovelock, 1988: 39). Usualmente, a busca de alvos denuncia um comportamento proposital. Lovelock tampouco descreveu Gaia em termos divinos. Ele negou que Gaia seja "um ser consciente, um substituto para Deus", ainda que ele tenha asseverado que ela "está viva" e que nós somos "uma parte dela" (Lovelock, 1988: 218).

Outra dificuldade envolvida na aceitação da hipótese de Gaia é que a proposta parece míope. Ela não toma em consideração o escopo mais amplo de fatores do sistema solar que entram nos cálculos da vida sobre a Terra, ainda que o planeta inteiro possa ser referido em termos de um só organismo. Não estou me referindo ao Sol como o principal ator da peça. Está certo que dentro de, digamos, uns 5 bilhões de anos, ele terá queimado a maior parte de seu combustível, época em que vai inchar, formando uma camada externa que engolfará a Terra, incinerando tudo o que estiver sobre ela. Ninguém esperaria que Gaia pudesse sobreviver a tal acontecimento. Não é culpa da Terra o fato de ela dispor somente de uma janela de tempo de uns 9 bilhões de anos em que lhe seja dada uma oportunidade para sustentar a vida. O problema, de fato, se encontra muito mais perto de nós.

Além de a Terra estar colocada a uma distância conveniente do Sol, em uma zona habitável à vida, nosso vizinho celeste mais próximo também tem estreita relação com nosso bem-estar. O efeito gravitacional da Lua sobre a Terra é responsável não somente pelas marés, mas pela manutenção da estabilidade do planeta, enquanto ele executa a rotação ao redor de seu eixo. Sem a influência da Lua, a Terra não teria um ângulo de rotação constante, poderia virar no espaço e assumir um eixo bem diferente ou balançar, sem a presença de um eixo definido. Alguns astrônomos suspeitam de que foi justamente esse o fenômeno que ocorreu em Vênus, que não possui um satélite. Talvez a falta de uma influência estabilizadora, se não foi uma colisão com algum objeto celestial, tenha sido a razão pela qual ela inverteu a posição de seus pólos, o que lhe conferiu o único movimento rotacional retrógrado do sistema solar. (O planeta Urano girou aproximadamente 90° com relação a seu eixo, mas isso não ocorreu pelo fato de o planeta não ter luas.) Qualquer desvio importante nessa escala viria em detrimento da vida na Terra, porque quatro estações regulares não poderiam ser mantidas.

Isso deixa muito pouco espaço para erro, caso queiramos que a vida prospere sobre a Terra. A vida continuaria a florescer enquanto a Lua permanecesse como nosso satélite. Atualmente, ela se afasta da Terra "a uma razão de três centímetros por ano (mais ou menos na velocidade do crescimento anual das unhas humanas)" (Barrow, 1995: 146). Ainda que essa velocidade esteja longe de vertiginosa, no decorrer de bilhões de anos, tal ritmo conduziria a distâncias grandes o bastante para libertar a Lua de nossa órbita. A Terra está mais ou menos a 150 milhões de quilômetros do Sol, enquanto a Lua se encontra a cerca de 400 mil quilômetros de distância da Terra. A distância da Terra em que o empuxo gravitacional do Sol supera o da Terra é apenas de 1,6 milhão de quilômetros, mais ou menos quatro vezes o espaço que atualmente separa a Lua da Terra. Mesmo que cada bilhão de anos corresponda a apenas 32 mil quilômetros de aumento dessa separação, o que significa que a Terra não se acha em perigo de perder sua vizinha antes de ser incinerada, a separação maior pode ter um efeito significativo sobre a rotação da Terra enquanto ambas permanecerem vivas.

O conceito de Gaia deveria, então, ser expandido para incluir um sistema Terra/Lua, e não simplesmente a atmosfera exterior de nosso planeta. Seria danoso para essa proposta considerar a Terra como uma entidade viva sem o concurso da Lua morta, do mesmo modo que, suponho eu, seria prejudicial considerar os seres humanos sem suas coberturas protetoras de pêlos, unhas e camadas externas da pele, todas as quais são mortas. Assim, a idéia de Lovelock de que Gaia sempre vai-se recobrar, dar a volta por cima e nutrir alguma forma de vida sobre a Terra, não importa o que for jogado nela (internamente) durante seu tempo de vida, é inexata, caso venhamos a perder o nosso vizinho celestial mais próximo (externamente). Desse modo, a teoria de Lovelock deve ser modificada, pelo menos no sentido de incluir a Lua como nosso "par de dança" (Barrow, 1995: 149) – o que é uma opção viável, já que o comportamento do sistema Terra/Lua pode facilmente ser considerado como se fosse um "planeta duplo" (Barrow, 1995: 126).

Todavia, dificuldades para a noção de Lovelock persistem mesmo aqui na Terra, porque nosso planeta é de fato tóxico para si mesmo. No caso das erupções vulcânicas, a Terra é autopoluente. Como explicou Paul Davies, "o pico de um vulcão poderoso [...] lança na atmosfera imensas nuvens de gases venenosos" (Davies, 2000: 25). Um tipo de atividade semelhante pode ser também observado no fundo dos oceanos, onde as fumarolas geotérmicas jogam materiais perigosos para muitas formas de vida, se bem que não para todas. Lovelock se concentraria no fato de que Gaia é cruel e que algumas formas de vida conseguem se adaptar mesmo a essas condições extremas. A vida pode até ter sido incubada ao redor dessas aberturas no fundo oceânico, uma eventualidade que poderia ser entendida como a Terra dando à luz criaturas saídas de seu ventre aquoso. Quanto a mim, todavia, tendo a me focalizar no fato de que Gaia efetivamente polui o ar, a terra e os mares e, desse modo, milita contra a vida que alegadamente protege. Que benefício existe em promover a vida por um lado, somente para ameaçá-la do outro?

Lovelock talvez respondesse dizendo que Gaia poderia ser interpretada como um corpo humano, que está constantemente se renovando – ciclos de células que se formam em nossos corpos com o destino de morrer, após terem servido a seus propósitos. Mas esse é o ciclo vital normal dos corpos e das células que contêm. A Natureza, por outro lado, não tem misericórdia; o mundo mata seus próprios filhos. Se os seres humanos se comportassem de forma idêntica, seriam diagnosticados como patológicos – como um risco potencial para si próprios e para os demais. É esse o organismo global que Lovelock defende?

Com relação à metafísica, Lovelock rejeitou a extensão com que a ciência apresenta um "mundo materialístico de fatos não diluídos" e a religião que exibe "uma fé não diluída", pois ambas as tendências, para ele, "são igualmente inaceitáveis espiritualmente" (Lovelock, 1988: 217). Todavia, ele descobriu elos entre a arte, a ciência e a religião, tornando-as "mutuamente ampliadoras". Sua tentativa é demonstrar "que Deus e Gaia, que a teologia e a ciência, que mesmo a física e a biologia não estão separadas, mas que seu conjunto constitui uma única forma de pensamento" (Lovelock, 1988: 212). Por isso mesmo incluímos suas propostas em nossa análise: como um possível mapa que nos conduziria a Deus e à nova metafísica.

À guisa de um comentário final, Lovelock reconheceu o princípio antrópico, tanto da variação teística como da não teística, mas se distanciou deles. Ele mostrou-se contente com as propriedades que o cosmo revela e que permitem que a vida e, portanto, Gaia surjam, mas "reage à asserção de que tenham sido criadas com esse propósito" (Lovelock, 1988: 205). Pode haver razões, no entanto, para supor que Gaia seja complementar ao princípio cosmológico antrópico. Ainda que este último enfatize as restrições físicas para a vida, a primeira salienta aquelas condições biológicas que são ótimas para sua regulação e sustentação. Lovelock sugeriu não somente que Gaia é o próprio mecanismo responsável por essa sustentação, mas que a própria Gaia é um ser vivo. Conjuntamente, Gaia e a teoria antrópica poderiam formar um pacote completo, caso estivéssemos em busca de um processo para o surgimento da vida e sua propagação. Apesar de não favorecer a existência de um projeto, a proposta de Lovelock poderia apresentar os meios segundo os quais a evolução seria capaz de exibir uma direcionalidade, quer possuísse ou não um componente divino.

Rupert Sheldrake

Ainda outro "mapa metafísico" nos é fornecido pelos trabalhos do fisiologista, botânico e embriologista britânico Rupert Sheldrake (nascido em 1942). Ele estudou a morfogênese, ou o desenvolvimento das formas dos organismos desde os seus estágios mais primitivos. Sheldrake foi impulsionado a embarcar nesse tipo de pesquisa quando encontrou dois fenômenos científicos que não se encaixavam nos cânones convencionais de seu campo. O peso cumulativo dessas anomalias o levou a apresentar um mecanismo alternativo que fosse operativo no mundo. Os aspectos da biologia que, para ele, fogem da norma, serão esboçados a seguir.

O primeiro enigma que Sheldrake mencionou foi a regulação. A maneira segundo a qual as estruturas simples e complexas podem se organizar, de tal forma que seus sistemas internos funcionem em harmonia conjunta, foi, para Sheldrake, o começo de sua insatisfação com as explicações científicas padronizadas. A maneira como os organismos em desenvolvimento podem coordenar a distribuição de recursos para os seus membros e órgãos, de tal modo que eles se transformem nos próprios membros e órgãos requeridos, e não em outros, está longe de ter sido esclarecida. A regeneração é um segundo problema que, para Sheldrake, provocou um maior descontentamento com relação às descrições científicas tradicionais. O problema é este: quando certos organismos, tais como as salamandras, experimentam a perda de uma parte corporal, o que permaneceu do corpo pode reproduzir a parte perdida, mesmo que possa não ficar tão completa como a estrutura inicial. O que impressionou Sheldrake é que isso ocorre não somente em estado embrionário, mas algumas vezes também nas fases adultas de algumas espécies em particular.

Nesse ponto, a ciência convencional poderia apelar para a genética, a fim de obter uma resposta para tais dificuldades, mas, para Sheldrake, esses esforços seriam inúteis, porque ele mostrou acreditar que existe alguma coisa além da genética em funcionamento aqui. O problema reside na observação de que "o programa genético deve envolver alguma coisa a mais do que a estrutura química do DNA, uma vez que cópias idênticas do DNA são passadas para todas as células; se todas as células fossem programadas identicamente, não seria possível que se desenvolvessem diferentemente" (Sheldrake, 1987: 25). Todavia, nem a regulação nem a regeneração são adequadamente explicadas com referência à genética: "a morfogênese poderia ser *afetada* por mudanças genéticas, que mudariam os meios ao alcance da morfogênese, mas isso não provaria que ela pode ser *explicada* simplesmente em termos de genes e dos produtos químicos deles originados" (Sheldrake, 1987: 49). As diferenças na morfologia "não podem ser atribuídas unicamente ao DNA", mas antes a "fatores determinantes de padrões que agem diferentemente" em cada membro em processo de desenvolvimento (Sheldrake, 1987: 42).

Dito de outra maneira, o DNA não contém instruções, mas "produtos químicos"; todavia, existe alguma coisa operativa aqui, algo que se soma às reações químicas. Se for assim, isso seria contrário ao tipo de relato naturalístico que os biólogos tradicionais defenderiam na explicação do que permite a certas células tornarem-se, digamos, células do braço, enquanto outras viram células da perna, mesmo que possuam complementos genéticos idênticos. A ciência convencional pode, então, preferir contrariar essa

FIZEMOS ALGUM PROGRESSO?

afirmação com a seguinte: "Nesse estágio, o conceito do programa genético empalidece e é substituído por declarações vagas sobre 'padrões complexos de atividade físico-química espaço-temporal que ainda não se encontram totalmente compreendidos' ou 'mecanismos ainda obscuros'" (Sheldrake, 1988b: 86). A ciência mecanicista foi presa contrabandeando elementos não mecanicistas para seus esquemas. Não obstante, o raciocínio de Sheldrake vence a argumentação somente enquanto avanços no campo não lançarem maior luz sobre esses mistérios. Se um entendimento sobre essas atividades e mecanismos aparecesse, então Sheldrake teria de revisar suas afirmativas.

Todavia, dentro das circunstâncias atuais, os problemas da biologia não terminam aí, mas se estendem a padrões comportamentais em algumas espécies. Questões de instinto e aprendizagem entram em jogo, tais como explicar as aranhas, que "são capazes de tecer suas teias, sem aprender com outras aranhas", ou os padrões migratórios dos pássaros. Os últimos são particularmente curiosos nos casos em que os filhotes que são deixados para trás, até crescerem o suficiente para seguirem seus pais, que já saíram muitos dias antes, com um avanço significativo, conseguem reencontrá-los no novo território (Sheldrake, 1987: 26-27).

Igualmente, há limitações para as explicações físicas. A teoria mecanicista das formas vivas exige uma resposta físico-química para os fenômenos acima, embora nenhuma pareça estar surgindo no horizonte. Mesmo a terminologia atual, que a ciência emprega na descrição de idéias genéticas, envolvendo "programas" e "direcionalidade para o alvo", é mais metafórica do que física. Sheldrake descreveu a dificuldade filosófica desta maneira:

> A tentativa de explicar a atividade mental em termos de ciências Físicas envolve uma circularidade aparentemente inevitável, porque a própria ciência depende da atividade mental, [...] uma vez que a física pressupõe as mentes dos observadores, essas mentes e suas propriedades não podem ser explicadas nos termos da física (Sheldrake, 1987: 30).

Sheldrake apresentou três estratégias explanatórias rivais para os problemas anteriores: "os vitalistas atribuem essas propriedades a *fatores vitais*; os organicistas, a *campos morfogenéticos*; e os mecanicistas, a *programas genéticos*" (Sheldrake, 1987: 25). Onde os mecanicistas apelariam para eventos

DEUS E A NOVA METAFÍSICA

casuais como força propulsora da evolução, os vitalistas e organicistas insistiriam que ela existe "devido à atividade de um princípio criativo não reconhecido pela ciência mecanicista". Os mecanicistas confiam em que a resposta eventualmente brotará de fontes materiais, mas que deve ser adiada até que chegue esse momento. As explanações, segundo eles crêem, serão contidas dentro dos confins convencionais da causalidade eficiente, a mesma causa e o mesmo efeito ordinários. Mas os vitalistas e organicistas não apresentam esse tipo de confiança; desse modo, somente esses dois grupos sobrevivem como possíveis candidatos para Sheldrake.

No caso vitalista, há uma centelha de força orientada para a vida em todos os organismos. Aqui, o mundo orgânico é qualitativamente diferente do inorgânico e pode realizar o que o inorgânico é incapaz de fazer, isto é, convocar o ambiente para seus próprios fins. Isso torna o orgânico ativo e o inorgânico passivo. Para os vitalistas, essa centelha é conhecida por "enteléquia", um termo tomado de empréstimo de Aristóteles. Sheldrake criticou essa posição porque "o mundo físico e a enteléquia não física nunca poderiam ser explicados ou entendidos um pelo outro" (Sheldrake, 1987: 53). Ele localiza um "dualismo inerente em todas as teorias vitalistas", que não pode ser justificado "à luz das descobertas da biologia molecular, tais como a 'automontagem' de estruturas tão complexas como os ribossomas e os vírus, indicando uma diferença de grau, e não de espécie, em, digamos, cristalização". Um outro competidor para a explicação científica desses fenômenos é a teoria da informação, mas Sheldrake a considerou irrelevante para a morfogênese, uma vez que:

> Aplica-se somente à transmissão de informações dentro de sistemas fechados e não pode permitir um aumento do conteúdo da informação durante esse processo. Os organismos em desenvolvimento não são sistemas fechados e seu desenvolvimento é epigenético, isto é, a complexidade da forma e da organização aumentam (Sheldrake, 1987: 61).

Sobra, então, o organicismo. Sheldrake acreditou que a abordagem organicista tem a chave para a compreensão da emergência das formas e dos padrões. Similarmente aos vitalistas, os organicistas afirmariam que existe um princípio criativo envolvido nas formas orgânicas, não reconhecido pela ciência. Ambos introduzem um tipo de causação que é maior que a soma das partes do sistema em desenvolvimento e que pode ser interpretado como dirigido para um alvo com respeito à regulação e à regeneração. Mas, distintamente do vitalismo, os organicistas se opõem à própria dicotomia orgânico/inorgânico. Além disso, o apelo de Sheldrake para os campos morfogenéticos revela que esses campos podem também ser externos aos organismos, ao passo que as centelhas vitalistas, não.

O esquema de Sheldrake tem implicações tanto para o campo da física como para o da biologia. No último caso, ele nota a configuração tridimensional das moléculas complexas de proteínas, tais como a hemoglobina, nas quais o processo de dobramento por que elas passam é "dirigido ao longo de determinados caminhos" e, talvez, até mesmo "em direção a uma conformação particular de energia mínima, ao invés de outras possíveis conformações com o mesmo gasto mínimo de energia" (Sheldrake, 1987: 74). Sheldrake raciocinou que é, "portanto, concebível que algum fator além da energia 'selecione' entre essas possibilidades e, assim, determine a estrutura específica assumida pelo sistema". Ele, então, delineou a natureza dessa ação.

Como no exemplo anterior, Sheldrake tomou da física o conceito de campos de força. No mundo das forças newtonianas, os campos surgem em corpos materiais e "se espalham pelo espaço a partir deles", enquanto na física contemporânea "os campos são primários: eles subjazem tanto aos corpos materiais como ao espaço entre eles" (Sheldrake, 1987: 64). Isso forneceu a Sheldrake uma analogia adequada. Ele tomou de empréstimo a idéia dos campos morfogenéticos do biólogo norte-americano Paul Weiss, que a conceitualizou em 1925, para descrever aquilo que não pode ser diretamente observado, mas que é detectável por meio de seus efeitos, como os campos gravitacionais e eletromagnéticos (Sheldrake, 1987: 76). Esses campos têm, como suas esferas de influência, a morfologia das estruturas químicas e biológicas. Eles ordenam a forma dos sistemas físicos e, "em determinado sentido, não são materiais; porém, em outro sentido, são aspectos da matéria, porque eles somente podem ser conhecidos por meio de seus efeitos sobre os sistemas materiais". Esses efeitos estão "em conjunção com processos energéticos, mas não são energéticos em si próprios" (Sheldrake, 1987: 25). Esse é um campo que Sheldrake acredita que a física ainda não descobriu.

No exemplo do dobramento da molécula de hemoglobina, Sheldrake afirmou que esse campo age de tal forma a assistir a proteína a "encontrar" seu formato final (Sheldrake, 1987: 85). O formato final que assume não é alcançado por meio de algum tipo de busca aleatória, porém muito mais rápido. As mesmas sendas ou sendas similares são, então, seguidas nos dobramentos subseqüentes, levando Sheldrake a postular que é como se essas sendas formassem um sulco cada vez mais fundo, permitindo um pronto acesso à forma final cada vez que a senda é percorrida. Ele se referiu a esses sulcos como canais e ao processo, como *canalização* dentro de um âmbito não material. Tais "sendas canalizadas" foram denominadas por ele *creodos*, um termo cunhado pelo experimentador C. H. Waddington para descrever uma "canalização do desenvolvimento" (Sheldrake, 1987: 79, 138).

Sheldrake denominou sua proposta como *hipótese da causação formativa*, em que o campo morfogenético faz com que uma forma final seja atingida. Ele admitiu, naturalmente, que nem toda morfogênese é determinada por ela, porque alguns padrões surgem, de fato, aleatoriamente, enquanto outros são devidos a "configurações de energia mínima" (Sheldrake, 1987: 89). O ponto que ele quis demonstrar é que os campos morfogenéticos são responsáveis por muitas formas e somente em conjunção "com as causas energéticas e químicas estudadas pelos biofísicos e bioquímicos". Mas existe uma diferença entre a sua abordagem e as aproximações das estratégias teleológicas e projecionais, uma vez que o final, meta ou alvo em vista aqui é escolhido simplesmente porque ele talvez já o tenha sido incontáveis vezes no passado. Quanto mais um organismo assume uma certa forma e com quanto maior freqüência já o tenha feito no passado, tanto maior a possibilidade de que vá continuar a fazê-lo em situações subseqüentes. Nesse sentido, há uma "presença do passado". O passado se impõe ou ressoa no presente em virtude da profundidade do canal que foi escavado até esse momento, ao longo dessas sendas.

A "conexão causal" nessa causação formativa é obtida por meio do que ele denominou *ressonância mórfica*, que permite à causação formativa prosseguir. Todavia, a ressonância mórfica é "não energética", o que significa que não é ela que impele a causação formativa. A distinção a ser feita aqui é que a ressonância mórfica "não envolve uma transmissão de energia", ainda que "todos os sistemas similares do passado *ajam sobre* um sistema similar subseqüente por meio da ressonância mórfica" (Sheldrake, 1987: 99, 120). Sheldrake ilustrou esse processo por meio de uma nova analogia, retirada desta vez da arte da fotografia. Quando um certo número de filmes fotográficos com o mesmo tema são superpostos, as características comuns serão salientadas, enquanto o efeito de mediação resultará que todas as demais características fiquem borradas. A causação formativa opera reforçando os campos morfogenéticos das características comuns de sistemas passados ao longo de seus creodos, até a ressonância da forma final. Isso torna o passado presente:

> À medida que o tempo passa, a influência cumulativa de incontáveis sistemas prévios irá conferindo uma estabilidade cada vez maior ao campo: quanto mais provável o tipo médio se torna, tanto maior será a probabilidade de que ele seja repetido no futuro (Sheldrake, 1987: 103).

A influência de um sistema sobre os sistemas subseqüentes irá depender, então, de sua longevidade: "um sistema que continua a existir por um ano poderá ter maior efeito que um outro que se tenha desintegrado após um segundo" (Sheldrake, 1987: 104). Assim, a ressonância mórfica tem um efeito estabilizador sobre as formas: "quanto mais freqüentemente a senda particular da morfogênese for seguida, tanto mais esse creodo será reforçado. Em termos de um modelo de "paisagem epigenética", o vale do creodo será tanto mais aprofundado quanto mais freqüentemente o desenvolvimento passar ao longo dele" (Sheldrake, 1987: 107). Esses efeitos são cumulativos, significando que a influência se torna mais pronunciada em cada ocasião de passagem. Para esses sulcos que duraram por mais longo tempo, como o do átomo de hidrogênio – na ordem de bilhões de anos, "o campo morfogenético estará tão bem estabelecido que se tornará efetivamente imutável". No caso de campos mais recentes, pode haver um número limitado de sendas com possibilidade de serem palmilhadas, e qual ou quais seriam eventualmente seguidas é o que Sheldrake esperava predizer e detectar experimentalmente.

Desse modo, segundo a visão de Sheldrake, a hereditariedade não é somente genética, como também é dada por uma herança de campos morfogenéticos "dos passados organismos da mesma espécie. Esse segundo tipo de herança se manifesta por efeito da ressonância mórfica, e não por meio dos genes. Assim, a hereditariedade incluiria *tanto* a herança genética *quanto* a ressonância mórfica de formas similares passadas" (Sheldrake, 1987: 125). Seu esquema, portanto, envolve a presença ou a ausência, o uso e o desuso de formas, e isso implica a existência de um lugar, nisso, para um lamarckismo modificado da herança de características adquiridas, além da herança darwinista/mendeliana. Um tipo lamarckista de idéia pode retornar assim que o mecanismo correspondente da ressonância mórfica for levado em consideração. Assim, para Sheldrake, essas estratégias não são competitivas, mas podem trabalhar em conjunto, pelo menos teoricamente.

Vivendo em ressonância

Sheldrake deu dois exemplos daquilo que ele presumiu ser a causação formativa em ação. O primeiro se origina nas ciências físicas e se refere à síntese de um novo cristal. De acordo com sua hipótese, nenhum campo morfogenético anterior existirá para um tipo de cristal que nunca foi sintetizado. Depois que o protótipo foi produzido, entretanto, sua forma influenciará o surgimento das formas subseqüentes por efeito de ressonância mórfica. Quanto maior a freqüência com que essa forma for manufaturada, tanto mais forte se tornará a influência e tanto mais rapidamente ela formará cristais (Sheldrake, 1987: 107). Quanto maior o número de cristalizações, tanto maior a contribuição para o campo morfogenético do cristal por ressonância mórfica.

O descrito acima não deixa de ocorrer realmente; a questão se encontra na interpretação dos resultados. Os químicos algumas vezes experimentam dificuldades iniciais para sintetizar um novo composto, mas o procedimento se torna mais fácil à medida que as tentativas vão sendo repetidas (Sheldrake, 1987: 108). Os mecanicistas tendem a explicar esse fenômeno nos seguintes termos:

FIZEMOS ALGUM PROGRESSO?

Fragmentos de cristais prévios "infectam" as soluções subseqüentes. Onde não há meios óbvios segundo os quais essas sementes poderiam se ter movido de um lugar para o outro, presume-se que elas tenham viajado através e por meio da atmosfera (até mesmo no outro lado do planeta) como partículas microscópicas de poeira.

Sheldrake menciona ainda a afirmação de que essas sementes, segundo é alegado, são "carregadas de laboratório para laboratório nas barbas ou nas roupas de cientistas visitantes. Mas o efeito ainda ocorre na ausência de qualquer portador identificável" (Sheldrake, 1988a: 84). Sheldrake acreditou que a sua explicação era a mais satisfatória; uma implicação dela é que outras formas, diferentes das já existentes, são potencialmente produzíveis, mas esperam o tempo em que "sementes adequadas [...] apareçam" (Sheldrake, 1987: 108).

O segundo exemplo requer algumas observações introdutórias. Como foi explicado anteriormente, a causação formativa afeta não somente a morfogênese, como também o comportamento, incluindo a atividade motora. Padrões de movimentos corporais também tenderão a se canalizar e estabilizar como creodos. Primeiro, aparecerão na forma de reflexos; a seguir, como instintos, e, então, via repetição, como hábitos. Para Sheldrake, os instintos dependem da ressonância mórfica "de incontáveis indivíduos anteriores da mesma *espécie*" e os hábitos da ressonância mórfica "de estados passados do mesmo *indivíduo*" (Sheldrake, 1987: 174). Os hábitos aprendidos, então, "dependem dos campos motores, que não são absolutamente armazenados dentro do cérebro, mas transmitidos diretamente de seus estados passados via ressonância mórfica". Se Sheldrake estiver correto, então as ramificações de sua hipótese para a educação são tais que seria mais fácil aprender alguma coisa se outros membros da mesma espécie, especialmente aqueles incluídos em sua própria árvore genealógica, já a tivessem aprendido antes. Nas palavras de Sheldrake:

A originalidade da aprendizagem pode ser absoluta: um novo campo motor pode surgir não somente pela primeira vez na história de um indivíduo, mas realmente pela primeira vez na história. Por outro lado, um animal pode aprender alguma coisa que outros membros de sua espécie já

143

aprenderam no passado. Nesse caso, a emergência do campo motor apropriado pode muito bem ser facilitada pela ressonância mórfica de animais similares anteriores. Se um campo motor se torna progressivamente bem-estabelecido por meio de sua repetição em muitos indivíduos, a aprendizagem contida nesse campo provavelmente se tornará cada vez mais fácil, porque haverá uma forte disposição inata para a aquisição desse padrão de comportamento em particular (Sheldrake, 1987: 183-184).

Depois das preliminares, vamos aos detalhes do segundo exemplo, desta vez retirado das ciências naturais ou biológicas. Sheldrake citou o trabalho de W. McDougall, em Harvard, no ano de 1920, que expôs ratos a um labirinto aquático. Uma linhagem desses ratos foi treinada para lidar com o labirinto de tal modo a encontrar sua saída com maior sucesso. Tanto linhagens de ratos treinados como de não treinados (os controles) foram submetidas às mesmas condições experimentais, a fim de testar a herança de respostas aprendidas. Existiam três possíveis resultados para esse teste. Em primeiro lugar, "um aumento da taxa de aprendizagem por meio de gerações sucessivas de linhagens de ratos tanto treinadas como não treinadas", o que viria em apoio ao ponto de vista de Sheldrake; em segundo, um aumento somente nas linhagens treinadas, o que corroboraria uma posição lamarckiana não modificada; e, em terceiro, nenhum melhoramento surgiria em qualquer das linhagens, o que reforçaria o ponto de vista ortodoxo darwinista/mendeliano (Sheldrake, 1987: 189). Os resultados demonstraram que tanto a linhagem treinada como a não treinada foram afetadas, ou seja, que por meio de gerações sucessivas, ambas as linhagens se tornaram capazes de aprender mais rapidamente.

Apesar de McDougall haver testado a presença de um componente genético na herança do comportamento herdado, seus resultados experimentais foram negativos para sua própria pesquisa, mas positivos para a de Sheldrake. Uma tentativa de repetir essas experiências foi realizada mais tarde por W. F. Agar, em Melbourne. Com respeito a esse último esforço, Sheldrake anunciou que, "em concordância com McDougall, eles descobriram que havia uma tendência notável para que os ratos da linhagem treinada aprendessem mais rapidamente nas gerações subseqüentes. Mas exatamente a mesma tendência foi identificada na linhagem não treinada" (Sheldrake, 1987: 192). Aparentemente, isso provaria a proposta de Sheldrake.

Se a causação formativa é uma descrição acurada da morfogênese, do comportamento e da atividade motora, afetaria não somente a ortodoxia científica, como também sua metodologia. Sheldrake afirma que o selo da repetibilidade deverá passar por uma renovação, se é que se pretende que continue a ser uma característica distintiva da ciência. Isso se deve ao fato de que, cada vez que um experimento é realizado, como o que foi feito com os ratos, "ele não seria mais inteiramente reproduzível por sua própria natureza; porque, nas tentativas para repeti-lo, os ratos seriam influenciados pela ressonância mórfica dos ratos que haviam participado da experiência original. A fim de demonstrar o mesmo efeito contínuas vezes, seria necessário modificar ou a tarefa ou a espécie utilizada em cada experimento" (Sheldrake, 1987: 194). Se quaisquer alterações ocorressem nos campos morfogenéticos dos sujeitos do teste, então isso muito provavelmente seria injurioso para a repetibilidade experimental. Conforme indicou Sheldrake:

> As experiências dependem da pressuposição de que as leis da natureza sejam as mesmas em toda parte e durante todo o tempo. Mas, se os campos evoluem, então certos tipos de experimentos podem ser intrinsecamente não repetíveis, [...] o que levanta a possibilidade embaraçadora de que tais efeitos já possam estar influenciando os resultados das experiências científicas convencionais (Sheldrake, 1988a: 85).

Sheldrake expandiu a visão de Lovelock e raciocinou que, se o Universo inteiro fosse entendido como um organismo vivo, "cujas regularidades dependem de hábitos", então "os fenômenos mecanicistas se tornariam um caso limitador" (Sheldrake, 1988a: 86). Sheldrake tomou emprestada de Charles Sanders Peirce (1839-1914) – o pai do pragmatismo americano, que mais tarde influenciaria Whitehead (pelo menos indiretamente) – a noção de que as leis naturais são mais bem tratadas como hábitos reforçados por meio da repetição. A causação formativa alargaria a visão da ciência, propondo que, quanto maior a freqüência de repetição de um padrão, tanto mais profundamente se entrincheirará o hábito e tanto mais o fenômeno parecerá descritível pelas leis naturais. A expressão "força do hábito" é tomada a sério por Sheldrake, cuja crença é que ela tem sua proveniência na física e exerce suas influências sobre a biologia e a psicologia.

Sheldrake também reconheceu sua dívida para com Whitehead, mas somente em uma referência, de passagem. Sua hipótese é perceptivelmente whiteheadiana e revela paralelos com o pensamento processivo, um exemplo dos quais bastará aqui. Sheldrake concordaria com a afirmação de Whitehead de que aquilo que persiste ou perdura não é a matéria, mas as formas, embora Sheldrake acrescentasse: "e os campos que as originaram". Whitehead contraporia a isso a alegação de que tudo o quanto existe são relacionamentos e as respostas dos sujeitos a eles. Uma diferença entre seus esquemas é que, para Sheldrake, a força de um campo não diminui, nem com o tempo, nem com a distância da fonte, mas, para Whitehead, aquilo que poderíamos chamar de "quociente de impacto" do passado sobre o presente vai enfraquecendo em termos de eficácia causal. Se o reservatório de Whitehead ou o extenso contínuo de objetos passados é suficientemente similar aos campos gerados por formas passadas de Sheldrake – até mesmo sugeriram que os campos morfogenéticos "podem ser interpretados como tendo uma função similar aos alvos iniciais whiteheadianos" (Henry & Valenza, 1994: 42) –, então alguns ajustamentos serão necessários para resolver a discrepância.

Apesar de encontrar vigorosa oposição, Sheldrake insistiu em que a causação formativa é testável, e buscou maneiras segundo as quais pudessem ser conduzidas experiências em torno dela. Tanto quanto puder ser testada, deverá ser contada como um legítimo pretendente não só a um *status* científico, como talvez até um novo paradigma. Se for considerada como ciência, será confrontada com os mesmos tipos de questões-limite, como qualquer outro empreendimento científico. Para os mecanicistas, isso incluiria a questão da origem da Natureza e de suas leis e, para os organicistas, como Whitehead e Sheldrake, a origem dos campos morfogenéticos. Deve ser admitido que a causação formativa explica padrões repetitivos de forma, comportamento e movimento, todavia, "não pode explicar a origem desses padrões" (Sheldrake, 1987: 199). A ciência não está ainda equipada para resolver essas questões: só se pode chegar a conclusões, se alguma for possível, no terreno da metafísica.

Sheldrake não subestimou a operação de fenômenos científicos padronizados em sua hipótese. Conforme confessou, "as mutações genéticas e os ambientes anormais podem muito bem ter fornecido condições para o primeiro aparecimento de novas unidades mórficas biológicas" (Sheldrake, 1987: 153). Mas a ciência tradicional só pode nos levar até certo ponto. De acordo com Sheldrake, sobram-nos três alternativas: como na abordagem mecanicista, "a origem de novas formas poderia ser atribuída [...] a um acaso cego e sem propósito"; ou para "um ímpeto criador imanente à Natureza", em que o mundo já se encontraria de posse dessa capacidade inerente; ou "à atividade criadora de uma ação que penetra e transcende a Natureza", isto é, que se encontra tanto dentro como acima ou além dela. A segunda opção acima é indicativa de um esquema vitalista e a terceira, do organicista. Sheldrake não se comprometeu nem com a segunda nem com a terceira opções, mas rejeitou peremptoriamente a primeira.

Das três principais alternativas metafísicas abertas para nós, a primeira é materialística, que poderia necessitar submeter-se a uma renovação, caso existam mais tipos de campos para a física explicar do que se suspeitava previamente. A segunda é uma abordagem vitalista, envolvendo criatividades imanentes, tais como a noção de um elã vital, ou força vital, de Henri Bergson (Sheldrake, 1987: 208). Sheldrake algumas vezes é reconhecido como um vitalista, devido à sua afirmação de que alguma coisa fora do ordinário funciona por trás da existência das formas biológicas. Ele virou o jogo, todavia, contra os mecanicistas por meio de sua asserção de que são eles que importam elementos vitalistas para seu próprio esquema. Conforme foi mencionado, Sheldrake desmascarou "os princípios de organização proposais e semelhantes a uma mente" da biologia atual, com sua descrição de "programas genéticos" (Sheldrake, 1988b: 86-87). Na cena contemporânea, "os 'programas genéticos' ou 'informações genéticas' ou 'instruções' ou 'mensagens' exercem agora o papel antigamente atribuído aos fatores vitais" (Sheldrake, 1988b: 87).

O terceiro candidato metafísico é uma realidade transcendente do tipo que um organicista poderia escolher. Sheldrake acreditou que havia espaço em seu esquema para uma tal proposição. Nessa estratégia, as descobertas da ciência podem ser descritas mecanicisticamente, embora não explicadas, como casos limitadores. Sozinho, todavia, o modelo mecanicista do mundo é, de acordo com a estimativa de Sheldrake, truncado. A causação formativa alargaria a visão anterior e, com a contribuição de Sheldrake, observamos a formação de uma visão reanimada da Natureza (Sheldrake, 1994: 79).

Para fazer um comentário, quero incluir as seguintes observações. A teoria de Sheldrake lida com campos morfogenéticos, previamente concebidos por outros pesquisadores, que se preocuparam com o desenvolvimento das formas. A estrutura de um organismo é passada para a próxima geração em um tipo modificado de herança lamarckiana. De acordo com essa abordagem, quanto maior for a presença histórica de uma certa forma, tanto mais ela aprofunda um sulco ou canal no campo que lhe deu origem e, desse modo, o fortalece ou reforça. Uma forma se torna impressa no campo de fundo que gera e sustenta as formas. Ainda que a impressão possa não ser energética, é uma imposição e, como tal, é causal. Mas as formas não são tudo o que o campo influencia, uma vez que o efeito se estende também a habilidades motoras e ao comportamento. A ciência convencional e Sheldrake discordaram nos termos da perspectiva assumida com relação ao poder explanatório da genética. Com relação a esse assunto, Sheldrake se alinhou em oposição à tradição. Ele redigiu sua hipótese porque reconheceu um impasse e, para ele, esse é o limite da genética como instrumento de explicação das funções biológicas. Para reiterar, segundo o ponto de vista de Sheldrake, a genética não pode explicar nem a regeneração – a habilidade de alguns organismos em substituir e restaurar partes anatômicas perdidas; nem a regulação – a capacidade de algumas células de se diferenciar e especializar no lugar correto e no tempo adequado, mesmo que todas as células contenham o mesmo material genético.

Para Sheldrake, a genética não pode explicar, por enquanto, as características de certos organismos, tampouco será capaz de fazê-lo sozinha. Para a ciência convencional, por outro lado, a posição de Sheldrake é similar à estratégia do "deus das fendas", em que Deus, como uma solução para as falhas de nosso conhecimento, vai sendo progressivamente apertado para fora desses espaços, à medida que a ciência avança e amplia seu arcabouço epistemológico do mundo. A ciência entenderia o impasse de Sheldrake como uma fenda que, algum dia, será fechada. Sem dúvida, a ciência tem dado passos nessa direção, já que agora se acredita que existam genes reguladores que se ligam e desligam em momentos críticos, para que uma seqüência de eventos biológicos possa transcorrer da maneira adequada (Barbour,

1998: 423).[10] Quanto mais se estreitam as fendas, tanto menos Sheldrake tem argumentos. Todavia, existirá alguma coisa a respeito da teoria de Sheldrake que pode ser retida, mesmo em face desses avanços científicos? Talvez até haja, embora alguns possam alegar que isso também é indicativo de uma fenda epistemológica que, em última análise, acabará por ser transposta.

Como exemplos específicos, as aranhas são capazes de tecer teias e certos pássaros podem localizar seus pais a grande distância depois de terem sido deixados para trás – tudo isso sem qualquer treinamento formal. Tecnicamente, essas ações recairiam na categoria de comportamentos, embora elas pareçam transcender descrição tão simples. Comportamentos típicos incluem atividades como rituais de acasalamento e organização social, se houver alguma. Mas tecer teias e localizar pais poderiam ser interpretadas como habilidades muito além de um comportamento ordinário. Em outro exemplo, os cupins, que são cegos, são capazes de construir um arco por meio de trabalho de equipe. Eles se dividem em duas companhias, cada uma das quais toma a si a metade da tarefa e, então, se encontra com a outra companhia na metade do caminho. Efeitos coordenados são requeridos para a realização de tais feitos. Essas capacidades estão além das ordinárias e, talvez, devam ser chamadas de "habilidades incomuns". Alguns poderiam sugerir que os pássaros possuem uma bússola interna, que é afetada pelo pólo magnético da Terra ou se guiam pelas estrelas, mas isso somente não poderia comunicar-lhes a localização específica de seus pais. E a capacidade aracnídea de tecer teias não lhes pode servir como causa única para possuir a habilidade de engenharia suficiente para produzir teias com precisão geométrica. A coisa estaria sendo levada longe demais se presumíssemos que apenas o DNA pode explicar todas essas habilidades quando, afinal de contas, sua função é puramente codificar proteínas. Ou será que ainda subestimamos os poderes das proteínas?

Com referência ao exemplo dos cristais de Sheldrake, Lyall Watson foi da opinião de que uma descrição lamarckiana dos eventos também é adaptável ao mundo químico:

---

10. Seria mais producente se Barbour tivesse fornecido as referências por meio das quais pudéssemos acompanhar as evidências que sustentam seus pontos de vista. Veja também Stephen Jay Gould, *Hen's teeth and horse's toes* (New York: Norton, 1983), p. 171. [*A galinha e seus dentes e outras reflexões sobre história natural*. São Paulo: Companhia das Letras, 2005.]

DEUS E A NOVA METAFÍSICA

Neste nível inorgânico, Lamarck tinha razão, porque as características adquiridas podem ser retransmitidas; mas isso é verdadeiro, em boa parte, porque os cristais não se reproduzem, eles se replicam. Eles produzem cópias exatas de si mesmos, retransmitindo quaisquer informações que possam ter recebido. Eles são estáveis e se replicam com precisão, mas se qualquer mudança for executada sobre eles por uma pressão ambiental, eles copiam essa imperfeição igualmente, incorporando-a fielmente em suas memórias (Watson, 1980: 57).

Watson prosseguiu para declarar que isso "é precisamente o que a argila aprendeu a fazer e é isso que é ensinado para as primeiras moléculas complexas replicadoras que estão aninhadas no seio de suas camadas" (Watson, 1980: 58). Isso poderia ter fornecido o ímpeto para a emergência da reprodução biológica, a partir da replicação química, e a hipótese de Lamarck poderia, até certo ponto, ser aplicável a ambos os casos. E, em conexão a uma força propulsora por detrás de seu mecanismo, Sheldrake deixou aberta a possibilidade para uma "influência formativa" divina. Ainda que possa ser difícil acreditar que as formas possam "produzir campos", recordemos que, como os campos morfogenéticos, os campos magnéticos surgem de substâncias – é a matéria que os gera, mas eles não podem ser sustentados sozinhos.

Ainda no tema lamarckiano e respondendo à ilustração de Gould, reiteramos que Sheldrake ofereceu um mecanismo para um tipo de herança lamarckiano transmitido pela repetição por meio da ressonância mórfica, por meio da qual o campo morfogenético é fortalecido e aumenta a potencialidade de posteriores repetições da mesma forma. Se esse raciocínio é exato, teria também uma aplicação atlética? Aqueles que fazem a defesa de Sheldrake talvez pudessem citar o exemplo de Roger Bannister, que quebrou o recorde da corrida de quatro milhas, em 1954. Desde que essa marca foi eclipsada, o feito foi realizado por muitos outros, em numerosas ocasiões. Mesmo que isso possa ser atribuído a uma qualidade superior de treinamento, e a exercícios e alimentação adequados, o fato de que isso se tornou lugar-comum poderia ser alegado para reforçar a afirmação de Sheldrake. É possível, também, significar que podemos esperar que o recorde de circuitos de Babe Ruth venha a ser quebrado com maior freqüência no decorrer do tempo. Todavia, por que isso não funciona também com o recorde de 0.400 rebatida, conforme a tese de Gould? Se o pensamento de Sheldrake está certo, deveríamos ver mais vezes esse resultado, e não menos.

Numa última rodada de comentários sobre o trabalho de Sheldrake, devemos mencionar um estudo periférico ao seu, para salientar a distinção entre os dois. O biólogo Lee Alan Dugatkin exemplificou a proeminência da evolução cultural no desenvolvimento do comportamento dos organismos, contrariamente à pressuposição de que fatores puramente biológicos exerceriam nela a única função. Em seu relato das escolhas de parceiros por fêmeas em uma grande variedade de espécies, Dugatkin descobriu que as fêmeas imitam as seleções feitas por outras fêmeas e argumenta que esse "fator imitativo", título de um livro do pesquisador recentemente publicado, não pode ser explicado unicamente com base na genética. Para aqueles pesquisadores que insistem que os genes são responsáveis por esse comportamento, Dugatkin declarou que "o fato é que um código genético complexo para a escolha de um parceiro sexual raramente foi reconhecido e jamais se soube onde tais genes podem residir, mas isso não impede que se presuma quase universalmente que tais genes existam" (Dugatkin, 2000: 31). Mesmo quando modelos baseados em genes são apresentados teoricamente em competição com suas descobertas, Dugatkin mantém que "os biólogos tiveram de admitir que a transmissão cultural de comportamento poderia ter produzido exatamente o mesmo tipo de comportamento" (Dugatkin, 2000: 50).

Dugatkin recebeu sua inspiração de um grande naturalista, ninguém menos do que o próprio Charles Darwin que, em uma carta dirigida a A. R. Wallace, em 1867, declarou que tinha "uma firme crença de que, sem especulação, não existe nenhuma observação boa e original" (Dugatkin, 2000: 87). Dugatkin acrescentou ainda que, "sem uma estrutura hipotética com que trabalhar", qualquer empreendimento empírico é apenas um exercício "arbitrário e sem significado". Portanto, ele tomou a liberdade de especular em uma direção diferente da norma. Nesse ponto, ele é como Sheldrake, embora Dugatkin tenha permanecido dentro dos parâmetros aceitáveis da biologia tradicional. Já isso não aconteceu com Sheldrake. A diferença entre suas abordagens é que a observação da parte dos organismos é necessária para que ocorra a imitação, para satisfazer a tese de Dugatkin, enquanto, na representação de Sheldrake, os campos são os responsáveis pela duplicação de comportamentos, mesmo na ausência de qualquer observação. Entre os dois, Sheldrake seria aquele tido como engajado em um programa de pesquisa heterodoxo ou marginal – situado nos limites ou às margens da respeitabilidade e da credibilidade.

Robert O. Becker

Robert O. Becker é doutor em medicina e suas pesquisas se superpõem parcialmente às de Sheldrake. Ele também se sentiu insatisfeito com as abordagens tradicionais com referência à regulação e à regeneração, tais como são ordinariamente entendidas pela biologia, e utilizou sua inquietação como um trampolim para linhas de pesquisa que eram tachadas pela ortodoxia científica reinante como, no mínimo, não ortodoxas ou, até mesmo, como heresias científicas. Becker constituiu a ponta de lança de uma campanha contra a proliferação de radiações eletromagnéticas (EMR) geradas pelos seres humanos, e a conseqüente produção de campos eletromagnéticos – incluindo tudo, desde geladeiras e controles remotos até o rádio e o radar –, devido aos efeitos prejudiciais que aquelas podem ter sobre as formas de vida. Seus esforços, entretanto, encontraram a resistência consistente dos conservadores que tinham interesses investidos na manutenção do *status quo*. No decorrer de suas investigações, ele descobriu tanto o dom como o perigo das radiações eletromagnéticas. Em sua condição de médico, Becker focalizou os fatores que aumentam a saúde dos organismos e, do mesmo modo, os que a diminuem. Ele revelou que certos tipos de radiação eletromagnética são de fato favoráveis ao bem-estar humano e, mesmo, à cura de doenças específicas, ao passo que outros tipos são perigosos. O que é interessante observar é que na primeira categoria estão as freqüências naturalmente produzidas pela Terra, cerca de 10 Hz (o Hertz representa ciclos por segundo ou cps).

Os organismos encontrados na Terra, declarou Becker, ou "ressoam nessa mesma freqüência ou demonstram extrema sensibilidade a ela". Tal freqüência "permanece supremamente importante para a maioria das formas de vida e é a principal do encefalograma da maior parte dos animais" (Becker & Selden, 1985: 259). (Um eletroencefalograma é a saída de um dispositivo que mede os padrões das ondas cerebrais e sua atividade.) Notavelmente, a freqüência de 10 Hz emitida pela Terra "pode ser usada para restaurar os ritmos circadianos normais (isto é, aqueles que operam em um ciclo de 24 horas) de seres humanos que, de algum modo, foram cortados dos campos normais da Terra, Lua e Sol". Ambientes artificiais foram estabelecidos para estudar o efeito dos campos de freqüências extremamente baixas (ELF) sobre as células. Descobriu-se que a amplitude de freqüência entre 30 e 100 Hz "causa dramáticas mudanças no ritmo dos ciclos celulares. Isso interfere no crescimento normal de um embrião e pode tender a nutrir crescimentos malignos anormais", inclusive (Becker & Selden, 1985: 263). A amplitude de 50 a 60 Hz foi revelada como particularmente prejudicial à saúde, porque se trata da "amplitude mais poderosa", que está "justamente no meio da 'faixa perigosa' dentro da qual uma interferência com os controles de crescimento pode ser esperada" (Becker & Selden, 1985: 263).

A verdadeira explosão de instrumentos e dispositivos que produzem campos eletromagnéticos em níveis perigosos é um resultado direto de sua manufatura para fins industriais e militares, e de seus usos comerciais. Becker declarou que "o campo magnético normal da Terra está sendo contaminado por nossos próprios eflúvios eletromagnéticos" (Becker & Selden, 1985: 263), que ele denominou "eletropoluição". Ele concluiu que "toda vida pulsa no ritmo da Terra, e os nossos campos artificiais estão causando reações anormais em todos os organismos" (Becker & Selden, 1985: 328). Conforme ele explicou:

> Dois perigos superam todos os demais. O primeiro já foi demonstrado conclusivamente: *os campos eletromagnéticos ELF, de freqüência extremamente baixa, que vibram entre 30 e 100 Hz, mesmo que sejam mais fracos do que o campo terrestre, interferem com as indicações que mantêm nossos ciclos biológicos adequadamente ritmados; os resultados são a tensão crônica e a diminuição da resistência a doenças.* Em segundo lugar, as evidências disponíveis fortemente sugerem que a regulação dos processos de crescimento celular é prejudicada pela eletropoluição, aumentando a freqüência do câncer e produzindo sérios problemas reprodutivos...

Pode haver outros perigos, menos agudamente definidos, mas não menos reais. Todas as cidades, por sua própria natureza de centros elétricos, tornaram-se florestas de campos interpenetrantes e de radiação que abafam completamente o pulsar subjacente da Terra (Becker & Selden, 1985: 327).

A razão por que abordamos o tópico de Becker e suas investigações é sua notável superposição com as preocupações de Sheldrake. Ambos falaram de campos: os de Sheldrake vêm à existência com as novas formas de vida e, então, persistem, caso sejam repetidos; os de Becker são campos eletromagnéticos convencionais, embora inesperados dentro de certos contextos, e sua força diminui com a distância. Todavia, a utilização por Becker do convencional é inconvencional e, por isso, ele recebeu um mau tratamento da comunidade científica. Becker reconheceu os campos morfogenéticos como uma possível explicação para fenômenos biológicos como regulação e regeneração, embora ele não tenha feito qualquer referência específica a Sheldrake. Todavia, como Sheldrake, ele deixou o caminho aberto para outros efeitos que seus campos possam produzir ou suportar, tais como a percepção extra-sensorial (ESP) e ocorrências psíquicas similares.

Se existe lugar para uma divindade no esquema de Sheldrake, então também pode haver no de Becker. Além disso, para aqueles que estão interessados na sintonia fina do mundo, o fator adicional das pulsações da Terra como sintonizadas com a saúde dos organismos é sugestivo de detalhamento posterior, dentro de uma perspectiva que aceite um desígnio para o cosmo. De outra maneira, poderia ser indicativo de uma estratégia de Gaia para garantir que a Terra continue a ser habitável. Se isso aponta para a presença de um projetista capaz de tal clarividência já é, naturalmente, um outro assunto.

Pierre Teilhard de Chardin

Para não deixarmos a impressão de que a única perspectiva de processo é a de Whitehead, vamos considerar o ponto de vista do padre jesuíta e paleontólogo Pierre Teilhard de Chardin (1881-1955), e examinar brevemente o mapa que ele nos ofereceu. Como Whitehead, que reserva a discussão de Deus para a quinta e final parte de seu *magnum opus*, Teilhard não abordou o mesmo tópico até o epílogo de seu trabalho principal, *The phenomenon of man*, completado em 1941. Também de maneira semelhante a Whitehead, Teilhard entendeu que as entidades, embora ele não tenha empregado o mesmo termo que Whitehead, apresentam tanto um aspecto interno como um externo. Que toda matéria, e não somente todos os organismos, possui um aspecto subjetivo do mesmo modo que um lado objetivo é o que a ciência, para Teilhard, fracassou em reconhecer. A ciência se concentra na externalidade com a inclusão da interioridade, mas Teilhard enfatizou ambos os lados. Para ele, todas as formas têm tanto exterioridade como interioridade – um aspecto da realidade material que não aparece em nenhum lugar específico da escala hierárquica das criaturas, ou em algum estágio da história evolutiva. Embora Teilhard não tenha desaprovado uma distinção entre mundo orgânico o inorgânico (Teilhard, 1965: 87), ele realmente manteve que mesmo aquilo que nós ordinariamente estaríamos inclinados a descrever como proteínas "mortas" compreende um protoplasma "vivo" em células que já possuem "algum tipo de psique rudimentar" (Teilhard, 1965: 85).

Duas biógrafas de Teilhard, dentre vários outros, ampliaram esses temas e delinearam o sistema de classificação que Teilhard empregou para os tipos de energia em funcionamento no Universo. Ele as subdividiu em duas categorias: a primeira chamou de energia "tangencial" e, nesta, colocou as forças-padrão com que as ciências se acham familiarizadas; a segunda denominou energia "radial" – "uma energia psíquica [...] que ainda não foi mensurada", mas que impulsiona os elementos de forma ascendente, a partir de um estado de ordem inferior para um estado superior (Lukas & Lukas, 1977: 169). A primeira descreve as interações externas e a segunda se refere às internas. Segundo as palavras dessas duas biógrafas:

> Seja qual for o "corpúsculo" (ou grão) que constitua a unidade física mais minúscula e mais simples, subindo por toda a escada da evolução até a maravilha de complexidade [humanidade], esse aumento da 'interioridade' das coisas, insistia Teilhard, podia ser sempre observado como diretamente proporcional à sua complexidade (Lukas & Lukas, 1977: 169).

DEUS E A NOVA METAFÍSICA

A energia radial é a causa que impulsiona a progressiva complexificação dos organismos a subir a hierarquia evolutiva – aqui Teilhard endossou um conceito que, como vimos, seria desaprovado por Gould. Para Teilhard, a ciência "se atém apenas ao exame do aspecto 'tangencial' da energia" (Lukas & Lukas, 1977: 325).

Quanto maior a complexidade, tanto mais agudamente o senso de consciência do organismos se desenvolverá, o que, eventualmente, conduzirá a uma consciência da alma (Lukas & Lukas, 1977: 170). O apetite por uma consciência ainda maior dá, em última análise, lugar à reflexividade da autoconsciência (Lukas & Lukas, 1977: 171). Isso dá origem a uma diferente perspectiva sobre a evolução:

> Para [Henri] Bergson, a evolução era um processo por meio do qual as coisas *divergiam* para uma multiplicidade de formas. Para Teilhard, era um processo *convergente* – o processo da emergência da escuridão do "desconhecer" para a luz. A partir do momento em que a reflexão foi obtida, surgiu a questão de um alvo – uma direção a ser seguida por aqueles seres [capazes de realizarem a jornada] (Lukas & Lukas, 1977: 172).

Esse sentimento coloca Teilhard diretamente na corrente teleológica, ou seja, o campo do pensamento evolucionário – em que a maioria dos biólogos não milita. Em seu julgamento abalizado, as entidades do mundo inorgânico gozam de uma "reserva interna" ou "capacidade funcional", do mesmo modo que as do mundo orgânico. Tal avaliação é semelhante à de Whitehead, sendo que a diferença entre as duas categorias é de grau, e não de gênero, à medida que os organismos crescem em complexidade, desse modo implicando que a distinção entre orgânico e inorgânico deveria ser abandonada. Mais ainda, isso significa que a divisão entre as ciências físicas e naturais deveria também dar lugar a várias subdisciplinas, todas elas sob a proteção da biologia: "a matéria, além de ser polarizada mecanicamente partícula por partícula, também seria polarizada de cima" (Lukas & Lukas, 1977: 325).

Segundo o ponto de vista de Teilhard, o Universo é um único organismo cujas propriedades são expressas até certa medida em todas as escalas, presentes no elétron do mesmo modo que no elefante. Desse modo, "a

156

psicoatividade que se manifesta totalmente no pensamento humano deve também se prolongar para trás até o ponto em que as raízes da matéria 'desaparecem de vista'" (Lukas & Lukas, 1977: 168). Toda existência é corpuscular ou granular em natureza e goza de interioridade, embora nos níveis mais inferiores existam "apenas 'as mais indeléveis indicações' de sua existência". Assim, "dadas as condições requeridas", matéria alguma se acha desqualificada para "evoluir em direção ao espírito". Além de serem elegíveis para subir mais alto, os humanos poderiam também se mover de modo a se tornarem mais unidos. Com a evolução cultural em mente, lado a lado com o crescimento da tecnologia e das comunicações globais, não somente a Terra possui uma cobertura de vida em sua superfície, mas também apresenta uma "película pensante". A imagem que Teilhard desenhou para essa recente aquisição é a da humanidade como potencialmente "se tornando um único organismo com um único sistema nervoso e firmando o seu controle do planeta" (Lukas & Lukas, 1977: 90).

Para Teilhard, existe uma progressão definida dos eventos à medida que o cosmo se desdobra. O primeiro estágio é uma geogênese ou a formação de um mundo a partir de estruturas físicas e elementos químicos. O segundo é uma biogênese, em que a vida surge da pré-vida e resulta numa biosfera de formas vivas. O terceiro é a psicogênese, em que os avanços ou promoções das formas vivas resultam naqueles organismos que dispõem de sistemas nervosos, culminando em sua expressão humana. O quarto é uma noogênese, em que a mente ou a consciência se desenvolve a partir do sistema nervoso. Nesta última fase, o pensamento se expande ao ponto em que se pode dizer que a Terra possui uma membrana mental ou uma camada de pensamento, que é chamada por Teilhard de noosfera (Teilhard, 1965: 164, 201). Sua noção da interioridade das coisas implica que a consciência gozada no quarto estágio já se achava presente no primeiro, ou, como ele afirmou, "aprisionada na matéria da Terra" (Teilhard, 1965: 78). Mas a progressão não pára aí. Ao contrário, no decorrer do tempo, toda essa mentalidade será atraída para um centro ou princípio universal, que ele denominou Ponto Ômega (Teilhard, 1965: 288).

O que fica claro a partir da apresentação de Teilhard é que a evolução muito seguramente tem uma direção e não envolve somente o acaso (Teilhard, 1965: 121, 161). Ele até mesmo se refere ao processo como tendo "um alvo específico", "uma *orientação* precisa e um *eixo* privilegiado" (Teilhard, 1965: 121, 157). Com efeito, o que se obtém é um tipo de relacionamento cooperativo de acaso darwiniano/mendeliano e o "jogo de forças externas", juntamente com uma seleção psíquica lamarckiana daqueles "golpes de sorte que são reconhecidos e capturados" pelas formas em desenvolvimento (Teilhard 1965: 165, n. 1). Para aqueles que não reconhecem que a evolução se dirige a alguma parte, entretanto, o que representa a maioria dos biólogos, o ponto de vista teilhardiano não apresentou muito impacto.

Podemos nos sentir impulsionados a indagar, entretanto, se alguns aspectos da realidade nessa escala progressiva aparecem onde não estavam antes. Isso não implica que houve, em certa época, um tempo em que havia fisicalidade sem mentalidade? De acordo com um defensor de Teilhard, nem a matéria nem a mente podem existir uma sem a outra – não se pode ter qualquer uma delas em estado puro (Haught, 2000: 178). Diferentemente de Whitehead, que focalizava um *reino* diferente daquele que habitamos, ou seja, a mente de Deus, a partir da qual as possibilidades são comunicadas, Teilhard salientou outra *era* – o futuro, em direção ao qual o Ponto Ômega atrai e chama o Universo para a frente (Haught, 2000: 84). Mas nós precisamos decidir qual vai ser: se existe um ponto em direção ao qual o Universo é atraído – centrado no Ponto Ômega, junto a Deus, no centro dos centros –, então a evolução tem um sentido e é Deus que segura o leme; mas, se o futuro é indeterminado, conforme afirmou Whitehead, então não adianta nada Deus mirar um único ponto, porque o poder de autodeterminação das criaturas pode fazer com que elas se desviem do ideal divino e errem o alvo. Não se pode ter uma genuína abertura lado a lado com um destino antecipado. Podemos apenas escolher entre uma visão e um plano – a primeira é esperada, enquanto o segundo é deliberadamente buscado. Além do mais, poderíamos perguntar se o processo evolucionário pode ser avaliado adequadamente e com exatidão por aqueles que se encontram dentro dele, ou se é necessário um modelo de referência mais objetivo a partir do qual o julgamento possa ser realizado (se é que existe um tal ponto de referência disponível).

Sem dúvida, se estamos sendo mantidos e atraídos para o absoluto – o Ponto Ômega –, então até que ponto o futuro pode ser de fato aberto, uma vez que não se pode desviar deste ponto? Os caminhos que são traçados podem diferir levemente, mas existe um limite para a liberdade de movimentos dentro deles e pouca margem de erro. E, com respeito à capacidade de a matéria elevar-se espiritualmente, suspeito de que não se pode conservar muita esperança com respeito à maioria da massa material do Universo. Teilhard admitiu que as condições corretas devem prevalecer, mas onde podem estar, existir, senão sobre a Terra? Mesmo em nosso planeta, na maioria dos casos, haveria pouca possibilidade de um avanço de tal extensão.

Becker também fez referência a Teilhard em sua descrição da noosfera, como "um oceano da mente, erguendo-se da biosfera como uma espuma" (Becker & Selden, 1985: 270). As próprias capacidades eletromagnéticas do corpo humano poderiam, então, dar acesso "ao grande reservatório de imagens e de sonhos variadamente denominado o inconsciente coletivo, a intuição ou o reservatório dos arquétipos", do tipo estudado por Carl Gustav Jung. Mas os campos produzidos pelos complexos industriais ou militares efetivamente afogariam a noosfera, pois, se ela existe, então "os nossos campos artificiais a devem mascarar muitas vezes, literalmente nos desligando da sabedoria coletiva da vida" (Becker & Selden, 1985: 327).

Numa tentativa de dar ao capítulo um encerramento adequado, se é que vamos aceitar a abordagem de Teilhard, então a Gaia de Lovelock sobreviveria, mas não poderia pensar, segundo o raciocínio de Becker; o mundo de Whitehead sobreviveria, mas poderia estar em perigo de não atingir o Ponto Ômega, segundo o próprio raciocínio de Whitehead; os campos de Sheldrake são demasiado orientados para o passado para funcionarem em direção a uma culminação teilhardiana futura; e os campos de Becker estão em sintonia com os da Terra e, portanto, com a Gaia de Lovelock, mas os campos artificiais produzidos pelos humanos interromperiam a progressão evolucionária teilhardiana em nível da noogênese, evitando que a noosfera permanecesse intacta. Minha suspeita é que cada um dos cinco pontos de vista seria banhado por uma luz um tanto negativa ao serem encarados segundo a perspectiva de cada um dos outros. Assim, qual deles deverá ser o padrão segundo o qual todos os demais deverão ser avaliados? Ou existe ainda um outro modelo que não tomamos em consideração? O nosso mapa ainda é útil e devemos marchar em frente ou simplesmente pedir para descer na próxima parada?

CAPÍTULO 6

Novos Panoramas

Algumas vezes, eu me pego fazendo reservas com relação ao esquema whiteheadiano e já que em certos momentos nós o usamos como base de comparação com outros pontos de vista, vale a pena verificar e determinar se estamos aplicando o padrão adequado. Chamo a essa postura "reservas", mas poderiam ser objeções, uma coisa que, de fato, já fiz em outro lugar.[11] Todavia, vou usar por enquanto o termo mais suave, uma vez que o exemplo que pretendo apresentar não evoca um argumento contundente, capaz de convencer a cada um que o escutasse da existência de uma fraqueza no pensamento processivo com relação a esse ponto em particular. Whitehead era cuidadoso demais para deixar que isso acontecesse. Mas será que ele foi suficientemente minucioso para evitar completamente qualquer fragilidade em seu sistema? A seguir, descreverei a fonte de minha inquietação.

---

11. Conforme meus dois artigos publicados em *The Journal of Religion and Psychical Research*: "*The compatibility of process thought with the psychical dimension*", 23(2): 67-72, abril de 2000; e "*God and the new metaphysics*", 24(2): 64-69, abril de 2001.

O passado como entidade causal

O passado é, em geral, entendido como inativo e, nesse caso, não pode apresentar um impacto sobre o presente. E, se a natureza humana serve como exemplo, a repetição dos erros históricos revela que o passado fornece uma recordação insuficiente de que conseqüências indesejáveis de ações prévias poderão reaparecer, caso não se atenda a seus avisos. Nós podemos saber o que devemos evitar, no sentido de que, realmente, existe uma aprendizagem ao longo da história, mas as circunstâncias presentes freqüentemente parecem superar os benefícios obtidos de nossa educação anterior. De algum modo, conseguimos pensar que a situação presente é de um tipo diferente, de tal modo que não se insere nos mesmos limites de um erro ou fracasso anterior. Uma vez encontradas as suas conseqüências, todavia, nos tornamos dolorosamente conscientes de sua congruência com o passado. Só que, a essa altura, já é tarde demais.

Nesse sentido, o passado não impõe automaticamente sua sabedoria. O presente é o único cenário em que aparece a causação eficiente. Se isso for verdade, então é um argumento lesivo para a abordagem processiva. Para Whitehead, o passado efetivamente exerce uma causalidade eficiente. Estar definitivamente estabelecido não significa cessar de produzir efeitos. É improvável, afinal de contas, que o peso cumulativo do passado herdado possa efetivamente ser evitado. Para ouvidos não whiteheadianos, todavia, essa noção pode parecer contra-intuitiva. Qual é a melhor maneira de se ler o passado, então, quando reconhecemos que somos o produto de nossa educação, quando temos de enfrentar um legado sociopolítico-econômico, quando podemos nos sentir perseguidos pela recordação de decisões passadas e quando suportamos o peso do benefício e/ou maldição da herança genética?

Se prestarmos atenção à pergunta que acabamos de fazer, perceberemos que nela está embutida a idéia de que o passado influencia profundamente a maneira como nos conduzimos no presente. Se somos afetados por ele de todas essas maneiras, então deve haver alguma coisa real que também nos afete. Algumas pessoas podem sugerir que é apenas o nosso caráter psicológico que produz esses tipos de respostas e que constituem grilhões dos quais deveríamos nos libertar. O nosso caráter foi moldado para produzir respostas no presente com relação àquilo que aconteceu anteriormente em nossas vidas e o passado pode se sobrepor ao presente e, de fato, o faz, mas também pode ser defletido. Todavia, esse é precisamente o ponto de vista de Whitehead. Nós recebemos a influência do passado e respondemos a ele com base no grau do poder de autodeterminação de que gozamos.

Nossas memórias, por exemplo, são a destilação presente de ocorrências passadas. Conhecemos nossas memórias muito intimamente; ninguém mais sabe nada a respeito, a não ser que lhes comuniquemos e, mesmo assim, não passam a ser conhecidas do mesmo modo que nós as conhecemos. Experimentamos o nosso passado por meio da sua representação, presente de nossa recordação dele (cuja acurácia pode diminuir progressivamente com o aumento de nossa própria idade). Por meio de nossas memórias, embora não exclusivamente, nos relacionamos com nosso passado, posto que imperfeitamente. O esquema de filtração de nossos sistemas interpretativos se encarrega de modificar aos poucos as lembranças, de tal modo que, por exemplo, a evidência testemunhal em um tribunal de justiça nem sempre merece confiança. Nossas memórias não são um reflexo acurado do que nos aconteceu, mas da maneira com que presentemente vemos aquilo que experimentamos no passado. Não reexperimentamos a experiência inicial, mas sim uma revisão dela. Assim, a lembrança vai passando por modificações ao longo do tempo. Além disso, o presente age sobre o passado como se fosse o revisor de um livro. Nós refazemos o nosso passado do mesmo modo que fomos moldados por ele. Essa mudança de ênfase é diferente da intenção de Whitehead, embora ele possa ter tomado esse fato em consideração.

O que permanece pouco provável para o pensamento de algumas pessoas é a idéia de que o passado pode se impor ao presente. Mas, basta recordar um evento que se preferiria esquecer, para perceber que o passado ainda possui grande impacto sobre nós. Talvez seja verdade que o passado não tenha poder suficiente para iniciar alguma coisa, de tal modo que um processo possa ser começado. É nesse ponto que o Deus de Whitehead entraria. Deus origina um evento, atribuindo-lhe um lócus espaço-temporal, ou seja, um endereço e um ideal ao redor do qual os esforços da ocasião podem centralizar-se. Isso denota o impulso inicial de uma certa informação no sistema. Além disso, a ocasião retira dados do passado para estudar a maneira como ele era e integra tais dados em uma compreensão daquilo que ele é e, assim, gera a forma daquilo que ele poderá tornar-se. O movimento do que era, por meio do que é, até aquilo que será, marca a passagem da subjetividade para a objetividade.

Esse processo também envolve diferentes modos de percepção. Em uma era na qual as informações recebidas por meio dos sentidos são consideradas a fundamentação daquilo que pode ser entendido a respeito do mundo, Whitehead foi o arauto de uma outra perspectiva. Em oposição à tendência defendida pelos campeões da escola empírica britânica, incluindo personalidades tão notáveis como John Locke e David Hume, Whitehead manteve que a percepção sensorial tem um nível mais fundamental e que é a partir dele que o conhecimento pode ser obtido. Ele chamou essa percepção o "modo de eficácia causal", que se apropria de informações do passado de uma forma não processada ou pré-refletida e pré-teórica. Trata-se da impressão inicial causada por um objeto no ambiente do passado imediato de um sujeito. O argumento de Whitehead, particularmente contrário ao ponto de vista de Hume, é que os objetos são sentidos emocionalmente antes de ser percebidos fisicamente. Esses dois modos de percepção são puros, para Whitehead, porém o último é mais sofisticado e complexo. De acordo com um membro da escola do pensamento processivo:

> Enquanto a eficácia causal, o modo de herança do passado, transmite ao presente dados maciços em seu poder emocional, mas vagos e inarticulados, a proximidade representacional transmite dados claros, precisos, localizados espacialmente, porém isolados, recortados do contexto e temporalmente autocontidos (Sherburne, 1981: 236).

A proximidade representacional pressupõe a eficácia causal e faz uma espécie de elaboração sobre ela: adiciona uma definição à percepção anterior e a torna mais relevante. A primeira observação que se faz de um lago, por exemplo, pode ser "grande e molhado" e, apenas subseqüentemente, ele vem a ser registrado como um corpo de água sobre o qual precisaremos navegar. Para atingir esse objetivo, a percepção entra em um terceiro modo, o modo misto ou impuro da referência simbólica, naquilo que geralmente é conhecido como consciência sensorial. Enquanto na proximidade representacional as coisas são registradas "pelo canto do olho", por assim dizer, a referência simbólica adiciona a ela as qualidades e propriedades características do objeto em questão. A ciência opera nesse terceiro nível. É aqui que ambos os modos anteriores são sintetizados e integrados, e onde começam os pontos de vista empíricos.

Uma analogia para o que foi mencionado acima pode ser retirada da fisiologia humana. Quando se experimenta uma dor, digamos, quando se queima a ponta de um dedo, isso é registrado inicialmente pelo sistema nervoso periférico (SNP) como uma dor indefinida. Mas, logo em seguida, a dor é registrada pelo sistema nervoso central (SNC). Nesse ponto, a dor se torna mais aguda e mais refinada, e uma idéia já começa a se formar no pensamento de quem a sentiu a respeito de sua natureza e de seu início. O culpado pode ser imediatamente identificado como uma chaleira ou qualquer outro objeto no fogão, e o dedo recebe uma resposta empática que constitui uma tentativa de trazê-lo de volta para o seu estado anterior de saúde. A experiência dessa dor é análoga à de um processo de compreensão de um evento. A progressão em tal evento parte da exposição sentida, emocional ou sensorialmente, por meio do encontro conceitual para a resposta a ser considerada. Uma vez completo, o processo começa novamente, com a esperança de que não surja um desconforto ulterior.

Até aqui, tudo o que foi exposto acima parece ser uma confirmação do ponto de vista processivo, mas, eu pergunto: é suficiente dizer que o passado exerce sobre nós uma força tal que não pode ser ignorada? É aqui que vêm à superfície minhas reservas. Nossa inabilidade para evitar a força de nosso passado sobre o nosso presente é o mesmo que dizer que nós seguimos uma certa trajetória prefixada, da qual não podemos nos afastar. Nós, entretanto, não somos completamente semelhantes a uma partícula balística que, depois de ter sido lançada, segue um caminho parabólico relativamente previsível e apresenta inércia enquanto segue esse trajeto – ou seja, incapazes de alterar nosso estado de movimento. Dizer que somos afetados por nosso passado pode ser pouco mais que afirmar que somos criaturas sujeitas a hábitos – adotamos uma certa rotina e, em função dela, exibimos certos padrões de comportamento específicos. Entretanto, dizer que o passado age sobre nós a cada ponto dessa trajetória é diferente de qualquer coisa que se refira à balística. O objeto traça um caminho determinado, mas não porque seu passado imediato o force a seguir esse trajeto.

Existe um evento no passado desse objeto que causa a descrição de um padrão – o evento de seu lançamento inicial. Todavia, a partir desse instante, e daí para a frente, a posição do objeto em nenhum ponto subseqüente é provocada por seu passado imediato como tal. Todos os seus passados, exceto o lançamento inicial, são inertes – nenhuma posição impõe uma força sobre a posição seguinte, exceto o ponto de lançamento. Todos os pontos intermediários entre o ponto de lançamento e o ponto de aterrissagem são ineficientes, no sentido de que não impõem uma força sobre o próximo ponto do caminho, uma vez que a própria força da inércia os impede de contribuir mais do que os efeitos que lhes foram comunicados pelo impulso do lançamento inicial. Para a partícula, seu passado recente foi eficaz, mas seu passado imediato não lhe provoca o menor efeito. Nenhum passado recente, de fato, exerce mais uma força sobre ele; o que estamos vendo são os efeitos de um passado mais distante. O lançamento é responsável pela localização da partícula em qualquer ponto, sem considerarmos momentaneamente outros fatores, tais como a fricção devida à resistência do vento e assim por diante, mas ele exerceu sua força somente uma vez, e não a cada ponto da trajetória.

Os seres humanos, todavia, não são como essas partículas, uma vez que nós não somos seres inerciais – temos a capacidade de modificar trajetórias e alterar nosso estado de movimento. Encontramos uma série de "lançamentos" ao longo de nossas vidas, porém, do mesmo modo que ocorre com a partícula, eles não agem sobre nós a cada ponto de nossas vidas, apenas ajudam a explicar por que estamos em determinado lugar em um determinado tempo. Somos formados por nosso passado, mas ele não governa o nosso presente, somente as forças do presente podem agir sobre o próprio presente. O passado não impõe a ação das forças presentes, somente o presente pode realizar tal feito. Tanto nós mesmos como as forças que agem sobre nós nos encontramos no presente e viemos do presente. Podemos aceitar certas indicações a partir daquilo que nos ocorreu anteriormente e ser informados por elas, todavia, isso não é a mesma coisa que aceitar um passado ativo. Até o ponto em que existe uma continuidade de identidade, estamos conectados ao nosso passado, mas são as interpretações presentes dos eventos passados que influenciam as respostas do presente, e não o passado como tal.

No exemplo da balística, a causa da posição de uma partícula pode ser ligada ao ímpeto que ela recebeu originalmente, e sua trajetória é o seu traçado subseqüente. A razão por que o objeto pode ser encontrado em um ponto específico ao longo de sua trajetória envolve a posição que ocupava imediatamente anterior àquela que é observada. A causa nos dá uma trajetória e a trajetória nos dá uma razão. A posição da partícula imediatamente anterior à presente, que se encontra agora no passado imediato, não é a causa de seu estado presente, mesmo que seja sua explicação. Podemos apontar um evento passado ou uma série de eventos que sejam responsáveis pelo presente formato das coisas e, nesse sentido, somos passivos; mas nosso encontro presente com eles elicia uma resposta e isso marca um engajamento deliberado – a esse respeito, passamos a ser ativos. Uma proposta feita a alguém, por exemplo, definitivamente apresenta uma causalidade eficiente, uma vez que demanda uma resposta, mas é claro que a resposta não se acha contida dentro da causa, como se estivesse apenas esperando para se revelar. Todavia, aquilo que não mais é ativo pode, mesmo assim, ser causal? O passado é convocado pelo presente; a ênfase é no passado enquanto um receptor do presente, e não o contrário. Mesmo assim, o passado potencialmente instrui, e também é alguma coisa a que o presente pode sucumbir.

Eu serei, por exemplo, sempre um descendente de meus pais, nada pode alterar isso. Todavia, não continuo a ser causado por eles. Eu fui causado por eles somente uma vez, embora tenha recebido nutrição e orientação da parte deles desde então. Eles lançaram uma nova vida e me colocaram em uma trajetória. Todavia, eu sou apenas parcialmente um produto de minha criação e meu treinamento. Apontar para um evento ou para uma série de eventos como completamente indicativos daquilo que correntemente eu sou equivale a superestimar o poder do passado. Nosso poder de autodeterminação contraria de imediato tal suposição.

Os momentos de experiência de Whitehead agem somente no sentido de se autoconduzirem à completação ou à satisfação; e somente entidades deterioradas, isto é, objetivadas, são capazes de agir por ou para outras. Todavia, agir de que maneira? A causalidade eficiente significa a aplicação de uma influência sobre algo, tal como se um objeto gozasse da condição de agente sobre outro que é meramente paciente com relação a ele. Mas, em vez de pensar no passado em termos de imposição de forças, seria melhor

DEUS E A NOVA METAFÍSICA

considerá-lo uma fonte que pode ser captada. Isso inverteria completamente a situação, porque as ocasiões de experiência que se formam agora seriam transformadas em elementos ativos sobre o passado, utilizando-o como uma espécie de biblioteca de informações, uma operação por meio da qual o passado seria o elemento passivo do intercâmbio. Para Whitehead, não são só os objetos contíguos – aqueles que compartilham um limite ou uma interface comum – que podem se encontrar em interação causal, uma vez que os relacionamentos internos nos dão acesso a um passado muito amplo, apenas uma parte do qual é o nosso próprio. De outro modo, haveria um abismo intransponível entre o presente limitado e o passado muito mais amplo, tal que não seria possível estabelecer uma conexão direta entre um e outro.

Segundo o ponto de vista de Whitehead, a influência do passado é maciça e impressionante, enquanto um momento que se inicia é impressionável. Isso permite à perspectiva processiva identificar um elemento de continuidade em oposição ao puramente episódico. Realmente, o movimento pode ser descrito como uma forma de mecânica quântica, com sua descontinuidade, indeterminismo e não-localidade, mas sua constante ligação com o passado o torna relativista ou, até mesmo, newtoniano, isto é, contínuo, determinístico e local. A intenção de Deus de que o mundo permaneça ordeiro é realizada no sentido de que o passado é herdado pelo presente por meio das leis naturais. Isso faz com que o passado seja uma força que devemos levar em consideração. Griffin foi ainda mais além, ao declarar que existe uma "irrupção" do passado no presente (Griffin, 1988: 23). Todavia, afirmar que o passado seja causal pode ser apenas uma hipérbole. Talvez seja melhor dizer, como fazia Peirce e conforme Sheldrake diz até hoje, que o passado freqüentemente é reapresentado no presente (embora se deva admitir que Sheldrake encarou esse fato como produzido pela causação formativa, posto que de uma forma não energética), a não ser que (e é aqui que Sheldrake se separou da maioria) o germe de uma nova forma venha à superfície e, por meio de contínuas repetições, também se fixe no presente. Afinal de contas, existe uma certa finalidade nas coisas presentes, que deslizou para o interior do passado.

Concluiremos esses pensamentos declarando que, se o passado fracassa em ser causal da maneira que Whitehead o descreveu, então o restante de seu sistema se acha em perigo. Não há dúvida de que o passado tem um

168

efeito sobre o presente; isso não pode ser questionado. Mas pode não ser isso que Whitehead tinha em mente quando se referia à eficácia causal. A diferença poderia se encontrar no grau com que o passado se torna uma imposição, caso contrário, ele seria menos do que causalmente eficaz. Em termos whiteheadianos, Deus não pode coagir, mas o passado realmente deve, do contrário, uma nova entidade não se poderia formar. (Uma questão interessante seria se, de fato, a iniciação de cada processo constituiria uma coerção da parte de Deus. Isso não seria propriamente uma intervenção, uma vez que o interesse de Deus em manter o mecanismo funcionando é permanente.) Ao explorar o sistema whiteheadiano como candidato adequado para a elaboração de uma nova metafísica, temos de decidir se nosso próprio passado nos compeliu da maneira descrita acima. Em minha estimativa, um passado ativo está de fato presente, uma vez que é esse o momento em que age.

Como disse anteriormente, essas idéias não correspondem a um argumento conclusivo a respeito de o passado não ser uma entidade causal, nem pretendemos que sejam, mas de fato derramam alguma luz sobre o grau de meu próprio descontentamento com essa noção. Se isso servir ao menos para lançar alguma dúvida sobre o princípio sobre o qual repousa o arcabouço teórico processivo, para mim será suficiente.

Em resumo, tanto quanto o passado é eficiente, deixa de ser passado, se torna parte do presente. E tudo o que foi exposto anteriormente me leva a suspeitar de que o mapa whiteheadiano não vai nos conduzir ao ponto em que desejamos chegar, embora possa nos orientar durante uma certa parte do caminho.

Whitehead e minha zona de desconforto

O ponto de vista processivo pode ser retraçado desde o antigo filósofo grego Heráclito (falecido depois de 480 a.C.), que entendia todas as coisas como em um estado de fluxo permanente em que o "vir a ser" tem precedência sobre o "ser". Isso também é indicativo do esquema whiteheadiano,

DEUS E A NOVA METAFÍSICA

ao qual Griffin se refere como "pan-experiencialismo" – um tipo de monismo pluralístico em que "há grande quantidade de entidades reais, mas apenas de um único tipo lógico" (Griffin, 1989a: 25). Essas entidades recém-formadas recebem o impacto do passado, como acabamos de delinear. O passado imediato é contíguo ao presente (Griffin, 1989a: 29), o que significa que duas eras se encontram em contato, ou seja, estão uma ao lado da outra na ordem temporal. Observemos que essa descrição contém conotações espaciais, tanto quanto temporais.

Ao mesmo tempo em que o espaço é equivalente ao tempo, de acordo com a relatividade, dado o fator de conversão apropriado, os dois podem tornar-se distintos em nossa experiência pessoal. Todavia, fazer a distinção seria mais fácil se o passado e o presente fossem regiões em vez de eras, porque então os dois poderiam ser contemplados a partir do mesmo ponto de observação temporal. Mas comparar duas eras enquanto se ocupa uma delas é mais difícil do que, digamos, avaliar se o capim é mais verde em outra parte. A partir de nossa perspectiva, podemos legitimamente comparar o passado imediato *versus* o passado distante. Para Griffin, quanto mais remoto for o passado, tanto mais fracamente ele será apreendido pelos sujeitos presentes e pode sequer subir em nível consciente, embora possa fazê-lo, pelo menos em princípio (Griffin, 1989a: 29). O passado distante pode não possuir mais uma fronteira comum ou uma interface com o presente, mas a resposta de Griffin é que, graças à mecânica quântica, as influências também podem ser vistas como não locais ou não contíguas (Griffin, 1989a: 31).

Griffin tomou a experiência de um evento passado, por meio da memória, por exemplo, pela direção contrária àquela que afirma que a causação eficiente se encontra na ação do passado para o presente (Griffin, 1989a: 30). Porque, neste caso, é de fato o presente que invoca o passado, que é, assim, pressionado a lhe prestar um serviço. Experimentar, então, é ser causalmente impactado. Se essa é a leitura correta de Griffin, por acaso ele estará exagerando em sua afirmação? A partir da perspectiva processiva, suponho que qualquer coisa possa fazer-se parecer a uma experiência com a qual nos encontramos internamente relacionados e que, portanto, tem uma significativa importância emocional para nós. Todavia, isso descreve o funcionamento de um mecanismo ontológico ou é simplesmente uma questão de linguagem? Ou, se nossa imaginação mostra dificuldade em distinguir uma ocorrência do efeito que causa sobre nós, isso requeriria, por si só, que ocorrência e efeito estivessem entrelaçados ou necessariamente mesclados?

É só isso que pretendo dizer a respeito do passado. O que desejo agora discutir é o significado de divindade na estratégia whiteheadiana. Sua estrutura processiva é de natureza panenteística, em que Deus contém ou inclui o mundo, mas se estende além dele. O mundo faz parte de Deus e está em Deus. Mas Deus e o mundo transcendem seu passado herdado, em virtude da expressão de sua autodeterminação. Como foi anteriormente mencionado, Deus apresenta às ocasiões nascentes um alvo inicial. Esses ideais são embutidos em objetos, que são então sentidos ou apreendidos pelos sujeitos em formação, à medida que eles levam em consideração os dados de seu ambiente ou de seu mundo experimental passado.

Whitehead falou de nosso encontro com esses ideais como nossa "experiência com a deidade dentro do Universo" (Griffin, 1989b: 155, n. 32). Minha questão é: esse é o limite de nosso acesso ao divino? De acordo com Griffin, nós temos uma exposição não sensorial contínua à divindade: "Nesses raros momentos em que a constante apreensão da realidade divina se ergue ao nível da consciência, nós gozamos da 'experiência' da santidade" (Griffin, 1989b: 66). Observe que ele acredita que tais ocasiões são raras. Isso constitui uma falha da parte de um Deus que se mostra difícil de atingir, ou a falha é nossa, porque ainda não desenvolvemos o equipamento intuitivo para reconhecer a presença de Deus? Qualquer que seja a versão correta, no momento atual, as experiências dos ideais de Deus para nós correspondem a uma mensagem sem mensageiro. Em essência, isso é tudo o que podemos descobrir a respeito de Deus – somente uma trilha composta por pedaços de papel?

Ainda no tópico dos objetivos iniciais, por um lado, Deus sempre nos transmite o tipo de ideal que exemplifica a melhor decisão para o momento receptivo, ou, por outro lado, esse ideal é o que tem maior probabilidade de ser aceito em tal momento e de ser experienciado de forma mais bem-sucedida? Em essência, Deus assume riscos calculados e joga de acordo com as probabilidades? No primeiro caso, a intenção divina é o fator decisório, e Deus espera pelo melhor resultado, aconteça o que acontecer. O ideal deve ser mantido, mesmo em face de oposição a ele ou sua provável recusa. Deus pode, então, decidir trabalhar com o que se acha disponível e eleger aquelas táticas que poderiam melhorar as probabilidades de aceitação de uma meta que não seria provavelmente aceita. Se for o segundo caso, então Deus pode precisar aceitar uma segunda escolha ou, antes, uma etapa intermediária, e esperar que chegue o tempo oportuno para iniciar a segunda fase. Uma estratégia poderia estar sendo posta em prática em diversos estágios.

Também gostaria de comentar sobre a questão espinhosa da relação entre Deus e o mal. Ainda que esses tópicos mereçam um tratamento mais aprofundado, eu seria negligente se não tocasse neles. Os antigos filósofos gregos comentaram sobre suas preocupações no tocante ao relacionamento de Deus com o mundo e argumentaram que um Deus perfeito não poderia ser afetado pelo que ocorre no mundo. Para eles, a perfeição requeria um Ser estático, de tal modo que Deus deveria ser imutável (sem sofrer mudanças) e impassível (sem se mover). O preço de manter intactos esses atributos é a falta de sentimento que Deus teria de experimentar com relação tanto às alegrias como às tristezas do mundo. Deus é invulnerável às alturas e profundezas da experiência mundana; seu júbilo, sua tragédia e suas calamidades não tocam Deus. Foi essa a maneira de pensar herdada pela teologia cristã. Whitehead se opôs a essa idéia, contrapondo a ela sua própria percepção de que a verdadeira natureza da perfeição divina inclui relacionamentos com suas criaturas e torna-se enriquecida por sua responsividade (Birch, 1998: 247). Assim, tanto o mundo como Deus seriam valiosos, um ao outro, para o desenvolvimento de ambos.

O esforço de Whitehead para lidar com o problema do mal, da dor começou com a morte de seu filho na Primeira Guerra Mundial. Uma forma de enfrentar tal perda foi propor a idéia de que Deus somente pode agir por persuasão, e nunca por coerção, sugerindo, assim, que Deus não possui poder suficiente para vencer o mal exclusivamente por sua conta. Deus requer a cooperação dos portadores de consciências, talvez aqueles mesmos que perpetram a maior parte do mal, a fim de efetuar essa mudança. No eixo Deus/mundo, a posição que tende a ser defendida é a de que somente o pólo mundano, capaz de ser estudado pelas ciências, experimenta movimento. A vantagem da abordagem de Whitehead do problema foi a idéia de que Deus é reconhecido como um participante do processo – um "companheiro de sofrimento" – que também encontra a evolução e pode comiserar-se daqueles que sofrem dores. Todavia, precisamos indagar qual o ponto de vista mais adequado: o de um Deus todo-poderoso que escolhe a autolimitação, como no chamado "modelo quenótico", mas que poderia fazer muito mais para vencer o mal e a dor, só que opta por não fazê-lo; ou um Deus menos potente, que não se nega a nada e faz tudo o que se encontra dentro dos seus poderes limitados para impedir o sofrimento? Essa é uma questão com que muitas pessoas continuam a lutar.

Minhas próprias dúvidas a respeito das proposições processivas surgem em grande parte do conceito "delegação de poderes" ou, antes, da falta dele. Segundo minha própria maneira de pensar, deve haver uma força mais poderosa do que simplesmente uma advertência sobre ideais que nos permitissem a transformação de nossas vidas. A modificação de um estilo de vida é algo muito difícil de ser realizado, há até aqueles que acham que isso está além de nossas capacidades. Uma mudança muito radical exigiria, além de nossa própria energia, algum poder externo a nós e que injetasse em nossa personalidade aquilo que nos faltasse para a empreitada. Nossos próprios esforços necessitariam, assim, de suplementos à fruição em nós dos próprios ideais que Deus nos pede para abraçar. Essa força não seria de modo algum coercitiva, caso operasse mediante nosso próprio convite, com o reconhecimento de que a nossas tentativas de transformação, sendo fracas demais, fosse dada uma assistência.

Ainda devemos mencionar mais um item: ao conceito de sociedade no pensamento whiteheadiano. O membro reinante ou dominante de uma sociedade pode organizar as atividades dos demais membros, porém, ainda assim, permanece um membro dela. Como ele chega a ser o membro dominante, criando desse modo um novo nível na escala hierárquica? Um neurônio ou uma célula cerebral dominante poderia coordenar os esforços de outros neurônios semelhantes, mas isso significa que surgiu uma mente ou é somente uma função que dirige o tráfego neural? E como ocorre que um membro seja autorizado a tomar essa responsabilidade e mereça confiança suficiente para assumir esse cargo?

Existe uma posição conhecida como "emergentismo", a qual declara que a mente, por exemplo, é uma propriedade emergente de um certo tipo sofisticado de atividade neurônica. Do mesmo modo que um campo magnético é gerado por algum corpo, a mente emerge a partir de um cérebro. Os proponentes desse ponto de vista a denominaram "consciência de campo" ou "campo da alma", o qual está alicerçado em uma forma física, mas é, ao mesmo tempo, distinto dela. Um objeto, por exemplo, é localizado, mas seus campos eletromagnéticos ou gravitacionais se espalham a partir dele "em todas as direções" (Hasker, 1983: 73). Todas as massas exercem uma força gravitacional, mas somente alguns objetos podem tornar-se magnetizados. Assim, a questão chama duas alternativas: se todas as coisas possuem um campo de alma, como todos os objetos são gravitacionais, então o campo não é emergente, mas inerente; ou se alguns objetos alcançam um campo de alma, do mesmo modo que alguns objetos são magnetizados, caso em que temos de explicar como tal campo surge a partir de nenhum campo. Whitehead começou a superar essa dificuldade alegando em sua metafísica que algum tipo de mentalidade, isto é, o poder de autodeterminação que transcende os dados do passado estabelecido, é difundido por meio da ordem natural. Se os membros dominantes whiteheadianos emergem, então o pensamento processivo é uma posição emergentista e se deve ajustar de acordo com isso. Se não é isso que ocorre, então uma distinção adequada terá de ser traçada.

David Bohm

Se o mapa que temos em mãos ainda não é o mais adequado, então agora é o tempo apropriado para buscar um outro que o substitua. Uma proposta perceptiva e inovadora foi apresentada pelo falecido físico David Bohm (1917-1992), cujo pensamento se assemelhou ao dos whiteheadianos. Como Whitehead, Bohm rejeitou a avaliação de que a realidade é composta de fragmentos independentes; todavia, se formos ensinados a pensar nesses termos, então é isso que perceberemos (Bohm, 1980: 2). Um treinamento desse tipo conduz à impressão de que o pensamento corresponde à realidade objetiva, incitando os observadores a aceitar distinções como descrições da realidade (Bohm, 1980: 3). Segundo o diagnóstico de Bohm, a responsável por essa maneira de pensar é a filosofia mecanicista. Ele julgou que essa própria mentalidade foi baseada em "observações bastante grosseiras, o que demonstra o perigo de se decidir por uma filosofia universal com base em quaisquer observações particulares; mesmo que nossas presentes observações possam ainda ser grosseiras em demasia para justificar qualquer coisa ainda mais profunda" (Bohm, 1988: 64).

Bohm compartilhou com Whitehead a perspectiva da natureza essencial do processo (Bohm, 1980: 48). Bohm empregou a imagem de um rio em movimento como sendo aquela que melhor ilustra o caráter processivo do mundo. Ele notou que os padrões da corrente estão sempre se modificando, como "redemoinhos, ondulações concêntricas, ondas, repuxos, etc. [...] que, evidentemente, não têm uma existência independente como tal. Ao contrário, são abstraídos do movimento de flutuação, surgindo e desaparecendo dentro do processo total do fluxo". Uma tal imageria levou Bohm a apresentar um esquema dentro do qual existe apenas "um desenrolar sem retoques, no qual não somente a matéria e a energia, mas também o espaço e o tempo são reunidos em um vasto holograma do Universo" (Templeton & Hermann, 1988: 126). Bohm se referiu à ordem com que trabalha a ciência como a *ordem explicada*, indicando que o mundo está cheio de objetos. Segundo a apreciação de Bohm, também existe uma *ordem implicada*, que ele descreve com o auxílio da imagem tridimensional de um holograma, envolvendo:

> Um registro fotográfico dos padrões de interferência das ondas luminosas refletidas por um objeto. A nova característica-chave desse registro é que cada parte contém informações a respeito do objeto inteiro (de tal modo que não existe uma correspondência ponto a ponto entre o objeto e sua imagem gravada). Isso quer dizer que a forma e a estrutura do objeto inteiro podem ser descritas como *dobradas* ou *contidas* dentro de cada região do registro fotográfico. Quando se projeta luz sobre qualquer região, essas forma e estrutura são então *desdobradas*, a fim de nos transmitirem uma vez mais a imagem reconhecível do objeto inteiro (Templeton & Hermann, 1988: 177).

A preocupação central de Bohm era a expressão "da integralidade indivisa da totalidade da existência como um movimento ininterrupto e sem fronteiras" (Templeton & Hermann, 1988: 172). Ele avaliou a ordem implícita como sendo bem adequada para descrever a realidade dessa maneira, uma vez que "a totalidade da existência está contida dentro de cada região do espaço (e do tempo)". Isso significa que qualquer "parte, elemento ou aspecto que nós abstraímos por meio do pensamento [...] ainda contêm o todo e são, portanto, intrinsecamente relacionados com a totalidade a partir da qual foram abstraídos". Bohm, desde modo, aderiu ao ponto de vista da realidade como interconexão do encantamento, já que ele baseou a sua visão na parte que envolve o todo, como ocorre em um holograma. Enquanto a ciência convencional trata a parte envolvida no todo, Bohm salientou o inverso – como o todo é contido pela parte. E, ainda mais contrariamente à ciência tradicional, o mundo abstrato dos objetos na ordem explicada está alicerçado na ordem implicada, fazendo com que as idéias de Bohm convirjam com as de Whitehead em certos pontos.

Outra analogia que Bohm empregou foi a da decodificação de "um sinal de televisão, que traz informações numa onda eletromagnética, que o receptor de TV então desdobra como uma imagem visual" (Barbour, 1997: 177). A perspectiva de Bohm apresenta uma totalidade em que as conexões podem ser instantâneas, não locais e não causais, em aparente oposição às teorias de Einstein. Conforme explicou Barbour:

> Os eventos separados no espaço e no tempo encontram-se correlacionados porque são desdobrados da mesma ordem implicada, mas não existe uma conexão causal direta entre eles, uma vez que um evento não influencia por si mesmo qualquer outro evento. (Seria como duas telas de televisão mostrando imagens de um objeto em movimento tomadas sob ângulos diferentes; as duas imagens são correlatas, porém uma imagem não influencia a outra.) A teoria não viola a proibição relativista de sinais mais rápidos que a velocidade da luz, porque não contém em si nenhuma forma segundo a qual possa ser usada para enviar o sinal de um detector para o outro.

Recordando um tema anterior, em 1935, Einstein se reuniu com dois colegas [Podolsky e Rosen] para fazer uma experiência teórica sobre duas partículas movendo-se rapidamente em direções opostas, com um sinal viajando de uma para a outra. A forma como a experiência imaginada foi constituída fez parecer que informações sobre a segunda, a partícula receptora, pudessem ser obtidas pelo pesquisador em uma forma que excederia a velocidade da luz. Anteriormente ao tempo requerido para que o sinal viajasse entre as duas partículas e chegasse à segunda, informações sobre esta, tais como a direção de seu giro, podiam ser obtidas. Isso levou os colaboradores a concluírem, de maneira contrária a Bohr, que as partículas possuem propriedades definidas antes mesmo que sejam observadas, uma vez que a velocidade da luz é um absoluto que não pode ser excedido. Em jargão técnico, isso significa que a localidade predomina sobre a não-localidade, em que a velocidade da luz é uma limitação para a transmissão de qualquer influência causal entre duas partículas. Einstein argumentou que deveria haver variáveis ocultas no sistema, a fim de explicar essa existência de propriedades definidas.

Trinta anos mais tarde, John Bell foi capaz de testar essa experiência teórica, uma vez que, antes de seu tempo, isso ainda não era tecnicamente possível. Tanto o seu experimento, como o realizado em seguida por Alain Aspect, em 1983, indicaram que pelo menos uma das pressuposições de Einstein – localidade e propriedades definidas – deveria ser imprecisa, o que sugere a não-existência de variáveis ocultas agindo no sistema. Bohm concordou com o fato de que não existem tais variáveis, que permanecem ocultas e não detectadas por nossos sentidos. Em vez disso, o que se acha oculto não é outra variável, mas outra ordem – a ordem implicada, que não se acha sujeita às restrições da ordem explicada ou manifesta, tais como a velocidade da luz. Pode existir também uma enormidade de outras ordens adicionais, além dessas duas.

Para Bohm, há relacionamentos externos na ordem explicada e relacionamentos internos na ordem implicada (Bohm & Hiley, 1993: 359). "A ordem implicada é geral e necessária, enquanto as ordens explicadas são casos particulares e contingentes dela" (Bohm & Hiley, 1993: 361). Quanto mais explicado um evento, tanto mais manifesto ele será e tanto mais facilmente poderá ser capturado em um ambiente laboratorial. Quanto mais implicado um evento, tanto mais sutil será, tornando-o reminiscente do mundo quântico (Bohm & Hiley, 1993: 362). Parece haver alguma coisa análoga a uma membrana ou barreira semipermeável entre as duas (ou mais) ordens, de tal modo que estruturas essencialmente explicadas de um determinado tipo podem habitar a ordem implicada, enquanto estruturas intrinsecamente implicadas podem povoar a ordem explicada. Além disso, "o todo não pode ser

DEUS E A NOVA METAFÍSICA

desdobrado conjuntamente em uma única ordem explicada" (Bohm & Hiley, 1993: 361).

Bohm foi um grande especulador nesse sentido. Sua atenção foi chamada para um grande hiato existente em nosso conhecimento científico e ele se pôs a refletir sobre o que poderia preenchê-lo. A lacuna é a seguinte:

> Uma grande multidão de pessoas pode ser tratada por simples leis estatísticas, enquanto, individualmente, seu comportamento é imensamente mais sutil e muito mais complexo. De forma semelhante, grandes massas de matéria se reduzem a um simples comportamento newtoniano, enquanto os átomos e moléculas apresentam uma estrutura interna bem mais complexa. [...] Entre as distâncias mais curtas agora mensuráveis pela física (10^{-16} cm) e as distâncias mais curtas em que as noções atuais do espaço-tempo provavelmente ainda têm significado (10^{-33} cm), existe uma vasta amplitude de escala na qual uma imensa quantidade de estruturas ainda não descobertas poderiam se achar contidas. Sem dúvida, essa amplitude é aproximadamente igual àquela que existe entre nosso próprio tamanho e as dimensões das partículas elementares (Bohm & Peat, 1987: 93-94).

Bohm se referiu a seu ponto de vista como "interpretação causal", que milita contra a física moderna como é comumente compreendida, porque ela "presume que, à medida que a matéria é analisada em partes cada vez menores, seu comportamento se torna mais elementar. Em contraste a isso, a interpretação causal sugere que a natureza" nesses níveis "pode ser muito mais sutil e estranha do que havíamos previamente julgado" (Bohm & Peat, 1987: 93). Nem ao menos as partículas elementares são absolutamente invariáveis, uma vez que elas "podem ser criadas, aniquiladas e transformadas, e isso indica que nem elas podem ser substâncias finais, mas que, bem ao contrário, são também formas relativamente constantes, abstraídas de algum nível de movimento bem mais profundo" (Bohm, 1980: 49).

No nível fundamental da realidade, encontra-se aquilo que ele chamou de "potencial quântico", o qual "é determinado pelo campo ondular quântico ou função ondular" (Bohm & Peat, 1987: 89). Este é contínuo, mas dá margem ao surgimento de fenômenos quânticos reais. Assim, Bohm tentou incorporar o mundo relativista de Einstein, que aqui ocupa a primeira e a

NOVOS PANORAMAS

mais importante posição, do mesmo modo que o mundo quântico de Bohr e Heisenberg. E, de uma maneira que lembra Whitehead, Bohm anunciou, ao contrário da física contemporânea, que, "em algum sentido, uma qualidade semelhante a uma mente rudimentar deve se achar presente, mesmo em nível das partículas físicas e, [...] à medida que descemos a níveis ainda mais sutis, essa qualidade semelhante a uma mente se vai tornando mais forte e mais desenvolvida" (Bohm & Hiley, 1993: 386). Adotando uma terminologia whiteheadiana, ele acrescentou que, "em cada nível existirá um "pólo mental" e um "pólo físico", [...] pois mesmo um elétron possui pelo menos um pólo mental rudimentar, representado matematicamente por seu potencial quântico". Inversamente, "mesmo os processos mentais mais sutis possuem um pólo físico. Mas a realidade mais profunda é alguma coisa além de mente ou matéria, ambas apenas aspectos que servem como termos para análise" (Bohm & Hiley, 1993: 387).

As partículas na ordem explicada são, de fato, "pacotes de energia de vários campos" (Weinberg, 1992: 31). Conforme Bohm & Hiley delinearam:

> As qualidades essenciais dos campos existem apenas em seu movimento. Propomos chamar esta área de holomovimento. Segue-se que, em última análise, todos os aspectos da ordem explicada da experiência comum se erguem do holomovimento. Qualquer coisa que persista em forma constante é sustentada como o desdobramento de um padrão recorrente e estável que está sendo constantemente renovado por um redobramento e dissolvido por um novo desdobramento. Quando essa renovação cessa, a forma desaparece.
>
> A noção de uma entidade permanentemente existente e com uma identidade determinada, quer seja uma partícula ou qualquer outra coisa, é, portanto, na melhor das hipóteses, uma aproximação, que só é válida nos casos restritos adequados (Bohm & Hiley, 1993: 357).

Uma das vantagens da ordem implicada de Bohm, por um lado, é que ela não apresenta quaisquer fendas – ela é inteiramente um todo sem emendas e inquebrantável, ainda que gere, na ordem explicada, aqueles aspectos que são de natureza particulada. E, se fôssemos indagar, com referência a essa dança de desdobramento e redobramento, sobre quem ou o que está arranjando a coreografia, e como o faz, alguém responderia: "É o próprio holomovimento que determina o que deve ser desdobrado. O mundo é suportado pelo holomovimento. [...] O desdobramento é a província soberana do holomovimento" (Globus, 1987: 376). Uma desvantagem, por outro lado, é que pode haver a introdução de uma complicação desnecessária, especificamente de uma multiplicidade de ordens implicadas onde quer que elas sejam teoricamente requeridas. Como Bohm & Peat declararam: "com relação à segunda ordem implicada, a terceira é um lado mental ainda mais sutil, e assim por diante" (Bohm & Peat, 1987: 211). Ao enfrentar uma possibilidade tão incômoda, Bohm rapidamente admitiu que seu sistema não era a última palavra. Ele também apresenta limitações que poderão exigir abertura de caminhos, ou ser incorporadas em "alguma idéia ainda mais abrangente" (Bohm & Hiley, 1993: 390). Seguindo um veio de raciocínio similar, esses autores não asseguraram a finalidade de suas idéias, mas as preconizaram como "pontos de partida para novas explorações".

Em resposta à questão de quantas categorias de elementos existem no Universo, Bohm provavelmente teria dito que só existe uma – a essência de uma coisa permanece a mesma, ainda que sua forma tenha mudado, dependendo da ordem na qual se estabelece em um tempo dado. Existe uma só categoria de coisas, com uma sucessão de ordens para acomodá-las, o que torna seu esquema monístico. Segundo seu pensamento, "é claro que isso não implica que a 'consciência' possa ser imputada a elétrons ou a outras 'partículas' semelhantes. Ela surge somente em níveis muito mais profundos da ordem geradora" (Bohm & Peat, 1987: 211). Todavia, "não há um 'corte' absolutamente exato, nem uma 'quebra' entre a consciência, a vida e a matéria, quer seja ela animada ou inanimada".

Segundo meu ponto de vista, a tentativa de Bohm é, em grande parte, bem-sucedida em sua superação do dualismo. Uma entidade explicada é um produto transitório da ordem implicada. Essa não é uma hierarquia, em que uma manifestação seja mais alta ou mais baixa do que a outra. São meramente estados diferentes da mesma realidade, embora níveis ou ordens mais profundos entrem em jogo. Um elétron, por exemplo, é em determinado ponto uma "ondícula" desdobrada, observável e manifesta, ao passo que, em outro lugar, é um "habitante das profundezas" redobrado, não observável e não manifesto. Cada um se acha potencialmente na forma do outro; um é formado e o outro é não formado ou, mais exatamente, sem forma atual. Nenhum é mais ou menos real do que o outro.

Talvez esse seja um mapa que valha a pena consultar. A questão é: ele basta a si próprio ou necessita de alguma assistência?

A abordagem combinada: sincrética ou sinergética?

O físico David Bohm diz: "Pensar dentro de um círculo fixo de idéias tende a restringir as questões a um campo limitado.
E, se nossas questões permanecem dentro de um campo limitado, as respostas também estarão dentro dele". (Watson, 1980: 205)

Quando eu escolho um estabelecimento para o consumo rápido de comestíveis (um restaurante *fast-food*), invariavelmente me fazem a pergunta: "Você vai querer batatas fritas acompanhando?" Nesse ponto, eu ligo o aspecto econômico de minha personalidade e faço alguns cálculos aritméticos antes mesmo de me sentar, de modo a determinar se, no conjunto, a refeição pronta, que inclui um "refri", valeria mais o meu dinheiro do que simplesmente um sanduíche com fritas. Ao pensar que provavelmente a comida me desse sede, sempre vigilante para obter o melhor negócio, opto pelo conjunto de refeição pronta com "refri", confiante de que realizei a escolha correta. Então, examino tudo o que veio em minha bandeja e, então, me sento para usufruir de um belo repasto.

Quando consideramos alguns dos mapas examinados até agora em nossa análise, ficamos imaginando se não existiria um, como aquela refeição pronta, que pudéssemos escolher. Seria possível superpor mapas múltiplos sem demasiadas dificuldades? Isso produziria uma mistura inconciliável de elementos distintos em uma tentativa de sincretismo, ou uma cooperação em sinergia, na qual as várias facetas funcionariam melhor juntas do que separadas?

Talvez o conceito de "campo" seja aquele que ofereça mais promessas. Vamos pensar um pouco sobre ele. De acordo com a sabedoria científica convencional, tanto o espaço como o tempo nasceram no começo do Universo – o espaço se expandindo e o tempo se "alongando". O material do

DEUS E A NOVA METAFÍSICA

Universo primitivo e dos campos a ele associados são "eqüiprimordiais", no sentido de que um campo altamente carregado acompanhou um espaço/ tempo altamente deformado, à medida que ambos se desdobravam. Os campos do tipo concebido por Bohm constantemente produzem partículas e, talvez, até mesmo dirijam o seu tráfego. As partículas se transformam em condensações locais de energia, que se comportam materialmente. Se Deus estivesse ligado a um campo de força, então Deus usufruiria de interconexões íntimas com o mundo, de tal modo que alguma luz poderia ser projetada sobre a doutrina cristã da Encarnação. Se Deus se encontra dentro ou por detrás de um campo de força, ou se é intercalado com ele, qualquer que seja a preposição adequada neste caso, ele se acharia envolvido com a trajetória de todas as partículas cósmicas, desse modo tornando a idéia de intervenção obsoleta. O Seu envolvimento no mundo seria o estado natural de coisas, implicando que uma encarnação perderia o seu *status* de fenômeno completamente único. Todas as partículas começariam e terminariam em um campo universal, e este poderia ser considerado uma extensão de Deus. É natural que isso seria uma proposição maximamente controversa para os tradicionalistas, mas demonstra o efeito que a especulação científica e filosófica pode apresentar sobre a religião e a teologia.

A próxima questão é mais whiteheadiana: o grau de movimento que Deus imprime às partículas *versus* a quantidade de automotivação que essas partículas têm sob seu comando ou que lhes foi delegado. Uma partícula nunca é abandonada pela presença divina ou, até mesmo, por sua influência direta, e Deus, costumeiramente, não deixa de ter referência a expressões particuladas. Contrariamente a Bohm, um automovimento suficiente poderia permitir às partículas que se "chutassem" umas às outras diretamente, sem que o sinal tivesse de ser novamente roteado através do campo de Deus. O relacionamento interno poderia habilitar essa influência.

Uma situação como essa também teria contornos sheldrakeanos, porque algumas partículas se ordenariam com constância e, desse modo, percorreriam um sulco cada vez mais profundo na parte oculta do campo, aprofundado a cada geração sucessiva. Isso compeliria a trajetória das partículas a, essencialmente, repetir as formas e carreiras de suas predecessoras. Já outras partículas seriam chamadas à tarefa de corporificar um componente criativo maior durante as histórias de suas vidas e de lançar uma rede mais

182

ampla sobre as probabilidades de risco e indeterminações que as confrontam, de tal modo que elas, até o ponto em que tiverem essa capacidade, poderiam fazer seleções entre as possibilidades à sua disposição. O estágio inicial ou primário é, em geral, entendido como o mundo inorgânico estudado pelas ciências físicas. O segundo estágio, de arranjos particulados, é usualmente investigado pelas ciências naturais ou ciências da vida. Depois, no estado terciário, a certas coleções de partículas é delegada a capacidade de refletir sobre a natureza da realidade e, assim, demonstrar o tipo de comportamento tratado pelas ciências psicológicas e sociais. E, por meio de tentativas repetidas, o campo provavelmente será capaz de produzir mais dessas mesmas formas e comportamentos.

Uma das questões-chave a serem estudadas aqui seria a concessão de potencialidades às partículas pelo Deus do campo energético. Até isso acontecer de fato, a natureza conterá propriedades que as ciências físicas não podem dar conta. Se elas estavam latentes, então poderiam ser ativadas em circunstâncias adequadas – uma função exercida pelo bom senso do campo-Deus. Sem seguir muito à frente de nós mesmos, esse conceito pode efetivamente lançar uma ponte sobre a fenda que existe entre os mundos orgânico e inorgânico, entre a mente e o corpo/cérebro e entre alma e espírito. Cada nível seria manifestado em conjunção com o campo cósmico que o gera. Todavia, surge uma questão quanto aos campos possuírem quantidade de energia suficiente para gerar tais poderes qualitativos para certas regiões suas, em oposição aos puramente quantitativos, porque a questão não está no grau de energia, mas nos tipos disponíveis. Se fosse simplesmente uma questão de estrutura, então as potencialidades quantitativas seriam suficientes; porém a emergência de diferentes tipos de operações sugere que há diferentes propriedades funcionando ali. Um talento ou habilidade, normalmente, não é afetado ou associado com a injeção de energia adicional.

Segundo minha percepção, isso indica uma fragilidade na característica whiteheadiana da emergência de um centro organizador, ou aquilo que ele chamou subjetividade "*omni*-inclusiva" ou "unificadora". Essa expressão marca o misterioso membro dominante que coordena os demais membros na produção de consciência como a característica distintiva de algumas sociedades e a autoconsciência nos seres humanos. Onde ela se origina e como surge, já que não é encontrada em qualquer outra parte da escala hierárquica, ficou, pelo menos para mim, pouco claro.

Talvez os whiteheadianos, como foi anunciado acima, possam alegar que ela se encontra em estado latente nas estruturas precursoras, esperando o florescimento completo de formas portadoras de uma maior sofisticação. É precisamente essa sofisticação, entretanto, que está em questão, porque o arranjo impulsiona o surgimento da sofisticação, que, por sua vez, acende ou desencadeia a ação do membro dominante ou é o centro organizador que torna sofisticado esse arranjo? No formato alternativo que sugiro, assim como o campo traz em si potenciais que algumas vezes tornam real esta partícula fundamental, e algumas vezes outra partícula – cada uma delas intimamente conectadas, pelo menos inicialmente –, também emerge do campo uma gradação de habilidades para organizar as partículas dentro de seu regime. Do mesmo modo que a natureza pode possuir potencialidades que nem sempre são aparentes, à primeira vista, para os meios experimentais padronizados, também o campo é capaz de convocar possibilidades que, de outro modo, seriam imprevistas.

Para Bohm, não existia vazio no espaço. Em virtude da presença dos campos ou, para Bohm, o campo de ordem implicada que ele denominou "potencial quântico", o Universo está prenhe de partículas. O campo é necessário para que as partículas nasçam, mas não existe um campo energético sem sua contraparte física. É característico de um campo gerar partículas e os campos, usualmente, não estão adormecidos para essa capacidade. O campo de Sheldrake é o único, além do de Bohm, cuja "influência não diminui com a distância" (Talbot, 1992: 39-40). Todos os demais, incluindo o campo do passado para Whitehead, vão se enfraquecendo ou empalidecem com o passar do tempo ou do espaço. Os campos produzem partículas e corpos ou objetos produzem campos, e cada um existe em conjunção com os outros. Isso empresta credibilidade à noção de processo de um Universo eterno – algum tipo de universo deve ter existido desde sempre, porque Deus deve estar sempre corporificado em um mundo.

Todavia, é necessário haver algum tipo de envolvimento, sem o qual as partículas não seriam criadas? Deve haver alguma coisa como concentrações locais ou condensações de energia para permitir que a produção comece? Alguns pesquisadores podem alegar que a situação guarda alguma semelhança à dos cristais, que começam a tomar forma ao redor de uma impureza em uma solução supersaturada. Mas será que isso descreve adequadamente o cosmo? Bohm declarou que, "se a ordem implicada fosse totalmente informe, então a forma seria uma 'ilusão'". Mais ainda, ele propôs "que cada momento do tempo é uma projeção da ordem implicada total" (Bohm, 1986: 189). Em termos whiteheadianos, se existe uma oportunidade para a criatividade ser instanciada em um evento que se torna concreto, então o campo provavelmente buscará essa expressão. O "Deus" de Whitehead poderia também ser análogo à ordem implicada, que reabsorve partículas ou, para compor o pensamento utilizando a terminologia processiva, Deus toma as partículas para o próprio "tornar-se" de Deus, tão logo elas tenham completado sua própria fase de "vir a ser". As partículas, então, dariam forma ao campo, além de serem formadas por ele – uma situação que seria agradável para Sheldrake (para quem os campos evoluem), mas que talvez agradasse menos a Bohm.

Essas são as contribuições de Bohm, Whitehead e Sheldrake para essas reflexões especulativas. A questão permanece, entretanto, neste sentido: quem ou o que é responsável pelo campo energético ou pela ordem implicada?

As forças da Natureza

Em relação à pergunta sobre quantas seriam as classes de coisas existentes no mundo parece haver duas opções de resposta, com seus desdobramentos. Se for uma, temos um monismo, com duas alternativas: se existe apenas a matéria, então o materialismo governa; se existe apenas a mente, e a realidade material é uma ilusão, então prevalece ou o idealismo do bispo George Berkeley ou o panteísmo de Spinoza (ou de uma escola de pensamento proveniente de certas filosofias orientais). Se a resposta for existem duas classes de coisas no mundo, então as possibilidades são: mente e matéria são tratadas ou como ontologicamente separadas, caso em que existe um dualismo cartesiano, tal como o supernaturalismo transcendental encontrado em certos círculos cristãos; ou elas trabalham em conjunto, significando que um holismo whiteheadiano ou bohmiano se aplicaria aqui.

Avanços na reflexão sobre a atividade divina e o relacionamento Deus/ mundo seriam realizados se se pudesse esclarecer quais fenômenos naturais recebem as ministrações de Deus, juntamente com a preocupação adicional sobre se este envolvimento divino é difuso ou localizado, contínuo ou intermitente, além de indagar quais fenômenos agem sozinhos e realizam o que fazem sem ajuda. Ou, talvez, como afirmou Whitehead, nunca existe um momento de experiência sem atenção e ajuda divinas. Um exame mais detalhado das operações da natureza pode nos ajudar aqui.

Barbour, pelo menos, aduziu as habilidades inerentes do mundo orgânico, ao declarar que nem todas as combinações de moléculas orgânicas teriam uma "probabilidade igual, porque existem afinidades embutidas e preferências de valência" (Barbour, 1998: 424). Alguns arranjos casuais revelam maior estabilidade do que outros, e aquilo que o mundo orgânico consistentemente apresenta é "uma capacidade de auto-organização e complexidade, devido a potencialidades e a restrições estruturais". Além disso, os padrões se tornam importantes nessas deliberações, porque "se desenvolvem no todo, sem especificação anterior das partes" (Barbour, 1998: 428). Barbour entendeu esse "reajustamento das partes" como sendo o resultado "de uma causação de cima para baixo" e citou o exemplo de uma criança de colo em seu favor: "o cérebro de um nenê não está acabado no nascimento, a sua 'fiação' não está completa. Os caminhos naturais são desenvolvidos em interação com o ambiente e alterados pelas experiências do nenê". Desse modo, a criança exerce um papel em sua própria formação neural. E, quanto ao problema de mente *versus* corpo/cérebro, Barbour atestou que mentalidade e fisicalidade possivelmente se superpõem em determinado ponto, porque nenhuma quantidade de uma pode gerar aquilo que lembra a outra (Barbour, 1998: 441). Todavia, o conceito de padrão mencionado acima pode ser sugestivo aqui, capacitando a matéria a exibir propriedades que não foram totalmente apreciadas até o presente. Se for assim, existe um apelo menor para a atividade divina como ação intervencionista. Se o padrão do todo é capaz de fornecer o que as partes sozinhas não podem apresentar, então uma investigação nesse sentido deve ser exaustiva, de tal modo que não nos lancemos à apresentação de julgamentos teológicos ou metafísicos apressados.

A categoria "mente" é particularmente fértil em relação ao envolvimento da deidade. Recordemos que, no reino quântico, indeterminação significa que os resultados não são predeterminados. Se um sistema se encontra em superposição de estados, uma interferência sobre ele determinará que seja assumido um dos múltiplos estados. Se o cosmo é gerenciado por uma divindade deística, assim continua o argumento, então a preparação por Deus das condições iniciais do Universo é insuficiente para realizar os propósitos divinos, caso o sistema requeira uma determinação contínua (Clayton, 1997: 208). Isso, naturalmente, seria verdadeiro, descartando a possibilidade de Deus não ter interesses investidos em resultados definidos. Talvez Deus aprecie o elemento da surpresa quando a provoca, assim como quando a recebe. Quanto à questão da mente, a divina "orientação em nível quântico poderia produzir um estado cerebral de outro modo improvável (que o indivíduo pode experimentar como um pensamento particular) ou uma mutação genética que teria efeitos específicos" (Clayton, 1997: 214). Supostamente, esse seria o caso, quer estivéssemos acordados ou adormecidos. Aqui o ponto é que as indeterminações incessantemente se tornam determinadas seja por quais meios forem. A questão permanente é se esses meios são totalmente naturais, com o detalhe de que a natureza deve conter mais em seu arsenal do que mostra no presente reconhecido, ou se eles têm algum componente divino (e, sem dúvida, se o divino tem um aspecto natural). Além disso, a postulação de outras ordens, conforme apresentou Bohm, lança uma luz diferente sobre a questão se, em princípio, uma outra ordem seria responsável pelos próprios fenômenos quânticos (e seus resultados).

Existe ainda outro elemento que pode ser acrescentado à natureza e às suas propriedades, e ele nos chega de um setor não científico. Como informou Peat:

> As idéias tradicionais dos ameríndios sobre a harmonia e o equilíbrio indicam que, se uma ordem é criada em laboratório, então uma desordem deve ser criada em outro lugar. Como [...] a ciência assume a responsabilidade por isso? Também houve preocupação quanto à maneira segundo a qual os físicos reuniram seus conhecimentos a respeito da matéria elementar – provocando a colisão de partículas de uma forma particularmente violenta (Peat, 1997: 315).

Tal metodologia se opõe ao conceito dos ameríndios norte-americanos, segundo o qual se deve "entrar em aliança com as energias [da natureza]" (Peat, 1997: 315). A espiritualidade dos ameríndios parece simpatizar com "uma visão do mundo baseada em processo", pois vêem a natureza como pessoal, referindo-se a seu conjunto "ela". Essa abordagem não endossaria o procedimento-padrão de "aprender a respeito das estruturas internas das partículas elementares, atirando-as umas contra as outras e, então, observando seus ricochetes, para ver como elas se espalham" (Peat, 1997: 45). A sensibilidade com relação à natureza também se estende a nós, uma vez que fazemos parte dela. Subseqüentemente à nossa morte e à decomposição de nossos corpos, seus "elementos constituintes começam a se dispersar pela terra e pela atmosfera de nosso planeta, freqüentemente passando a fazer parte dos corpos de outros seres humanos" (Peacocke, 1998: 376, n. 52). O pó retorna ao pó, mas dá um belo passeio...

Se cada parte de nós carrega consigo um minúsculo reflexo do que somos, incluindo as vezes incontáveis em que já foi reciclada antes de nos atingir e tornar-se parte de nós, então eu imagino que isso seria muito significativo se recebêssemos tais recursos de uma madre Teresa de Calcutá ou de um Jack, o Estripador. Perdemos nossa identidade após a morte, mas é evidente que, como insistiu Lyall Watson, "carregamos um resto de quem nós somos em cada célula de nosso corpo. Um senso de identidade é básico em toda a forma de vida, mesmo em nível celular" (Watson, 1995: 43). São necessários poderes de identificação para o reconhecimento das células, coesão e o funcionamento de nosso próprio sistema imunológico. A habilidade de reconhecer o que faz parte de nós e o que não faz é vital para nossa sobrevivência, e isso requer cooperação – um esforço de equipe em nível celular e, até mesmo, em nível de componentes moleculares.

Assim, a natureza e seus constituintes materiais podem ser dotados de uma capacidade maior do que havíamos calculado ou lhes dado crédito de possuir. Ou a divindade pode usá-los como instrumentos, a fim de efetuar as mudanças que se comportam de acordo com a aprovação divina. Novamente, aqui, a resolução depende das características dessa dotação.

CAPÍTULO 7

Que Caminho Tomaremos?

Pois então, completamos nossa tarefa? De jeito nenhum. O que falta? O que ainda precisa ser feito? Eu gostaria de propor um fundamento lógico, como uma investigação que pudesse levar à experimentação, em uma direção levemente diferente da usual, talvez até tangencial às abordagens tradicionais, e que poderia ser considerada até como fora do comum. Mas, antes de fazê-lo, quero apresentar algumas observações preliminares sobre o solo que já percorremos, enquanto prosseguimos em nossa excursão, como uma pessoa responsável faz a uma criança que vai à casa de um aminguinho: "Olhe para os dois lados, antes de atravessar as ruas".

No que se refere ao tópico das ciências físicas, seria bastante útil que nos recordássemos de que precisamos da física para estudar a física. O livro da natureza se encontra aberto para nós, mas por meios naturais, e isso nos apresenta uma restrição. O que podemos saber é restringido pelos parâmetros dentro dos quais trabalhamos. Quanto menor um objeto, por exemplo, menor a probabilidade de que possamos ter acesso direto a ele epistemologicamente. Os microscópios só nos podem levar até certo ponto, uma vez que "a luz é um instrumento grosseiro demais para inves-

DEUS E A NOVA METAFÍSICA

tigar uma entidade tão minúscula quanto um átomo". Como nos informou Peat, "o comprimento de onda da luz visível – a distância entre um pico e outro – é vastamente maior do que as dimensões de um átomo. A luz simplesmente não pode "ver" os átomos" (Peat, 1997: 44-45). Uma outra dificuldade a essa relacionada é, naturalmente, o problema da mensuração dentro da mecânica quântica, a saber: quanto um ambiente experimental pode "produzir mensurações exatas de um sistema quântico, já que ele também é composto de partículas elementares obedecendo igualmente ao princípio da indeterminação?" (Russell, 1998: 211). E ainda existem as outras regras do jogo quântico. A nova física impulsionou Russell a apresentar o seguinte julgamento: "Em princípio, a física clássica é falsa; como perspectiva fundamental, sua visão da natureza e suas explicações sobre o mundo são erradas" (Russell, 1998: 217). Isso incluiria, por exemplo, a natureza sem a velocidade da luz – como, digamos, acrescentar metade da velocidade da luz à outra metade da velocidade da luz não nos permite atingir a velocidade da luz.

Indo da microescala para a macroescala, existe um modelo cosmológico conhecido como a teoria da multiplicidade dos mundos, a qual declara que as indeterminações quânticas se tornam determinadas individualmente, mas não unicamente. Acredita-se que a multiplicidade completa de uma superposição de estados seja manifesta, em vez de ser meramente um estado, e que isso ocorre em diferentes universos. Infelizmente, temos acesso unicamente ao nosso e, assim, jamais poderemos saber como os estados se manifestam em outros universos. Mas, de algum modo, eles efetivamente se manifestam. Davies observou que, se a intenção aqui é ultrapassar a necessidade de apelar para a divindade (como Fred Hoyle tentou com seu modelo de estado permanente do Universo), então essa posição dificilmente é superior à teística.

> Invocar uma infinidade de universos não vistos (e talvez invisíveis) apenas como explicação para aquele que de fato vemos é a antítese da "Navalha de Occam" (a Regra da Parcimônia de Occam) e fundamentalmente não científico. De qualquer maneira, dificilmente é mais plausível que a hipótese de um único deus invisível (Davies, 1998: 156).

QUE CAMINHO TOMAREMOS?

Voltando ao tema do princípio antrópico, Davies declarou que a presença de vida e de consciência no cosmo, por ora detectável apenas em nosso planeta, "impõe restrições bastante estritas sobre os valores das constantes fundamentais da Natureza e sobre as condições cosmológicas iniciais" (Davies, 1998: 157). Ainda que isso seja indubitavelmente verdadeiro, a questão que eu desejo apresentar é a seguinte: mesmo que o projeto implique um projetista, será que a complexidade da forma automaticamente pressupõe um projeto? Do mesmo modo que ocorre nos sistemas caóticos, o que nós percebemos como complexo pode, de fato, não possuir começos dignos de nota.

Movendo-se das ciências físicas para as naturais ou biológicas, surge um ponto em que as moléculas são promovidas do nível inorgânico para o nível orgânico, e isso tem a ver com as afinidades de formação de ligações eletrônicas, determinada pela valência múltipla do átomo de carbono. Ainda mais, um átomo de ferro contido em uma amostra de rocha é qualitativamente diferente, para pensadores como Whitehead, de um átomo de ferro contido em uma molécula de hemoglobina, em virtude de suas relações interiores com o padrão dos átomos na estrutura circunjacente. Não obstante, como insistiu Randall, "ainda existe, realmente, uma grande distância entre a formação de moléculas gigantes", mesmo que elas sejam biomacromoleculares "e a formação de unidades auto-replicáveis sobre as quais a seleção natural possa vir a agir" (Randall, 1977: 203). A evolução pode ocorrer na física e na química, do mesmo modo que acontece na biologia, mas não poderia justificavelmente ser descrita como darwiniana. Com relação ao poder de explicação da genética, ainda que seja acurado dizer que "alguns genes se ligam e se desligam justamente no momento certo, e alguns trabalham em conjunção com outros, justamente nas quantidades exatas [...], a informação para a execução dessas tarefas não pode ser encontrada no próprio genoma" (Stoeger, 1998: 178). Isso vem reforçar a dúvida de Sheldrake com relação à identificação dos momentos específicos em que "os genes vão participar e quais contribuem para a formação de um braço ou uma perna, tais dados não são encontrados nas instruções genéticas", muito embora uma solução para o problema não esteja necessariamente fora de nosso alcance.

Continuando a análise de Sheldrake, segundo ele, a ciência, por meio do uso de termos como "informação", "instruções" e "programas" genéticos, está metaforizando o mundo natural de uma forma que não é justificada para uma maneira de pensar puramente materialística. A matéria não instrui; somente disciplinas podem instruir. E, se a ciência se sente confortável ao empregar uma terminologia que trai sua interioridade, então precisa modificar seu ponto de vista para um que se expanda para além do puro e simples relacionamento externo. Além disso, ao falar de Sheldrake com simpatia, Watson considerou que a ciência ultrapassa os limites do poder explicativo atribuído à categoria do instinto. Watson apresentou diversos exemplos pertinentes, e parece-me apropriado citá-lo de forma mais ampla.

> Alguns animais demonstram habilidades de navegação com pouco ou nenhum treinamento aparente. Os pombos encontram seu caminho com a ajuda de pontos salientes da paisagem com que estão familiarizados, padrões sonoros subsônicos associados com a passagem do vento através de certas montanhas, a altura e posição do Sol com relação a um relógio interno, os padrões das estrelas e as linhas do campo magnético da Terra. Mas algumas espécies, como o cuco europeu [...] são capazes de fazer essas viagens sem instruções, seguindo pais que nunca conheceram, por milhares de quilômetros rumo ao Sul, até os campos tradicionais de alimentação da espécie na África meridional (Watson, 1992: 61).

Do mesmo modo, as borboletas monarca:

> Migram a cada inverno do Canadá, pelos Estados Unidos, até os planaltos mexicanos, retornando ao longo das mesmas rotas na primavera seguinte. As imensas nuvens multicores de borboletas voam mais de cem quilômetros por dia, parando a cada noite para descansar em imensos cachos castanhos pendurados nos galhos de alguns tipos de árvores – exatamente as mesmas árvores, ano após ano. [...] As monarcas fazem essa migração anual e infalivelmente encontram suas árvores de pouso tradicionais, a despeito do fato de que as borboletas que viajam em qualquer ano são a prole de primeira ou de segunda geração daquelas que seguiram o mesmo curso na direção oposta durante a estação anterior.
> Todos esses padrões podem ser determinados por programas genéticos – essa é a nova explicação que serve para todos os propósitos e explica

QUE CAMINHO TOMAREMOS?

qualquer comportamento estranho. Mas não há qualquer gene conhecido, nenhuma força física estabelecida ou nenhum elo eletromagnético que possam agir para guiar um gato ou um pombo até um local totalmente desconhecido (Watson, 1992: 63, 65-71).

Watson, então, prosseguiu focalizando as ramificações antropológicas da teoria genética, e comentou sobre as conseqüências da ideação: "No transcurso da evolução humana, uma mudança de opinião ou uma nova idéia pode ter tanto valor de sobrevivência e significado adaptativo quanto a mutação de um gene" (Watson, 1992: 10). A cultura também pode ser herdada, como já observamos e, segundo o ponto de vista de Sheldrake, quanto maiores forem os graus de similaridade e freqüência entre as práticas culturais presentes e passadas, "tanto maior a conexão ressonante" entre elas e tanto maior a probabilidade de que vão ser repetidas" (Watson, 1995: 237). Todavia, o surgimento das próprias idéias é inexplicável, especialmente quando se trata de idéias completamente novas. Estas últimas requerem uma "espécie de mutação cultural, com alguém como Darwin ou Sheldrake agindo como o agente mutagênico". A transmissão cultural de informações, freqüentemente por meio da educação, a transforma em um padrão rival da herança genética de sua contraparte. A cultura, está claro, não passa unicamente dos pais para a prole, mas também é recebida lateralmente, como de professor para aluno ou de mestre para um não iniciado. Compondo sua divergência da seleção natural padrão, existe o fato de que a abordagem darwiniana nem toma em consideração quaisquer efeitos em longo prazo, nem planeja para o futuro (Watson, 1995: 238).

Vamos, a seguir, considerar alguns pontos na linha do trabalho de Becker. No espectro da radiação eletromagnética, a amplitude da luz visível para nós é demarcada por menos de uma ordem de magnitude, entre o infravermelho e o ultravioleta, significando que existe uma largura de onda muito estreita para a visão humana. Em comparação, nossa capacidade auditiva se estende por uma amplitude de aproximadamente 20 a 20 mil Hertz (ainda que isso, freqüentemente, varie em função de nossa idade). Isso cobre três ordens de magnitude ou, aproximadamente, 200 vezes a nossa habilidade visual. O significado disso é que permanecemos bastante "no escuro" com relação ao que ocorre em nosso mundo (ou significa também

193

que fomos construídos para escutar muito mais do que para ver?). A partir daqui, podemos depreender que existe uma multidão de sinais ocultos de nossos sentidos porque não possuímos o equipamento ou as faculdades para detectá-los. Todavia, eles podem causar um impacto constante sobre nós, a despeito de nossa inabilidade de percepção para com eles; e, se não forem inócuos, seus efeitos poderão ser ou adversos ou benéficos.

Mesmo que esses sinais, em geral, estejam além da percepção humana, todos nós somos vulneráveis a eles, embora algumas pessoas sejam mais do que as outras. Certos indivíduos podem ser sensíveis a seus efeitos ou mais predispostos a senti-los. Há, entretanto, ritmos e ciclos específicos a que todos os organismos respondem, quer possam ou não conscientemente identificá-los. Têm uma certa importância entre esses ritmos e ciclos os padrões circadianos dos organismos, que diferenciam os seres noturnos dos diurnos. A razão para tal sensibilidade é que as criaturas são sistemas eletromagnéticos dentro de um ambiente eletromagnético. Isso reforça ainda mais a idéia de que todos os conteúdos do Universo estão ligados, interconectados.

> Um evento originado em um quasar distante pode estar conectado com um evento em nossos cérebros. Nosso universo não é composto de partes isoladas; somos feitos da mesma matéria-prima que o resto dele e respondemos às mesmas forças que impulsionam tudo e tudo moldam. As estrelas e nossa pele se encontram em contato regular (Playfair & Hill, 1979: 355).

É interessante notar que o autor a quem devotamos menor espaço até agora, Becker, tornou-se o pivô, o ponto central em torno de nossa discussão atual ("os mínimos serão os maiores"). Paul Devereux e colegas expandiram o trabalho de Becker, expandindo sua análise. Sua elaboração sobre essa temática é a seguinte:

> O cérebro humano contém freqüências elétricas que se relacionam àquelas encontradas naturalmente nos campos de força do próprio planeta. Alguns pesquisadores se acham convencidos de que isso aconteceu simplesmente porque a vida evoluiu sob a influência desses campos e os ritmos cerebrais foram produzidos por eles [...] de tal modo que as pulsações planetárias começaram então a "dirigir" a atividade elétrica de nosso cérebro.

Assim, em certos estados mentais, as ondas de nosso cérebro ressoam os ritmos da Terra. É possível, então, nos sintonizarmos com o planeta (Devereux, Steele & Kubrin, 1989: 77-78).

E continua...

Os organismos vivos são capazes de perceber ou responder a todos os campos naturais nos quais se desenvolveu a vida na Terra, mesmo que a maioria dessas sensibilidades se encontre abaixo do limiar da percepção consciente, ou que tenham se transformado ou, até, atrofiado, à medida que as circunstâncias ambientais foram sendo alteradas ao longo dos séculos. A ciência ortodoxa tende sempre a subestimar a sensibilidade dos organismos vivos a essas energias de baixa potência (Devereux, Steele & Kubrin, 1989: 116).

A atividade divina poderia, então, interpenetrar o mundo simplesmente ao se sobrepor a ele. Em essência, nós mesmos somos afetados pelo mundo porque a divindade metaforicamente conserva suas mãos sobre ele. Desse modo, existe razão e justificativa para que chamemos a nosso mundo Mãe Terra – nossa genitora planetária nos gera e nutre e, desse modo, confere a Deus o papel de parteiro. Uma estratégia desse tipo, entretanto, por melhor ou pior que seja, pode ser encarada como coerciva demais para os whiteheadianos, a não ser que sua atividade se limite a treinar e a confortar.

Armado com os elementos descritos acima, proponho o seguinte mapa como uma sugestão para pesquisas futuras.

Em caso de dúvida, aventure-se mais além

Entre as características que os seres humanos compartilham com algumas das outras formas de vida, duas se destacam a meu ver como merecedoras de investigações mais extensas. Em primeiro lugar, seja lá o que for que permita ao *Homo sapiens sapiens* a autoconsciência, os humanos são os frutos do planeta, o pó da Terra. Em segundo lugar, os indivíduos são compostos por outros indivíduos. Os humanos são seres compostos. Cruzaram a linha entre os organismos unicelulares para tornar-se multicelulares, originalmente começando com células individuais que formaram colônias e, mais tarde, com a união de dois gametas, formando um zigoto, que logo começaria a dividir-se, para formar um embrião. No primeiro caso, as pessoas são viajantes espaciais presos à Terra. Nasceram da Terra e o planeta se tornou seu genitor. No segundo, as pessoas são associações e, para que o coletivo consiga operar sem dificuldades, deve haver cooperação entre seus membros. Terra e Humanidade são os muitos que deram origem a outros muitos.

De acordo com minha perspectiva, os pontos explanados acima geram duas linhas de investigação. Primeiramente, se nossa origem é, pelo menos parcialmente, planetária, então nós, inevitavelmente, recebemos parte de nossa orientação da Terra. Por mais subconsciente que isso possa ser, inescapavelmente nos assemelhamos ao planeta, pelo menos até um certo grau. O aspecto mais provável do campo comum entre nós e a Terra, entre as pessoas e o planeta, é a ocorrência de padrões cíclicos apresentados por ambos. Temos nossos biorritmos e a Terra, seus georritmos. Em primeiro lugar, se ambos se dessincronizarem, mesmo em freqüências extremamente baixas (ondas ELF), isso pode provocar uma ruptura no funcionamento adequado dos organismos. Os padrões das ondas cerebrais na faixa alfa (8 a 13 Hz) ressoam com os padrões das ondas terrestres (10 a 15 Hz). Pequenas mudanças de energia apresentam efeitos fisiológicos mensuráveis.

Em segundo lugar, cada célula do corpo humano recebe tarefas específicas, embora o padrão básico permaneça – as células trabalham em conjunção mútua, a fim de produzirem um efeito otimizado de caráter geral no organismo. Os cérebros são compostos por células, mas a memória, por exemplo, não está necessariamente confinada à cabeça humana simplesmente em virtude de que o crânio mantém dentro de si determinados tipos de células. Se a memória possui uma base biológica, essa base, para não falar da amplitude de sua influência, pode ser mais ampla do que os neurônios do cérebro. Outros órgãos podem também apresentar uma faculdade similar.

Tudo isso me impulsiona a apresentar duas propostas de pesquisa complementares. Ambas se relacionam com a consciência em geral e a percepção em particular. Ao se estudar o relacionamento humano/terrestre, foi

QUE CAMINHO TOMAREMOS?

descoberto que ajustamentos nas freqüências emitidas pelo campo eletromagnético da Terra, algumas vezes envolvendo locais geográficos em que as sensibilidades se acham mais predispostas a se manifestar, permitem a alguns indivíduos recontar experiências de efeitos hipnagógicos, tais como a vívida visão de imagens, que poderiam ser interpretadas como de origem mística. Estou inclinado a categorizar as descrições desse tipo não como extra-sensoriais, mas como supra-sensoriais, significando a presença de uma percepção mais elevada. A pesquisa sobre as pessoas que apresentam tais habilidades e também sobre os locais geográficos que podem provocá-las nos permitirá novas descobertas sobre o relacionamento do humano com o planeta e daquele entre os humanos, e pode também ampliar nossa compreensão sobre os limites de nossa percepção.

Quanto às redes de armazenagem e localização de memória, um estudo poderia ser feito com doadores de órgãos e seus receptores, numa tentativa de descobrir quaisquer modificações dos sentimentos e das características comportamentais destes últimos. Alguns receptores de órgãos descreveram alterações de interesses, algumas vezes manifestando mudanças na prática, tais como hábitos dietéticos modificados subseqüentemente a um transplante de órgãos. Após investigações posteriores, descobriu-se que a mudança tinha a ver com atividades realizadas ou preferências dos doadores. A memória, poderíamos argumentar a partir daqui, das predileções pessoais do doador é comunicada, de alguma forma, ao receptor por meio do órgão transplantado. Esse tipo de estudo poderia ser conduzido por questionários projetados por neurobiologistas e distribuídos por profissionais da área da saúde, especialmente quando o acesso a registros médicos for restrito.

Análises desse tipo poderiam nos informar sobre padrões possivelmente impressos em partes de organismos completos além do cérebro e que, por sua vez, poderiam ser acessados, mesmo em outro organismo. Conclusões potenciais podem ser tiradas: que a memória é uma capacidade mais semelhante a um campo de força do que a uma substância, e que se expande pelo organismo sobre uma região mais ampla do que se imagina, não somente abrangendo os centros cerebrais, mas também a própria substância neural cinzenta. Isso tornaria o entendimento da memória algo similar à do elétron, abordado segundo a interpretação quântica. A imagem holográfica de Bohm também é sugestiva nesse sentido. De fato, o neurocirurgião Karl

DEUS E A NOVA METAFÍSICA

Pribram também a sugeriu anteriormente a Bohm, no sentido de que a memória se encontrava freqüentemente distribuída pelo cérebro, não se confinava a pontos localizados (Talbot, 1992: 13-17). Nosso estudo tenta levar essa investigação ainda mais além dos limites do sistema nervoso central.

Ambas as análises acima desenvolvidas envolveriam o conceito de campos – tanto os terrestres como os humanos, pelo entendimento de que ambos estão interconectados. As pessoas poderiam ser, então, interpretadas como mais semelhantes à Terra do que previamente se suspeitava, ao passo que a memória poderia ser considerada menos restrita ao cérebro.

Nota pessoal

Eu gostaria de terminar com algumas reflexões sobre onde, em tudo isso, ficam Deus e a *Bíblia*. Ao longo dos anos, fui levado a reconhecer que os testemunhos das Escrituras judaico-cristãs são limitados por uma agenda definida. Isso me levou a suspeitar de que não podem então ser entendidos como uma mensagem que automaticamente produz uma imagem acurada da deidade. Ao contrário, o que oferecem é uma descrição da divindade que se faz a partir de uma construção do espírito humano. Não há dúvida de que seus autores obtiveram inspiração do objeto de sua fé; nem isso pretende mitigar o valor das escrituras bíblicas, que Deus ainda se compraz em utilizar como fonte de sabedoria para o tempo presente. Todavia, a atemporalidade das instruções bíblicas pode ter sido exagerada por aqueles que tinham interesses pessoais em sua difusão. Os livros e as cartas contidas na *Bíblia* foram escritos com propósitos específicos e destinados a audiências também específicas. O mínimo que podemos dizer em favor desse ponto de vista, por exemplo, citando os numerosos pedidos de Paulo a seus leitores e ouvintes para que orassem por ele e rezassem por seu ministério (Efésios 6, 19-20; e em diversos outros lugares) ou seu pedido a Timóteo para que lhe trouxesse sua capa e os manuscritos, especialmente os pergaminhos, quando viesse visitá-lo (II Timóteo 4:13), é que tais pedidos e instruções não se destinam a ser realizados em nosso mundo contemporâneo.

Para mim, o Deus que a *Bíblia* descreve continua presente nos dias de hoje; todavia, inserido na cultura e no contínuo de espaço-tempo em que nos encontramos, nossa percepção da auto-revelação de Deus se acha modificada, como Deus seria, digamos, caso os whiteheadianos impusessem seu ponto de vista. Podemos, até mesmo, perceber essas modificações no próprio desenvolvimento das Escrituras, à medida que os relatos do relacionamento de Deus com os humanos vão passando de uma era para a seguinte. Podemos até mesmo nos sentir inclinados a sugerir que isso significa uma progressão didática, em que Deus é descrito como um operador, de acordo com os estados educativos da audiência, numa reminiscência de Lawrence Kohlberg, com relação às respostas que Deus dá aos filhos de Israel. Se os relatos bíblicos merecem confiança, em determinado momento da infância dos hebreus, Deus infligiu a pena de morte como punição direta da rebelião chefiada por Korah e seu bando de insurretos (Números 16). Em um período subseqüente, a morte foi infligida a indivíduos, em vez de grupos, tal como o monarca desobediente (digamos, idólatra) Jorão (II Crônicas 21). Mais tarde, ainda, Deus impôs outros tipos de correção, como ao apóstolo Pedro, depois de sua tripla negação de Jesus (Mateus 26, 69-75; ou nas passagens paralelas de Marcos 14, 66-72; e de Lucas 22, 56-62).

Existem exceções nessa cronologia (notavelmente o episódio envolvendo Ananias e Safira, descrito em Atos dos Apóstolos 5, 1-11), mas a tendência geral parece descrever um movimento, desde a morte grupal, passando pela morte de indivíduos (no espírito da responsabilidade pessoal descrita em Ezequiel 18), pelos "espinhos na carne" (Paulo, em II Coríntios 12, 7-10), até severas advertências (Apocalipse 2, 4-5), em um esforço para ensinar ao povo de Deus os desígnios de Deus. Talvez a humanidade se encontre agora numa fase em que Deus nos transmita educação para adultos, revelando que não somente as interações de Deus com os humanos, mas também o próprio "vir a ser" divino dependem de e são alterados por aquilo que aconteceu anteriormente. Ambos parecem passar por uma evolução. Como em um casamento saudável, ambos os lados desenvolvem suas capacidades mútuas de se relacionar e de responder às necessidades um do outro. Isso não implica, absolutamente, que nas presentes circunstâncias estejamos agindo da maneira certa com maior freqüência, mas que nosso crescimento em comunhão uns com os outros e com Deus requer maneiras diferentes de

DEUS E A NOVA METAFÍSICA

educação, à medida que as eras se sucedem. Enquanto, em determinado ponto, Deus era concebido mais como um pai, agora Deus é encarado mais como um sócio (se bem que o principal).

Num raciocínio similar, há ocasiões em que os velhos paradigmas não são mais suficientes, e maior progresso seria atingido se eles viessem a ser melhorados. Em tais "revoluções", aquilo que inicialmente encontra resistência pode, eventualmente, constituir um estágio de novas descobertas que, por sua vez, abrem novos panoramas, que sequer poderiam ter sido imaginados sob o regime anterior. A psicanálise, por exemplo, foi objeto de derrisão até se tornar um campo estabelecido por seus próprios direitos, e dando origem à disciplina da psicologia como a entendemos agora. Sem elas, nossa visão da humanidade estaria empobrecida. E, a despeito de minhas reservas iniciais, um mundo emoldurado sem quaisquer referências à relatividade ou às teorias quânticas nos mostraria uma perspectiva em retrocesso da realidade, porque seria incompleta. O ponto de vista mecanicista newtoniano é aplicável à nossa existência quotidiana, porém inadequado para explicar a estrutura do mundo em escalas muito acima ou muito abaixo da nossa própria. Todavia, à medida que mais mistérios vão sendo decifrados, outros tantos se nos apresentam. A ciência não responde às questões dos "porquês", nem pode (embora sejam abundantes questões do tipo "Por que a Lua algumas vezes parece estar vermelha ou azul?"); mas está muito bem, porque ela já tem trabalho bastante para explicar "O quê?" e "Como?", em perguntas semelhantes a "O que aconteceu em $t = 0$?" ou "Como surgiu a vida?"

Todos os relacionamentos entre Deus e as pessoas dependem da capacidade humana de processar mensagens reveladoras. Elas devem ser recebidas de maneira tal que possam ser captadas, metabolizadas e respondidas, senão, contrariamente ao que pensava Karl Barth, o despachante divino nem precisaria se incomodar em enviá-las. Ao mesmo tempo, seria benéfico estarmos abertos a recursos que permaneceram até agora, em grande parte, inexplorados. Enquanto investigarmos com abertura suficiente, poderemos receber o que a natureza tem para nos comunicar. Talvez haja uma visão de que o pensamento tradicional tem relutado em apreciar, mas que pode nos oferecer uma abundância de novas percepções. Essa visão poderia surgir à superfície (e essa é a razão pela qual mencionei aqui o tópico da psicologia), a partir da área comumente conhecida como parapsicologia. O próprio

Whitehead fez algumas referências obscuras à telepatia, por exemplo, e poderia tê-la incorporado em seu sistema por meio de seu tratamento dos relacionamentos internos. O pensamento processivo se inter-relaciona com a parapsicologia, conforme indica o título de um recente volume publicado por Griffin[12], considerando que esse é um campo que nos daria pistas em direção àquilo que é essencialmente impulsionado pelo humano e, talvez, até mesmo dirigido pela divindade. Sheldrake também contribuiu com duas obras atuais sobre o sexto e, até mesmo, o sétimo sentidos.[13]

Naturalmente, há grande número de perigos envolvidos nesses empreendimentos, mas, se Deus trabalhou na conformação da realidade dessa maneira e não de outra; e se está ansioso para que a humanidade a descubra, então o melhor é não descartarmos a possibilidade de imediato, mas, em vez disso, prosseguir com a tarefa de examinar aquilo que pode nos ter sido conferido. Cada um dos autores analisados ao longo de nosso estudo tem alguma coisa de valor a oferecer, mas a questão é "o quê?" e "quanto?". E, se quisermos optar pela "compra de um pacote", então a tentativa de fazer malabarismos com perspectivas múltiplas pode resultar que acabemos nos envolvendo com a metafísica errada. Explorar o que está lá fora pode ser potencialmente perigoso, mas as possíveis recompensas são igualmente significativas. Todo e qualquer empreendimento acarreta os seus próprios riscos. Pode valer a pena nos comprometermos com este empreendimento presente.

Uma palavra final inicial

Os mapas são coisas estranhas. Algumas vezes, você não consegue dobrá-los do mesmo jeito que estavam depois de havê-los consultado. Outro detalhe, nem sempre eles fornecem todas as informações úteis que você

---

12. GRIFFIN, David Ray. *Parapsychology, philosophy, and spirituality:* a postmodern exploration. Albany, New York: SUNY Press, 1997.

13. SHELDRAKE, Rupert. *Cães sabem quando seus donos estão chegando* Rio de Janeiro: Objetiva, 2000; e *A sensação de estar sendo observado.* São Paulo: Cultrix, 2004.

poderia utilizar. Eles não lhe dizem, por exemplo, quais estradas estão em obras no momento, de tal modo que seguir por elas pode resultar em atrasos inesperados. Nem costumam adverti-lo sobre quais estradas estão cheias de buracos, grandes o bastante para causar danos em seu veículo. Isso quer dizer que os mapas, em geral, não estão atualizados nem nos fornecem detalhes muito extensos.

Além disso, quando encontramos dificuldades em atingir nosso destino, um sentimento de desalento pode começar a se manifestar em nós, no sentido de que não estamos consultando o mapa correto. Uma opção, nesse ponto, é pedir informações, perguntar o caminho certo, mas é claro que isso requer a presença de, no mínimo, um transeunte a quem possamos indagar sobre os caminhos a seguir. Com o ar rarefeito que andamos respirando ultimamente, pode não haver ninguém mais andando por essas alturas magnâmicas. Se ainda nos encontramos dentro do empuxo gravitacional de paisagens familiares, então este seria um momento oportuno para dar uma parada, consultar nossa bússola e ver onde estamos exatamente, antes de nos perdermos completamente.

Esta pode ser a última palavra do presente volume, sem contar os apêndices, mas eu confio que, para você, seja somente o começo de uma pesquisa frutífera por meio daquilo que a ciência tradicionalmente considerou como território proibido. Talvez seja necessário adquirir habilidades cartográficas, à medida que avançamos, de tal modo que nos seja possível desenhar um novo mapa enquanto desvendamos nossa rota.

APÊNDICE 1

Deus com qualquer outro nome

A melhor coisa a respeito dos apêndices é que eles não são necessários. E este não é exceção à regra. Antes que eu chegue ao que realmente quero dizer, preciso fazer um prefácio com o parágrafo seguinte.

"Quando eu uso uma palavra [...] ela significa apenas o que eu quero que ela signifique – nem mais, nem menos." Humpty Dumpty* deve saber por que, afinal de contas, ele paga (literalmente) os termos que emprega de acordo com a quantidade de trabalho que ele lhes pede para executar. Se uma palavra em particular foi estendida além do seu significado – se for requerido dela que se refira a algo mais além de seus limites convencionais – então ela pode esperar receber um pagamento adicional pelo seu trabalho. Quando Alice lhe indaga se as palavras podem ser controladas dessa maneira, Humpty Dumpty responde com uma questão alternativa: "Qual de nós é o patrão?"[14]

---

* Personagem de *Alice no país das maravilhas*, de Lewis Caroll, o ovo, mestre das palavras, que se equilibra no muro e conversa com Alice. [N. do E.]

14. Ambas as citações foram retiradas de Lewis Carroll: *The annotated Alice* (New York: Nova American Library, 1974), p. 269-270.

Realmente, quem ou o que possui a autoridade final para determinar quais são os parâmetros segundo os quais uma palavra pode operar? Esses significados são conferidos aos termos por seus usuários, tornando-se, a partir de então, limitados pela tradição, ou podem esses mesmos usuários modificar uma palavra, a fim de melhor servir a novas necessidades? Essa questão introduz o problema mais amplo da própria natureza da linguagem, especificamente, até que ponto uma linguagem é fixa. Novos termos estão sendo constantemente acrescentados a uma língua a cada geração, enquanto outros passam por renovações. Lewis Carroll, por exemplo, introduziu as palavras *chortled* [cantou jubilosamente] e *galumphing* [caminhar arrastando os pés] no vocabulário inglês.[15] Fac-símile [fax] tem agora o significado adicional de um texto enviado eletronicamente e *nerd* ainda precisa de permissão para entrar em certos dicionários, pelo menos no sentido de uma pessoa que não tem estilo ou classe, essencialmente alguém que não é *cool* [legal]. A língua não é fixa; ela evolui. Isso transforma os dicionários em retratos instantâneos da maneira como funciona uma linguagem, o que significa que esses volumes somente são úteis para a época em que foram produzidos. De fato, são documentos históricos. Descrevem a maneira como uma linguagem funciona no momento em que foram impressos, e não pretendem prescrever a maneira segundo a qual essa língua deverá operar em longo prazo.

Vamos retornar à pergunta de Humpty Dumpty, sobre quem é o patrão – as palavras ou as pessoas que as usam. Uma analogia a esse caso pode ser útil aqui. Talvez a relação usuário/palavra seja semelhante àquela que se refere aos funcionários eleitos em um sistema democrático. O povo que vive nesse sistema dispõe de poder para eleger aos cargos públicos as pessoas que quiser. Com relação à escolha de quais indivíduos devem exercer quais funções, o povo é o patrão. Mas, uma vez que os votos foram lançados, todavia, depois que o candidato vencedor prestou juramento, o povo da democracia fica sujeito à autoridade desse funcionário, seja qual for a jurisdição que se aplique à sua pasta e durante todo o período de seu mandato. Assim que ele ou ela tenha completado o período para o qual foi eleito, o processo pode começar de novo.

---

15. Ibidem, p. 191, 196-197. Ambas se encontram no poema "Jabberwocky", em *Alice no País dos Espelhos*.

DEUS COM QUALQUER OUTRO NOME

Igualmente, os significados são conferidos às palavras mediante convenções, de tal modo que a comunicação possa ocorrer sem que haja margem para confusões. Se alguma confusão chegar a ocorrer, então são desenvolvidos novos termos ou novas nuanças de significado serão atribuídas às palavras já existentes, novamente mediante convenções, a fim de evitar dificuldades subseqüentes. Assim que esse acerto estiver em vigor – isto é, a partir do momento em que os usuários tenham agido, em sua condição de senhores – são as palavras que se tornam as senhoras e se permitem ser usadas, tendo plena confiança de que serão utilizadas somente dentro dos significados pretendidos. As restrições ou limitações agem desde então sobre nós. Até, é claro, o momento em que declararmos que elas não são mais adequadas para nos governar da maneira que haviam sido padronizadas. Nesse ponto, os usuários se tornam novamente os senhores e elegem um novo termo ou escolhem uma nova tarefa a ser desempenhada pela mesma palavra. Tanto as palavras como seus usuários parecem se alternar na condição de dominadores.

Conservando isso em mente, como fica o termo "Deus"? Quando me pedem para falar em determinadas reuniões, algumas vezes me fazem a pergunta sobre se não existe uma palavra ou nome alternativo que possa ser empregado em substituição a "Deus". Afinal de contas, se os whiteheadianos estão corretos e o próprio Deus evolui, então talvez Seu nome possa evoluir também. Finalmente apresento minha opinião sobre essa dúvida ou, pelo menos, faço uma tentativa. Nesse sentido, ofereço três sugestões.

Em primeiro lugar, existem poucos termos na língua inglesa que invoquem maior descontentamento do que *God*. Mas a idéia de Deus não parece ser tanto o objeto do ataque como o fato de a palavra estar ficando desprovida de significado. As pessoas objetam ao emprego da palavra porque vem sendo usada demais – já denotou tantas coisas para tanta gente que perdeu todo o significado. Contudo, apesar da fadiga do termo, algumas tentativas vêm sendo feitas para salvaguardar seu conteúdo, mesmo que o nome se perca. Outros acharam que a palavra podia ser retida, enquanto seu significado fosse expandido para incluir uma imanência no mundo, de tal modo que a natureza fosse incluída na esfera da influência divina. Um projeto relacionado buscou empurrar Deus para as profundezas da metafísica, retratando Deus como "a Base do Ser" ou, simplesmente, o próprio "Ser".

205

DEUS E A NOVA METAFÍSICA

Todavia, aqueles que consideram o "vir a ser" pelo menos tão importante quanto o "ser" continuam a declarar sua desaprovação. Sua "preocupação final" não é a existência de Deus, uma vez que o termo possui de fato um referencial para eles, mas a Sua atividade.

Não existe uma solução unânime previamente confeccionada para esses problemas. Um curativo temporário parece ter sido adotado por alguns escritores que, ou substituíram a vogal da palavra, isto é, trocaram o "o" para "i" (*Gid*), ou pura e simplesmente omitiram a vogal, colocando em seu lugar um hífen (*G-d*). Minha primeira proposta é uma alternativa metafórica. Em vez de "Deus (*God*)", poderíamos passar a usar o termo "Guia (*Guide*)". O termo pode ser apropriado pelas seguintes razões: primeiro, o nome pode ser lido e soar bem parecido com aquele que nos acostumamos a usar, mas com o qual nos sentimos desconfortáveis. Substituímos o som curto do "o" por um "i" longo (*God-Guide*) ou, em português, o ditongo breve "eu" pelo hiato "ia" (Deus-Guia). A vantagem dessa proposta é que não é muito distante da palavra inglesa tradicional; essencialmente, é uma troca entre o som de vogais e não se afasta muito da palavra antiga.

Em segundo lugar, o termo conota uma ação em andamento – uma direção para aqueles que estão abertos a aceitar a orientação do Guia. Algumas pessoas, entretanto, poderão objetar que não é essa a experiência que têm com relação a Deus. Para elas, Deus não guia, nem essa liderança é desejável para, digamos, um whiteheadiano. Em terceiro lugar, o conceito implica uma personalidade consciente que, ou está envolvida na atividade, ou se encontra logo por detrás dela. Pode-se pensar, quem sabe, em termos de um guia de excursão que caminha junto com os turistas ao longo de um terreno pouco familiar e lhes aponta os sinais orientadores erguidos ao longo dos caminhos. Isso poderia, não obstante, ainda parecer muito coercitivo para os pensadores processivos; todavia, poderíamos ao menos supor que aqueles que fazem parte da excursão estão ali por sua própria escolha e que, até esse ponto, Deus age persuasivamente. Eles poderiam escolher um nome como o "Apresentador" ou o "Transmissor-Receptor" ou, até mesmo, "TR", se quisessem.

Deus já foi chamado por muitos nomes, dependendo de qual das características multifacetadas da divindade estiver em foco num determinado momento. Uma segunda opção, alinhada com a disciplina da física, é o nome

Fielding (Campo Gerador). Se Deus puder ser entendido como uma entidade ligada a um determinado campo físico que, por sua vez, possa gerar partículas com que já estejamos familiarizados, talvez *Fielding*, no sentido do estabelecimento desse campo, seja um nome adequado para substituir "Deus". As vantagens são as seguintes: sendo um sobrenome, não é específico de um gênero (masculino/feminino), e, ao mesmo tempo, implicaria a possibilidade de Deus ser descrito como tendo algum tipo de personalidade. Como substantivo, refere-se a um "campo de força" e, como verbo, denota que Deus se encontra ativamente na função de trabalhar dentro e/ou através de campos [eletromagnéticos]. Se isso for demonstradamente consistente com a física dos campos, então, em termos científicos, seria muito melhor do que "Alma do Mundo" ou "Mente Universal".

Minha proposta final provém da afeição que sinto por siglas. Elas têm a vantagem de combinar um certo número dos diferentes aspectos atribuídos à divindade, mas de uma maneira taquigráfica; a desvantagem é que pode ser meio desajeitado. Só o leitor poderá decidir o que lhe agradar mais. O nome que eu sugiro é P.R.I.T.C.H.A.R.D., que é um acrônimo para Prime Reality [Realidade Primeira] (with) [com] Immanent [Imanentes] (and) [e] Transcendent Components Hopefully Attaining Real Differences [Transcendentes Componentes Desejosamente Alcançando Diferenças Reais). *Hopefully* porque na estratégia whiteheadiana não há qualquer garantia de que os ideais de Deus possam ser abraçados; e *attaining* [alcançando] (ou talvez, em vez disso, *assembling* [compondo]), uma vez que Deus amplia esforços por meio de Sua própria causa final, para realizar objetivos divinos. A única determinação, é claro, é que, no esquema processivo, Deus não "pode" fazer tal coisa unilateralmente. E as "diferenças" devem ser "reais", porque devem ter importância para nós e possuir algum impacto de macronível. Igualmente, é um sobrenome em inglês, não denota um gênero específico, mas aponta para a existência de uma personalidade.

Essa sugestão pode não alcançar uma ampla aceitação, porém, pelo menos, apresenta designações alternativas. É uma tentativa de nos liberar da carga do emprego de uma nomeação que, aos olhos de alguns, não serve mais para qualquer propósito útil. E, com este apêndice, acabei de completar uma tarefa ecumênica...

APÊNDICE 2

Está na hora de mudar

O aviso aplicável ao primeiro apêndice, ou seja, seu caráter não essencial, vale também para o segundo. Isso pelo fato de que, contrariamente à tradição, decidi misturar ficção com não-ficção. Não é usual incluir uma peça – neste exemplo, um conto de ficção especulativa – em um relato que, sob outros aspectos, não é ficcional e que tenta apresentar e defender uma proposta metafísica.

A presença da ficção, do conto, aqui, o qual não faz qualquer menção à teologia, é puramente para a diversão do leitor. Considere-a como um presente, em apreço àqueles que foram constantes o bastante para lerem meu trabalho até o final.

Voltando àquela época em que o teletransporte era novidade e estava no auge da moda, parecia que a melhor coisa que a classe alta poderia fazer nos fins de semana era ejetar as partículas de seu próprio corpo para um lugar distante. Nem tanto porque era esse o lugar em que você tinha vontade de estar, mas simplesmente pelo êxtase puro de conquistar aquilo que até então era considerado como uma barreira física. "Deslocamento instantâneo de lugar", ou resumidamente DIL, foi o nome fantasioso que lhe aplicaram.

"Um jato Concorde é a maneira mais rápida de viajar", costumavam dizer há muito tempo (nos confins da atmosfera terrestre, naturalmente). Os grandes jatos Jumbo e outras aeronaves enchem, agora, os ferros-velhos e os desmanches. As classes baixas ainda os empregam como uma forma barata de viajar, mas a utilização dos aviões diminuiu muito e definitivamente deixaram de ser o modo preferencial de deslocamento. É uma pena que ninguém se lembrou de construí-los de forma totalmente reciclável na época em que tiveram seu apogeu. Em que estavam pensando? Que os aeroplanos eram o fim da linha tecnológica e que nenhuma maravilha de engenharia os superaria?

De forma alguma! Não poderia ter ocorrido uma revolução maior! Os dispositivos de teletransporte não somente se tornaram uma forma de economizar tempo, como os problemas previstos de falhas no realinhamento das partículas nunca chegaram a se concretizar. Acho que foi um desses caprichos felizes da ciência. Por sorte, nunca ninguém precisou sofrer a indignidade de uma deformação física depois de uma "viagem" por DIL. As partículas simplesmente pareciam saber qual era a sua ordem adequada. É um assunto sobre o qual os físicos ainda têm de ponderar e, suponho, os biólogos também. Quanto a mim, estou ocupado demais gozando o brilho glorioso de saber que o sistema de fato funciona. Imagino que isso me torne um descarado pragmático. Pois, então, eu sou um.

Mas a revolução não chegou livre de problemas logísticos. Não se podia simplesmente desfrutar o prazer da nova tecnologia sem certas precauções. Basta pensar na tragédia que resultaria se duas ou mais pessoas se projetassem ao mesmo tempo para as mesmas coordenadas. Os físicos estão corretos quando afirmam que dois objetos não podem ocupar o mesmo espaço ao mesmo tempo. Esse fato já era conhecido há séculos e, pondo à parte as inconveniências, não é menos verdadeiro nos dias de hoje.

Foi por essa razão que o governo decidiu interferir e regular as idas e vindas dos viajantes. Essa não era uma tentativa de limitar a liberdade de seus cidadãos e ninguém achou que fosse. Foi meramente a melhor maneira de impedir que as enfermarias dos hospitais ficassem congestionadas. Pense nisso fazendo uma analogia à tarefa tão comum, no século XX, do controle de tráfego aéreo nos aeroportos. Era um serviço necessário a que ninguém objetava.

ESTÁ NA HORA DE MUDAR

Os antigos aeroportos foram selecionados como os locais para a instalação desses novos dispositivos de teletransporte, uma forma de economizar recursos e utilizar o que já se achava disponível, segundo a maneira de pensar da época. As escalas de "vôos" foram então coordenadas como outros "teletransportes", na esperança de se eliminar a possibilidade de baixas. Teria sido uma questão muito embaraçosa colisões no ar ou na aterrissagem. Não é possível andar muito mais depressa do que instantaneamente!...

Foi a comunidade comercial que mais se beneficiou com esse novo modo de transporte. As conferências telefônicas tornaram-se instantaneamente uma coisa do passado; você simplesmente combinava uma reunião e pronto! – Europa! – todos os participantes podiam chegar lá. Nunca mais o trânsito foi uma desculpa para atrasos ou ausências. (Se bem que ninguém afirmasse que o teletransporte estivesse inteiramente livre de aspectos negativos.)

Todavia, esses dispositivos eram e são, de fato, caros demais para serem adquiridos por indivíduos comuns – uma coisa que deixava os governos muito contentes. Foi igual à situação, segundo fui informado, das classes abastadas do século XX, que podiam se dar ao luxo e extravagância de adquirir e operar um jatinho privado. Mas, agora, não era possível. Só as grandes corporações poderiam participar desse mercado, mas continuava nas mãos dos governos a questão secular sobre se deveria ou não ser privatizado.

Entretanto, isso não parecia incomodar ninguém. Ninguém, quer dizer, exceto o meu amigo Edgar. Edgar trabalhava na área de pesquisa e desenvolvimento de engenharia. Agora que estava aposentado, remexia em uma coisa ou outra por sua própria conta, trabalhando em coisas com as quais, segundo ele diz, "os tolos" nem se incomodam. Você poderia pensar que ele estivesse simplesmente tentando construir um dispositivo de teletransporte para seu próprio uso, clandestinamente. Não, Edgar não se satisfaria com isso. O que ele queria era poder viajar no tempo.

– É o mesmo princípio – dizia ele. – Afinal de contas, tempo e espaço são a mesma coisa, de acordo com a teoria da relatividade. Existe um contínuo espaço-temporal, não há espaço e tempo separados. Os dois podem ser distinguidos entre si, mas nunca totalmente separados. No teletransporte, você altera o espaço entre os pontos de partida e de chegada. Mas acontece que, no mesmo processo, o tempo também é afetado. Curve um e você curvará o outro.

211

DEUS E A NOVA METAFÍSICA

Foi só até aqui que eu consegui chegar acompanhando a sua análise. Qualquer coisa que fosse mais adiante disso não conseguiria decodificar. Seja como for, ao final de 12 anos de trabalho em sua invenção, ele achou que já havia conseguido exatamente o que pretendia. Tanto quanto poderia achar, é claro, sem jamais ter chegado a fazer um teste de campo.

– Kyle – ele me dizia, com seus grandes olhos castanhos arregalados ainda mais enquanto falava –, nós vamos fazer história. E eu quero dizer realmente "fazer", porque, se ingressarmos em qualquer idade a partir de um diferente período de tempo do que aquele que agora ocupamos, é provável que modifiquemos o resultado dos eventos.

Acho que você percebeu que ele utilizou o termo "nós". A razão para isso é, bem, quem é que você pensa que não vai entrar nessa máquina que ele inventou em sua viagem inicial, em sua primeira experiência? É claro que alguém tem de permanecer no laboratório para trabalhar com os controles do gabinete de transmissão, de tal modo que o "chofer" possa receber os sinais. E, é claro, eu ficarei nos comandos do laboratório. Nenhum de nós se considerava verdadeiramente qualificado para realizar a viagem. Se alguém deveria ser o primeiro viajante no tempo, era o Ed.

Nós não precisamos ir muito longe para determinar nosso "destino". Teria de ser o passado de nossa própria cidade. Não se atingira, ainda, o estágio avançado de se fazer uma viagem para o futuro, nem era possível a combinação do teletransporte com aquilo que o Ed afirmava ser a total "teletranstemporação", isto é, teletransportar para um lugar diferente e para outro tempo, simultaneamente.

Quando levantava outros possíveis problemas do sistema, Ed se referia ao que era chamado de "teoria do caos":

– Você precisa ter cuidado com o que vai interagir em um diferente período no tempo – ele me preveniu. – Alguém que venha de outro tempo é um intruso e pode potencialmente perturbar o delicado equilíbrio dos fatores que produziram o espaço-tempo que agora habitamos. A mais simples interferência de um tal elemento estranho pode ter um efeito ondulatório que poderá agir como uma cascata temporal e nos afetar no aqui/agora.

– Então, por que correr o risco? – me aventurei a perguntar.

– Porque vale a pena mudar algumas coisas – replicou ele.

– Presumindo-se que você consiga alinhar todas as partes da maneira correta, suponho eu. Mas isso beneficiará quem, você ou os demais?

212

ESTÁ NA HORA DE MUDAR

Eu mesmo tive a impressão de que o estava submetendo a um interrogatório.

– Espero que venha em benefício de todos – respondeu-me, encerrando o assunto.

Ed entrou na máquina, sentou-se e apertou o cinto de segurança.

– Você está esperando alguns solavancos? – perguntei, na tentativa de diminuir a tensão que eu mesmo sentia.

– Se esperasse, estaria usando um capacete – respondeu-me secamente.

Ele me dera instruções precisas sobre o que eu deveria apertar e girar, e quando deveria fazê-lo. Tudo o mais tinha sido colocado previamente nas posições corretas.

– Bem, lá vou eu – foi a última frase que escutei o Ed dizer.

Ele desapareceu diante de meus olhos, como eu estava acostumado a ver nos dispositivos de teletransporte. Esperava alguma coisa um pouco mais dramática. Talvez um equivalente àquele ruído que os aviões faziam ao ultrapassar a barreira do som, só que na dimensão temporal. Mas, se nada disso acontece durante o teletransporte, por que deveria ocorrer alguma coisa desse tipo durante a "teletranstemporação"? Mas eu comecei a me sentir um pouco decepcionado e, enquanto refletia a respeito, resolvi parar.

Então, experimentei um tremor e um ribombar que pareciam vir por debaixo de meus pés durante o que me pareceu serem vários segundos. Imediatamente após ter cessado, Ed retornou.

– Caramba, mas como foi rápido! – exclamei, celebrando a vitoriosa conquista do tempo.

– Talvez tenha sido para você – disse ele. – Só espero que meus esforços tenham dado resultado...

Logo depois, percebi alguma coisa diferente em Ed, quero dizer, em seu aspecto externo. No princípio, não conseguia dizer o que era, mas logo percebi que ele estava usando uma barba longa e cerrada.

– Evidentemente, você deve ter estado longe deste período de tempo o suficiente para que sua barba crescesse – comentei.

– O que foi que você disse? – perguntou-me. – Eu sempre usei barba...

– Eu me recordo perfeitamente de que você sempre teve o rosto escanhoado – insisti.

– Você deve estar enganado – disse ele.

213

– Você tem alguma fotografia sua por aí para que a gente possa tirar a prova? – indaguei.

– Não, pode até parecer estranho, mas eu nunca tive uma câmera fotográfica – admitiu ele. – Mas, se isso o fizer sentir-se melhor, para referências futuras, vá até em casa e traga uma das suas, antes que eu faça minha próxima viagem.

– E esta vai ser quando? – perguntei.

– Assim que você tiver tirado o instantâneo – respondeu-me. – Aconteceu alguma coisa, enquanto eu estava fora? E quanto tempo se passou?

– Menos de um minuto – foi a minha estimativa. – Quer dizer, do meu próprio tempo. Ah, e eu acho que houve um rumor, um tremor, como um terremoto de baixa escala, mas por um período bastante curto. Isso tem algum significado?

– Eu já esperava alguma coisa assim – falou Ed, não parecendo estar surpreso. – Só me diga se percebeu alguma coisa diferente quando for lá fora. Agora, vá buscar a sua máquina fotográfica de uma vez.

Saí e fiz o que me mandou. Nada me pareceu diferente, pelo menos à primeira vista. Então detectei uma diferença no horizonte urbano. Um edifício costumava erguer-se naquele ponto. Bem, o prédio ainda estava lá, só que bem mais baixo, talvez com a metade de sua altura anterior. Olhei em volta, procurando poeira e caliça, imaginando que o ruído que escutara tivesse sido provocado pela queda de metade da estrutura. Mas não achei nada.

Quando retornei, fiz um relato do que vira.

– É exatamente o que eu estava esperando – disse ele, parecendo aliviado. – Esta máquina não somente pode me levar para trás e me trazer de volta, como bastam alguns pequenos ajustamentos nos eventos do passado para se produzirem os efeitos desejados no presente.

– Você foi o responsável por aquele edifício estar mais baixo? – aventurei-me a perguntar.

– Sim, é espantoso o que um pouco de incentivo pode provocar – respondeu ele, com uma expressão de desprezo.

– E esse foi o único propósito de sua viagem?

– Acalme-se. A gente tem de começar com as pequenas coisas, antes de fazer as grandes.

– Encurtar aquele prédio foi uma coisa pequena para você?

ESTÁ NA HORA DE MUDAR

– Para mim, foi uma coisa grande – até grande demais. Aquele prédio me bloqueava a luz solar e fazia sombra na minha oficina cedo demais todos os dias. Assim, eu resolvi transformar uma coisa grande noutra pequena. De fato, foi coisinha pouca.

– Como foi que você conseguiu?

– Eu simplesmente recuei uma década no tempo e tive uma conversa com o funcionário da prefeitura que estava encarregado de aprovar a construção. Eu apenas mencionei que tinham chegado a meu conhecimento algumas práticas profissionais ilegítimas em que ele estava envolvido e lhe informei que tinha a opção de levá-las a conhecimento público, caso a autorização para construir o tal prédio não refletisse a mudança de planos que eu lhe solicitava.

– Você o ameaçou?

– Eu apenas apontei quais eram os meus interesses. Mas, mesmo assim, fui bastante eficiente, você não acha?

– Talvez tenha sido, mas foi somente para isso que você criou essa invenção? Para sintonizar o ambiente a seu redor de modo que ele se adequasse a seus próprios interesses?

– É claro que não. Isso foi só um exercício de aquecimento. Tenho outras coisas em mente. Minha próxima viagem será para um período de tempo anterior ao casamento de meus pais. Meu pai passou a vida deixando minha mãe ansiosa por causa de suas bebedeiras e seus espancamentos. Meu tio, por outro lado, teria sido um companheiro muito melhor para minha mãe. Teríamos tido uma vida doméstica muito mais feliz, caso meu pai não vivesse debaixo do mesmo teto. Eu vou ver o que posso fazer a respeito.

– Você pretende bancar um casamenteiro? Mas... e quanto às interferências sobre as quais estava falando ainda há pouco? Se interferir nas condições iniciais de um sistema, como você mesmo disse, toda a previsibilidade estará perdida depois de umas poucas interações. Recorda?

– De acordo com meus cálculos, esse é um risco que vale a pena correr. Agora, ande de uma vez e tire o meu retrato.

Relutante, focalizei a câmera e tirei um instantâneo de Ed, incluindo a cabeça e os ombros, dessas que são tiradas para o passaporte. Especulei que, assim que as viagens temporais se tornassem padronizadas, talvez surgisse algum tipo de repartição pública para regular as viagens e, então, você iria precisar de algum tipo de autorização para isso – toda a pesquisa requerida para autorizar qualquer mexida no passado. Talvez isso evitasse que a nova capacidade fosse mal utilizada. Da maneira que a coisa estava sendo feita, comecei a sentir dúvidas a respeito do negócio inteiro e mostrei pouco entusiasmo.

A fotografia foi revelada imediatamente, diante de meus olhos, mostrando uma imagem pouco favorável de um engenheiro desgastado pela vida, mas ainda vigoroso e resoluto em relação a sua futura experiência.

– Chegou a hora de corrigir o meu passado – foi tudo que me disse.

Seria inútil tentar impedi-lo, ou sequer argumentar com ele naquele momento. Havia plena determinação em seus olhos. Eu só esperava que ele tivesse tomado o tempo necessário para verificar todos os seus cálculos até descobrir que não haveria qualquer erro.

Conservei o instantâneo na mão enquanto o via desaparecer, esperando, sem a menor dúvida, vê-lo retornar no mesmo momento. Cumpri corretamente meus deveres de girar e ajustar os controles, e de apertar os botões nos momentos apropriados. Eu esperava que as mudanças que ele estava a ponto de fazer – mas o que eu estou dizendo? – que ele já terá feito agora, tenham sido para melhorar as coisas. Eu não estava convencido de que o resultado seria conveniente.

Não houve roncos nem tremores desta vez, somente uma leve sensação de cócegas na ponta de meus dedos. O céu não escureceu, nem coisa alguma a meu redor deixou subitamente de existir. Finalmente me convenci de que eu mesmo estaria ali para saudar o intrépido viajante no momento de seu retorno. Uma coisa bastante boa também para ele, caso contrário, quem iria tomar conta dos controles?

A máquina se materializou de novo, ou se "retemporalizou", suponho. É tudo tão confuso.

No final das contas, tudo parecia perfeitamente normal, perfeitamente ordinário. Pelo menos no começo. No momento em que a viajante abriu o cinto de segurança, ergueu-se do assento e saiu da máquina, lembrei-me de que seu nome era Amanda.

Seus olhos eram azuis. Exatamente como em seu retrato.

Bibliografia

AYALA, Francisco J. Darwin's devolution: design without designer. In: _____, RUSSELL, Robert John & STOEGER, William R., S.J. (Eds). *Evolutionary and molecular biology:* scientific perspectives on divine action. Vatican City State: Vatican Observatory; Berkeley, CA: Center for Theology and Natural Sciences, 1998. p. 101-116.

BARBOUR, Ian G. *Issues in science and religion.* New York: Harper & Row, 1966.

_____. *Religion in an age of science.* San Francisco: HarperCollins, 1990.

Barbour, Ian G. *Religion and science:* historical and contemporary issues. San Francisco: HarperCollins, 1997.

_____. Five models of God and evolution. In: AYALA, Francisco J., RUSSELL, Robert John & STOEGER, William R., S.J. (Eds). *Evolutionary and molecular biology:* scientific perspectives on divine action. Vatican City State: Vatican Observatory; Berkeley, CA: Center for Theology and Natural Sciences, 1998. p. 419-442.

BARROW, John D. *The artful universe:* the cosmic source of human creativity. Toronto: Little, Brown & Co., 1995.

BARROW, John D. & TIPLER, Frank J. *The anthropic cosmological principle.* Oxford: Oxford University Press, 1998.

BECKER, Robert O. & SELDEN, Gary. *The body electric:* electromagnetism and the foundations of life. New York: Quill: William Morrow, 1985.

BERMAN, Morris. *The reenchantment of the world.* Ithaca: Cornell University Press, 1981.

BERNSTEIN, Jeremy. *Einstein.* Glasgow: Fontana, 1973.

BIRCH, Charles. Neo-Darwinism, self-organization, and divine action in evolution. In: AYALA, Francisco J., RUSSELL, Robert John & STOEGER, William R., S.J. (Eds). *Evolutionary and molecular biology:* scientific perspectives on divine action. Vatican City State: Vatican Observatory; Berkeley, CA: Center for Theology and Natural Sciences, 1998. p. 225-248.

BOHM, David. *Wholeness and the implicate order.* London: Routledge & Kegan Paul, 1980. [*A totalidade e a ordem implicada.* São Paulo: Cultrix, 1992.]

_____. Time, the implicate order, and prespace. In: GRIFFIN, David Ray (Ed). *Physics and the ultimate significance of time:* Bohm, Prigogine, and process philosophy. Albany, New York: SUNY Press, 1986. p. 177-208.

_____. Postmodern science and a postmodern world. In: GRIFFIN, David Ray (Ed). *The reenchantment of science:* postmodern proposals. Albany, New York: SUNY Press, 1988. p. 57-68.

BOHM, David & HILEY, Basil J. *The undivided universe:* an ontological interpretation of quantum theory. New York: Routledge, 1993.

BOHM, David & PEAT, F. David *Science, order, and creativity.* Toronto, Canadá: Bantam, 1987. [*Ciência, ordem e criatividade.* Lisboa: Gradiva, 1989.]

BRECHT, Bertolt. *The life of Galileo.* Trad. Desmond I. Vesey. London: Methuen & Co, 1960.

BRUMMER, Vincent (Ed). *Interpreting the universe as creation:* a dialogue of science and religion. Kampen, The Netherlands: Kok Pharos, 1991.

CAPRA, Fritjof. *The tao of physics.* Rev. edn. London: Fontana, 1983. [*O tao da física.* São Paulo: Cultrix, 1980.]

CLAYTON, Philip D. *God and contemporary science.* Grand Rapids, Missouri: Eerdmans, 1997.

CLIFFORD, Anne M. Darwin's revolution in *The origin of species: a* hermeneutical study of the movement from natural theology to natural selection. In: AYALA, Francisco J., RUSSELL, Robert John & STOEGER, William R., S.J. (Eds). *Evolutionary and molecular biology:* scientific perspectives on divine action. Vatican City State: Vatican Observatory; Berkeley, CA: Center for Theology and Natural Sciences, 1998. p. 281-302.

DAVIES, Paul. *God and the new physics.* London: J. M. Dent & Sons, 1983. [*Deus e a nova física.* Lisboa: Ed. 70, 1988.]

_____. *The mind of God:* the scientific basis for a rational world. Toronto: Simon & Schuster, 1992. [*A mente de Deus.* Rio de Janeiro: Ediouro, 1994.]

_____. Teleology without teleology: purpose through emergent complexity. In: AYALA, Francisco J., RUSSELL, Robert John & STOEGER, William R., S. J. (Eds). *Evolutionary and molecular biology:* scientific perspectives on divine action. Vatican City State: Vatican Observatory; Berkeley, CA: Center for Theology and Natural Sciences, 1998. p. 151-162.

_____. *The fifth miracle:* the search for the origin and meaning of life. New York: Simon & Schuster, 2000. [*O quinto milagre.* São Paulo: Cia. das Letras, 2000.]

DEVEREUX, Paul; STEELE, John & KUBRIN, David. *Earthmind:* a modern adventure in ancient wisdom. Cambridge, Massachussetts: Harper & Row, 1989.

DREES, Willem B. *Beyond the big bang:* quantum cosmologies and God. Lasalle, Illinois: Open Court, 1990.

DUGATKIN, Lee Alan. *The imitation factor:* evolution beyond the gene. New York: Free Press, 2000.

EVANS, C. Stephen. *Philosophy of religion:* thinking about faith. Downers Grove, Illinois: InterVarsity Press, 1982.

FERRE, Frederick. Religious world modeling and postmodern science. In: GRIFFIN, David Ray (Ed). *The reenchantment of science:* postmodern proposals. Albany, New York: SUNY Press, 1988.

_____. *Hellfire and lightning rods:* liberating science, technology, and religion. Maryknoll, New York: Orbis, 1993.

FLEW, Antony. *Darwinian evolution.* London: Paladin, 1984.

GERHART, Mary & RUSSELL, Alan. *Metaphoric process:* the creation of scientific and religious understanding. Fort Worth, Texas: Texas University Press, 1984.

GILKEY, Langdon. *Maker of heaven and earth:* a study of the Christian doctrine of creation. New York: Anchor, 1965.

_____. *Message and existence:* an introduction to Christian theology. New York: Seabury Press, 1979.

_____. *Religion and the scientific future:* reflections on myth, science, and theology. Macon, Georgia: Mercer University Press, 1981.

_____. *Creationism on trial:* evolution and God at Little Rock. Minneapolis, Minnesota: Winston Press, 1985.

_____. Nature, reality, and the sacred: a meditation on science and religion. *Zygon,* n. 24, p. 283-298, sept. 1989.

GLOBUS, Gordon G. *Three holonomic approaches to the brain.* In: HILEY, Basil J. & PEAT, F. David (Eds.) *Quantum implications:* essays in honor of David Bohm. New York: Routledge & Kegan Paul, 1987. p. 372-385.

GOULD, Stephen Jay. *The panda's thumb:* more reflections in natural history. New York: Norton, 1980. [*O polegar do panda.* São Paulo: Martins Fontes, 1989.]

_____. *Hen's teeth and horse's toes:* further reflections in natural history. New York: Norton, 1983. [*A galinha e seus dentes e outras reflexões sobre história natural.* Rio de Janeiro: Paz e Terra, 1992.]

_____. *Time's arrow, time's cycle:* myth and metaphor in the discovery of geological time. Cambridge, Massachussetts: Harvard University Press, 1987a. [*Seta do tempo, ciclo do tempo.* São Paulo: Cia. das Letras, 1991.]

_____. *An urchin in the storm:* essays about books and ideas. New York: Norton, 1987b.

_____. *Wonderful life:* the burgess shale and the nature of history. New York: Norton, 1989. [*Vida maravilhosa.* São Paulo: Cia. das Letras, 1990.]

_____. *Eight little piggies:* reflections in natural history. London: Jonathan Cape, 1993. [*Dedo mindinho e seus vizinhos.* São Paulo: Cia. das Letras, 1993.]

_____. *Dinosaur in a haystack:* reflections in natural history. New York: Crown, 1995. [*Dinossauro no palheiro.* São Paulo: Cia. das Letras, 2005.]

_____. *Full house:* the spread of excellence from Plato to Darwin. New York: Three Rivers Press, 1996.

_____. *Rocks of ages:* science and religion in the fullness of life. New York: Ballantine, 1999. [*Pilares do tempo.* Rio de Janeiro: Rocco, 2002.]

GRIFFIN, David Ray. Introduction: the reenchantment of science. In: _____ (Ed.). *The reenchantment of science:* postmodern proposals. Albany, New York: SUNY Press, 1988a.

_____. Of minds and molecules: postmodern medicine in a psychosomatic universe. In: _____ (Ed.). *The reenchantment of science:* postmodern proposals. Albany, New York: SUNY Press, 1988b.

_____. *Archetypal process:* self and divine in Whitehead, Jung, and Hillman. Evanston, Illinois: Northwestern University Press, 1989a.

_____. *God and religion in the postmodern world:* essays in postmodern theology. Albany, New York: SUNY Press, 1989b.

GRIFFIN, David Ray & SHERBURNE, Donald W. (Eds). *Process and reality:* corrected edition. New York: Free Press, 1978.

HARMAN, Willis W. The postmodern heresy: consciousness as causal. In: GRIFFIN, David Ray (Ed). *The reenchantment of science:* postmodern proposals. Albany, New York: SUNY Press, 1988.

HASKER, William. *Metaphysics:* constructing a world view. Downers Grove, Illinois: InterVarsity Press, 1983.

BIBLIOGRAFIA

HAUGHT, John F. Darwin's gift to theology. In: AYALA, Francisco J., RUSSELL, Robert John & STOEGER, William R., S.J. (Eds). *Evolutionary and molecular biology:* scientific perspectives on divine action. Vatican City State: Vatican Observatory; Berkeley, CA: Center for Theology and Natural Sciences, 1998. p. 393-418.

_____. *God after Darwin:* a theology of evolution. Boulder, Colorado: Westview Press, 2000.

HAWKING, Stephen W. *A brief history of time:* from the big bang to black holes. Toronto, Canadá: Bantam, 1988 [*Uma breve história do tempo*. 8 ed. Rio de Janeiro: Rocco, 1988].

HENRY, Granville C. & VALENZA, Robert J. The principle of affinity in White-headian metaphysics. *Process Studies*, v. 23, n. 1, p. 30-49, Spring, 1994.

HOOYKAAS, Reijer. *Law and divine miracle:* a historical-critical study of the principle of uniformity in geology, biology, and theology. Leiden, The Netherlands: E.J. Brill, 1969.

JOHNSON, Philip E. *Darwin on trial*. Downers Grove, Illinois: InterVarsity Press, 1991.

KIRK, James Ernest. *Organicism and reenchantment:* Whitehead, Prigogine, and Barth. Ph.D. dissertation, University of Texas, Dallas, 1991.

KUHN, Thomas S. *The structure of scientific revolutions*. Chicago: University of Chicago Press, 1970. [*A estrutura das revoluções científicas*. 9. ed. São Paulo: Perspectiva, 2007.]

LESLIE, John. *Universes*. New York: Routledge, 1989.

LOVELOCK, James E. *Gaia:* a new look at life on Earth. Oxford: Oxford University Press, 1979. [*Gaia*: um novo olhar sobre a vida na Terra. 3. ed. Lisboa: Ed. 70, 2001.]

_____. *The ages of Gaia:* a biography of our living Earth. New York: W. W. Norton & Co, 1988. [*As eras de Gaia*. Lisboa: Europa-América, 1998.]

LUKAS, Mary & LUKAS, Ellen. *Teilhard:* the man, the priest, the scientist. Garden City, New York: Doubleday & Co., 1977.

MACKAY, Donald, M. *The clockwork image*. Downers Grove, Illinois: InterVarsity Press, 1974.

MORRIS, Simon Conway. *The crucible of creation:* the Burgess shale and the rise of animals. New York: Oxford University Press, 1998.

OWENS, Virginia Stein. *And the trees clap their hands:* faith, perception, and the new physics. Grand Rapids, Missouri: Eerdmans, 1983.

PEACOCKE, Arthur. *Theology for a scientific age:* being and becoming – natural, divine, and human. Minneapolis, Minnesota: Fortress Press, 1993.

221

DEUS E A NOVA METAFÍSICA

_____. Biological evolution – a positive theological appraisal. In: AYALA, Francisco J., RUSSELL, Robert John & STOEGER, William R., S. J. (Eds). *Evolutionary and molecular biology:* scientific perspectives on divine action. Vatican City State: Vatican Observatory; Berkeley, CA: Center for Theology and Natural Sciences, 1998. p. 357-376.

PEAT, F. David. *Infinite potential:* the life and times of David Bohm. Reading, Massachusetts: Addison-Wesley, 1997.

PLAYFAIR, Guy Lyon & HILL, Scott. *The cycles of heaven:* cosmic forces and what they are doing to you. London: Pan, 1979.

POLANYI, Michael. *Science, faith, and society.* Toronto: University of Toronto Press, 1946.

_____. *The study of man.* Chicago: University of Chicago Press, 1959.

_____. *The tacit dimension.* Garden City, New York: Anchor/Doubleday, 1967.

POLKINGHORNE, John. *Science and providence:* God's interaction with the world. Boston: Shambhala, 1989.

RANDALL, John L. *Parapsychology and the nature of life.* London: Abacus, 1977.

RATZSCH, Del. *Philosophy of science:* the natural sciences in Christian perspective. Downer's Grove, Illinois: InterVarsity Press, 1986.

RUSSELL, Robert John. Introduction. In: _____, MURPHY, Nancey & ISHAM, C. J. (Eds). *Quantum cosmology and the laws of nature:* scientific perspectives on divine action. Vatican City State: Vatican Observatory; Berkeley, CA: Center for Theology and Natural Sciences, 1998. p. 1-32.

_____. Special providence and genetic mutation: a new defense of theistic evolution. In: _____, AYALA, Francisco J. & STOEGER, William R., S. J. (Eds). *Evolutionary and molecular biology:* scientific perspectives on divine action. Vatican City State: Vatican Observatory; Berkeley, CA: Center for Theology and Natural Sciences, 1998. p. 191-223.

SHELDRAKE, Rupert. *A new science of life:* the hypothesis of formative causation. 2. ed. London: Paladin, 1997.

_____. The laws of nature as habits: a postmodern basis for science. In: GRIFFIN, David Ray (Ed.). *The reenchantment of science:* postmodern proposals. Albany, New York: SUNY Press, 1988a.

_____. *The presence of the past:* morphic resonance and the habits of nature. London: Collins, 1988b. [*A presença do passado.* Lisboa: Inst. Piaget, 1996.]

_____. *The rebirth of nature:* the greening of science and God. Rochester, Vermont: Park Street Press, 1994. [*O renascimento da natureza.* São Paulo: Cultrix, 1997.]

BIBLIOGRAFIA

SHERBURNE, Donald W. (Ed.). *A key to Whitehead's process and reality*. Chicago: University of Chicago Press, 1981.

STOEGER, William R., S. J. The immanent directionality of the evolutionary process and its relationship to teleology. In: _____, AYALA, Francisco J. & RUSSELL, Robert John (Eds). *Evolutionary and molecular biology:* scientific perspectives on divine action. Vatican City State: Vatican Observatory; Berkeley, CA: Center for Theology and Natural Sciences, 1998. p. 163-190.

TALBOT, Michael. *The holographic universe*. New York: Harper/Perennial, 1992. [*O universo holográfico*. São Paulo: Best Seller, 1991.]

TEILHARD DE CHARDIN, Pierre. *The phenomenon of man*. London: Fontana, 1965. [*O fenômeno humano*. 14 ed. São Paulo: Cultrix, 1995.]

TEMPLETON, John & HERMANN, Robert. *The God who would be known:* divine revelations in contemporary science. San Francisco: Harper & Row, 1988.

TORRANCE, Thomas F. *Transformation and convergence in the frame of knowledge:* explorations in the interrelatedness of scientific and theological enterprise. Grand Rapids, Missouri: Eerdmans, 1984.

VAN HUYSSTEEN, Wentzel. *Theology and the justification of faith:* constructing theories in systematic theology. Trad. H. F. Snijders. Grand Rapids, Missouri: Eerdmans, 1989.

WATSON, Lyall. *Lifetide*. London: Hodder & Stoughton, 1980.

_____. *The dreams of dragons:* an exploration and celebration of the mysteries of nature. Rochester, Vermont: Destiny, 1992.

_____. *Dark nature*. London: Hodder & Stoughton, 1995.

WEINBERG, Steven. *Dreams of a final theory*. New York: Pantheon, 1992. [*Sonhos de uma teoria final*. Rio de Janeiro: Rocco, 1994.]

WHITEHEAD, Alfred North. *Adventures of ideas*. New York: Free Press, 1967a.

_____. *Science and the modern world*. New York: Free Press, 1967b.

_____. *Religion in the making*. New York: Meridian/New American Library, 1974.

WOLTERSTORFF, Nicholas. *Reason within the bounds of religion*. Grand Rapids, Missouri: Eerdmans, 1976.

WRIGHT, Richard T. *Biology through the eyes of faith*. San Francisco: Harper & Row, 1989.

ZUBIRI, Xavier. *Nature, history, God*. Lanham Maryland: University Press of América, 1981.

ZUKAV, Gary. *The dancing Wu Li masters:* an overview of the new physics. Toronto: Bantam, 1980.

TIPOLOGIA:	Janson Text – 55 Roman [texto]
	ITC Officina Sans – Book [entretítulos]
PAPEL:	Alta Alvura 75 gr/m^2 [miolo]
	Supremo 250 gr/m^2 [capa]
IMPRESSÃO:	Gráfica Vida & Consciência [agosto de 2007]